JN024082

[新版]

Strategic Management and Competitive Advantage: *Concepts* Sixth Edition

企業戦略論

戦略経営と競争優位

ジェイ B. バーニー
ウィリアム S. ヘスタリー 著
岡田正大 訳

全社戦略編

ダイヤモンド社

STRATEGIC MANAGEMENT AND COMPETITIVE
ADVANTAGE: CONCEPTS
[GLOBAL EDITION], 6th Edition,
by
BARNEY, JAY B. and HESTERLY, WILLIAM

VRIO

Value(経済的価値)
Rarity(希少性)
Inimitability(模倣困難性)
Organization(組織)

VRIOとは何か?

本書は単に、経営戦略に関するコンセプト、モデル、理論を列挙することにとどまらない。理論に基づき複数章を構成することにより、戦略的マネジメントの分野に対して新たな構造を提供するテキスト(教科書)である。

本書では、「VRIO」というメカニズムを用いて、2つの理論的フレームワーク、すなわち、ポジショニング理論とリソース・ベースト・ビューを統合する。VRIOは、企業の内部分析を行うための主要な方法であり、経営資源(リソース)あるいはケイパビリティが、企業の競争優位の源泉になり得るかを決める次の4つの問いで構成されている。

1. **経済的価値に関する問い**:その経営資源が、企業を取り巻く外部環境の機会を生かしたり、あるいは脅威を和らげたりするか?
2. **希少性に関する問い**:その経営資源を保有し活用する企業は、業界内でごく少数に限られているか?
3. **模倣困難性に関する問い**:その経営資源を持たない企業が、その入手や開発において、コスト面で不利な状況にあるか?
4. **組織に関する問い**:経済的価値があり、希少で、模倣困難な経営資源を獲得するために、企業の政策や制度は整えられているか?

VRIOフレームワークで得られるものは?

VRIOフレームワークは、本テキストの基本的な骨格である。読者が、ケーススタディや実際のビジネス状況の分析に活用する、意思決定のフレームワークとなる。

一般に(すべての学習において)、コンセプトやモデル、理論というものは、断片的かつ分断されたものとしてとらえられがちである。戦略分野の学習においてもこの傾向がある。これでは暗記学習となり、真の理解につながらない。

一方、VRIOを一貫したフレームワークとして用いれば、いろいろなアイデアを結びつけることができる。理論などを丸暗記ではなく、真に理解することができる。

この理解を手助けに、読者は、ビジネス事例や現実のビジネスを、より適切に把握できるようになるだろう。

本書の各章では、VRIOフレームワークによって戦略の策定と実施を同時に議論することができるようになっている。

本書では、VRIOフレームワークがシンプルで統合された構造を示すことで、類書ではあまり扱われることのない事項、たとえば、垂直統合、アウトソーシング、リアルオプション、M&A(合併・買収)などについて検討することを可能にしている。

訳注：VRIO概念の初出と言えるBarney(1991)では、論文内の見出しでVRIのV(Valuable)、R(Rare)と並び、IはImperfect Imitability(直訳すれば不完全模倣可能性)と紹介されている。一般にはこれをInimitability(模倣可能性の逆、模倣困難性)とする用例が多く、訳者自身もBarney教授がセミナー等でinimitable、costly to imitateと言い換えるのを数限りなく聞いている。またVRIのうち、valuableやrareが持続的競争優位に資する概念であるのに対し、imitability(訳語：模倣可能性)は持続的競争優位を阻害する要因であり、VやRと一貫性がない。よって本訳書では、Imitabilityを"Inimitability"として紹介し、訳語としては「模倣困難性」を用いている。原著との厳密な一致よりも、読者にとっての理解のしやすさを優先した。

Barney, J. B. (1991). "Firm resources and sustained competitive advantage," *Journal of Management*, 17,pp.99-120.

［新版］企業戦略論〈下〉全社戦略編【目次】

CORPORATE STRATEGIES

第8章

垂直統合

Vertical Integration

第9章

多角化

Corporate Diversification

第10章
経営多角化に向けた組織体制の構築
Organizing to Implement Corporate Diversification

第11章
戦略的提携
Strategic Alliances

第12章
合併・買収
Mergers and Acquisitions

基本編

THE TOOLS OF STRATEGIC ANALYSIS

事業戦略編

BUSINESS-LEVEL STRATEGIES

全社戦略編

CORPORATE STRATEGIES

第8章

垂直統合

Vertical Integration

LEARNING OBJECTIVES
到達目標

本章では、以下を習得する。

8.1 全社戦略を定義できるようになる。

8.2 垂直統合、前方垂直統合、後方垂直統合を定義できるようになる。

8.3 垂直統合が以下の方法で企業に経済的価値をもたらす仕組みを説明できるようになる。

a. 機会主義の脅威の緩和
b. 価値を有し、希少で、模倣コストの高い経営資源やケイパビリティの活用
c. 柔軟性の確保

8.4 垂直統合が持続的競争優位の源泉となる条件を説明できるようになる。

8.5 機能別組織、経営管理システム、報酬政策などを活用して垂直統合を実行する方法を説明できるようになる。

◉サービス業務の外部調達

近年では、多くの業界で外部調達（いわゆるアウトソーシング）が進んでいる。従来は主にコスト削減策として見られてきた外部調達だが、いまではコスト削減を超えた、より積極的意義を持つ施策として外部調達を行う企業が増えている。

すなわち、多くの企業にとっての外部調達の意義とは、単なるコスト削減の実現から、他社の専門性を活用することで自社がコア・コンピタンスに資源を集中できることへとシフトしている。もちろん、同時にコストを削減できる点も重要なメリットではある。

背景にある動機が何であれ、外部調達の流行やその範囲は間違いなく拡大している。かつては顧客に見えないところで密やかに行われるものだった。たとえば、1990年代に中国やインドにこぞって生産拠点を移転した企業はその例だ。当時の常識では、欧米経済の象徴であるサービス業務が、同じように海外移転されるとは誰も思っていなかった。しかし、それから30年たったいま、外部調達の対象とならない業務分野はほとんどなくなった。コールセンターからITシステムの運営、製品設計、研究まで、あらゆる業務が外部から調達されている。

外部調達が特に進んでいる航空業界では、いまや中核的機能でさえほとんど委託業者が担っている。ブリティッシュ・エアウェイズ（British Airways、BA）、ヴァージン・アトランティック航空（Virgin Atlantic Airways）、デルタ航空（Delta）、イージージェット（easyJet）、ライアンエアー（Ryanair）などの航空会社は、いずれも積極的に外部へ委託を行っており、新たに委託すべき業務を継続的に模索している。

しかし、大手の航空会社が実際にどのような業務を委託しているかは依然として顧客からは見えないことが多い。たとえば、空港でチェックインをする際、カウンターで手続きをしているのは航空会社の従業員だと誰もが思うが、実際には委託業者の従業員である可能性のほうが高い。電話でフライトの予約について問い合わせたり、予約の変更を行ったりする場合も同様だ。また、航空機の清掃や維持管理を行うスタッフも、航空会社が直接雇っているケースは稀だ。機内食の調理や箱詰めが航空会社自身によって行われているかと言えば、そんなことはない。

どの業界もそうであるように、航空業界では外部へ委託するのに適切と判断された機能分野では適切な業者が選ばれ、かつ外部サービスの継続性が保証されるために、厳格な選定プロセスを経て委託先が決められる。その際、サービス品質の優秀さや効率性ももちろんだが、最も重視されるのはコストである。特に、航空業界においては日々の運営コストがきわめて高いので、なおさら委託先のコストが重視される。

ほとんどの場合、外部調達は航空会社にとって狙いどおりの効果をもたらしてきた。つまり各社とも、一定の顧客サービス品質を維持しながらコスト低減を実現している。しかし、成功しなかったケースも存在する。

BAは2016年、当時積極的に取り組んでいた外部調達のさらなる進展を目指し、何百人ものITスタッフの削減を行ったうえで、タタ・コンサルタンシー・サービシズ(Tata Consultancy Services、TCS)にIT業務を委託した。しかし、その1年後の2017年5月、BAは壊滅的なIT機能停止に陥った。多くの顧客が影響を受け、同社は何百万ポンドもの損失をこうむった。毎年のように混雑が起きる5月の連休と重なったことにより、何百ものフライトが欠航となり、7万5000人もの乗客の予約がキャンセルとなった。その後の調査によれば、問題の原因は停電によってBAの中枢にあるITシステムが機能停止したことであり、それに拍車をかけたのが、IT業務を請け負っていたインドの業者がバックアップシステムの立ち上げに苦戦した点である。BA自身はこうした調査結果を否定し、外部調達とITトラブルに関連性はないと主張したが、第三者の見解によればIT機能の停止が予想以上に悪化した原因は委託先スタッフの経験不足であり、バックアップシステムの立ち上げに関するノウハウが不足していたからだという。IT業務を外部へ委託したことが問題の元凶だったかどうかはともかく、この事故によりBAは1億ポンド以上の損失をこうむり、会社としての評判は大きく傷ついた。

しかし、こうした混乱にもかかわらず、BAは依然として外部調達への取り組みを継続している。現在BAは、コールセンターの運営をロンドンを拠点とするキャピタ(Capita)に委託することを検討している。その狙いはさらなるコスト削減と顧客関係の改善である。しかし、こうした動きによってBAの評判がさらに傷つくリスクもある。外部調達をさらに進めれば、自社のコントロールが及ぶ範囲はさらに縮小し、その分請け負った機能分野に関して十分にノウハウを持たない社外人材が業務を担うようになるからだ。[注1]

企業の垂直統合度は、それまで社内で担っていた諸機能のうち、どれだけの数、どの程度外部の業者から調達するかによって決まる。こうした判断は、最終的に提供される顧客サービスの品質に影響を与えるので、事前に十分な検証と熟慮をしたうえで行う必要がある。

◉——全社戦略とは何か

到達目標 8.1

全社戦略を定義できるようになる。

垂直統合は本書で検討する最初の全社戦略である。第1章(上巻)で述べたとおり、**事業戦略**(business strategy)とは、単一の事業もしくは業界においてどのように競争優位を獲得するかという企業のセオリーである。本書で取り上げた4つの事業戦略は、コスト・リーダーシップ(中巻第4章)、製品差別化(中巻第5章)、柔軟性(中巻第6章)、および共謀(中巻第7章)である。

一方、**全社戦略**(Corporate strategy)とは、複数の事業を同時に運営することによって、いかに競争優位を獲得するかという企業のセオリーである。なかでも垂直統合をめぐる判断は、その企業が単一の事業や業界で活動するか、複数の事業や業界で活動するかを左右する。なお、本書で検討する他の全社戦略には、多角化(第9・10章)、戦略的提携(第11章)、合併・買収(第12章)がある。

◉——垂直統合とは何か

到達目標 8.2

垂直統合、前方垂直統合、後方垂直統合を定義できるようになる。

バリューチェーンという概念は、第3章(上巻)ですでに紹介した。復習のために述べておくと、**バリューチェーン**(value chain)とは、ある製品やサービスを原材料の状態から最終顧客に販売可能なところまで持っていくために

図8.1 | 石油・天然ガス業界の簡略化したバリューチェーン

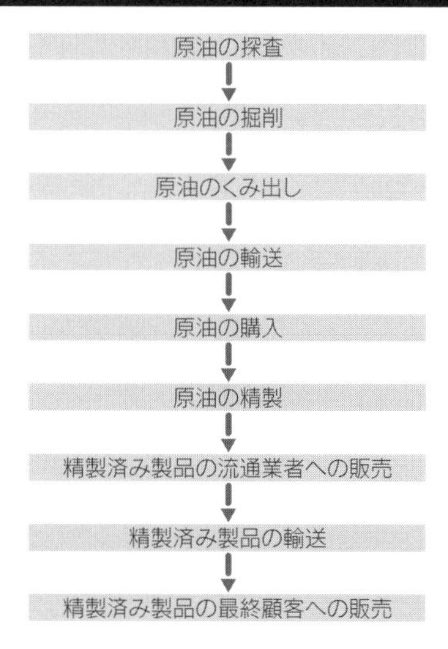

行う一連の事業活動である。第3章の図3.2では、石油・天然ガス業界の簡略化されたバリューチェーンを提示したが、これと同じものを**図8.1**に再掲した。

ある企業の**垂直統合**(vertical integration)度とは、このバリューチェーンを構成するステップのうちどれだけの数を自社の境界線内で行っているかである。垂直統合度が高い企業はバリューチェーン上の多くの段階を社内で行っており、垂直統合度が低い企業はその数が少ない。企業の垂直統合度をより厳密に測定する方法については、コラム「より詳細な検討」で紹介する。

後方垂直統合(backward vertical integration)とは、バリューチェーン上のステップを社内に取り込む際に、バリューチェーンの始点、つまり原材料確保の方向へ近づいていく場合である。たとえば、コンピュータ関連製品業界の企業は、ソフトウエア開発というバリューチェーンの始点により近い活動をすべて社内で担っていた時代には、後方垂直統合を行っていたと言える。一方、ソフトウエア開発をインドの独立業者に委託するようになってからは、後方垂直統合度が低下したと言える。

前方垂直統合(forward vertical integration)とは、バリューチェーン上の段階を社内に取り込む際に、バリューチェーンの終点、つまり最終顧客の方向へ近づく場合である。米国の企業がかつて自らスタッフを雇用し、国内でコールセンターを運営していた時代には、最終顧客との距離が近かったため、前方垂直統合を行っていたと言える。一方、コールセンターのスタッフ確保・運営をインドの独立業者に委託するようになってからは、前方垂直統合度が低下したと言える。

もちろん、企業が自社のバリューチェーン上の活動をいかに整理するかを検討するにあたって、垂直統合を行うか、まったく行わないか以外にも選択肢は存在する。この両極の間には、ある程度の垂直統合をもたらす幅広い選択肢が存在する。たとえば、さまざまな種類の戦略的提携や合弁事業など(第11章)である。

より詳細な検討

垂直統合度の測定

状況によっては、企業がバリューチェーン上のどの活動に取り組んでいるのかを観察し、垂直統合度を知ることができる。一方で、企業の垂直統合度を直接観察することが難しい状況もある。とりわけ企業が、「自社の垂直統合度が競争優位の源泉である」と信じている場合は観察による理解が難しい。なぜならば、企業は自社の垂直統合度の内実を外から見えるようなかたちで競合に明かそうとはしないはずだからだ。

しかし、企業がバリューチェーン上のどのステップを垂直統合しているのかを完全に把握できないとしても、**売上高付加価値率**(value added as a percentage of sales)を見れば、おおよその垂直統合度を知ることはできる。売上高に占める割合であらわされた付加価値とは、売上高全体のうち、社内の事業活動によって生み出された金額が占める割合である。ある企業の売上高付加価値率が高いということは、その企業の垂直統合度が高いことになる。一方、売上高付加価値率が低い場合は、垂直統合度が低いことを意味する。

売上高付加価値率を算出するための公式は、以下の資料1で示した。

この公式では、インフレーションと税制の変化を考慮し、分母と分子のどちらからも純利益と所得税が引かれている。純利益、所得税、売上高は、いずれも損益計算書に掲載されている情報である。一方、付加価値そのものは資料2で示した公式によって算出される。

付加価値の算出に必要な値も、基本的に損益計算書や貸借対照表から入手できる。(注2)

資料1

$$垂直統合_i = \frac{付加価値_i - (純利益_i + 法人所得税_i)}{売上高_i - (純利益_i + 法人所得税_i)}$$

$垂直統合_i$＝$企業_i$の垂直統合度
$付加価値_i$＝$企業_i$の付加価値の水準
$純利益_i$＝$企業_i$の純利益の水準
$法人所得税_i$＝$企業_i$の所得税
$売上高_i$＝$企業_i$の売上高

資料2

付加価値＝有形固定資産減価償却費＋無形固定資産減価償却費＋固定費＋支払利息
＋労務費・労務関連費＋退職金・年金給付費用＋法人所得税＋純利益（税引後）
＋地代家賃

◉――垂直統合の経済的価値

到達目標 8.3

垂直統合が以下の方法で企業に経済的価値をもたらす仕組みを説明できるようになる。

a. 機会主義の脅威の緩和
b. 価値を有し、希少で、模倣コストの高い経営資源やケイパビリティの活用
c. 柔軟性の確保

「バリューチェーン上のどの段階の活動を社内で行うべきか」「なぜその活動を選ぶのか」という垂直統合の中心的問いに関しては、100年以上も前から数々の研究が行われてきた。

これらの問いが持つ重要な意味は、ノーベル賞を受賞した経済学者であるロナルド・コース（Ronald Coase）が指摘している。彼は1937年に発表した論文で、以下のシンプルな問いを立てた。「市場は、何千、何万もの個人の経済

的取引を非常に効率的に整理するメカニズムである。にもかかわらず、経済的取引を整理するメカニズムとして、企業が市場に取って代わろうとしているのはなぜか。市場では、アダム・スミス(Adam Smith)が言うところの『見えざる手』によって、生産される財やサービスの量や質と、消費者が求める財やサービスの量や質が、中央集権的な当局の力を借りなくても価格の変動を通して調整される。一方企業では、中央集権的な『官僚』が部下を監視・統率し、部下は互いに縄張りを争ったり、非効率的な派閥を形成したりする。見えざる手という美しいメカニズムに、現代の企業というぎこちない『見える手』が取って代わるということがなぜ起き得るのか(注3)」

コースはその後の研究により、自らの問いに対する答えを導き出した。すなわち特定の条件下では、市場によって取引を管理するコストが、取引を垂直統合して社内で管理するコストよりも高くなることがわかった。この研究に引き続いて、その「特定の条件」が何かを明らかにする研究が行われた。結果として、垂直統合が企業の収益増大やコスト低下をもたらす状況がいくつか特定された。つまり、垂直統合が経済的価値を持つ状況である。以下では、垂直統合が経済的価値をもたらす状況の理論的説明として、現在最も影響力があるものを3つ紹介する。

◉垂直統合と機会主義の脅威

垂直統合が経済的価値を持つかどうかの理論的説明として最もよく知られているのは、垂直統合によって機会主義の脅威を減らせる点に注目したものである(注4)。**機会主義(opportunism)**とは、取引相手を不当に搾取しようとする企業の行動である。機会主義が表面化している状況とは、たとえば次のような場合である。高い品質を期待して製品を購入したが実際には低品質だった場合、ある期日どおりにサービスを受けることを期待していたが、期日後(あるいは、期日前)にサービスの提供を受けた場合、特定の価格を支払う予定だったにもかかわらず、取引相手が事前の合意よりも高い価格を請求してきた場合、などがある。

当然ながら、取引相手が機会主義的行動をとれば、自社の経済的価値は減退してしまう。機会主義の脅威を減らす1つの方法は、その取引を自社と市場との境界線の内部に取り込むこと(内部化)、つまり取引の垂直統合を行うことである。垂直統合を行った取引については市場に頼る必要がなくなり、社内で監視したりコントロールしたりできる。ある取引を企業の内部に取り込んだことでサプライヤー側に近づいていく場合、それは後方垂直統合であり、逆に最終顧客側に近づいていく場合、それは前方垂直統合である。

もちろん、企業が取引を企業内部に取り込むべき時は、垂直統合するコストが機会主義の脅威によるコストを下回る場合のみである。垂直統合のコストが機会主義のコストを上回る場合は、取引を垂直統合すべきではない。この原則は、後方垂直統合にも前方垂直統合にも妥当する。

それでは、垂直統合するのが適切だと言える程度に機会主義の脅威が高まる状況とは、どのような場合だろうか。研究によれば、機会主義の脅威が最も高まるのは、取引の当事者が取引特殊投資をした場合である。

取引特殊投資(transaction-specific investment)とは、ある取引に際して行われた投資のうち、他の取引に比べ、当該取引においてのみきわめて高い価値を持つものである。この概念については、例を通じて考えるのが最も理解しやすいだろう。

図8.2に示すように、石油精製を行っている企業と石油パイプラインの建設を行っている企業の取引を考えてみてほしい。図を見ればわかるとおり、この石油精製工場は水深の深い湾岸沿いに建っている。そのため、大型のタンカーから原油の供給を受けている。工場から数マイル離れた陸上には油田もあるが、そこから原油を調達するためには、タンカーと比べてきわめて輸送コストの高いトラックを使う必要がある。しかし、油田からタンカーやトラックで原油を調達するよりも低コストの手段が手に入れば、石油精製工場の価値はかなり高まることが予想される。

ここで登場するのがパイプライン会社である。パイプライン会社は、石油精製会社に対して、油田から工場まで原油を運ぶパイプラインの敷設を提案する。パイプライン会社はその見返りとして、石油精製会社が一定期間にわたって(ここでは5年とする)何バレルかの原油を決められた価格で購入することを要求している。妥当な価格で合意を取りつけることができれば、石油精製会社はこのオファーを魅力的に感じるだろう。パイプラインでの原油輸送は、タンカーやトラックでの輸送に比べて低コストだ。したがって、石油精製会社とパイプライン会社は実際に協力関係を結び、パイプラインを敷設する可能性が高い。

図8.2｜石油精製会社と石油パイプライン会社の間の取引

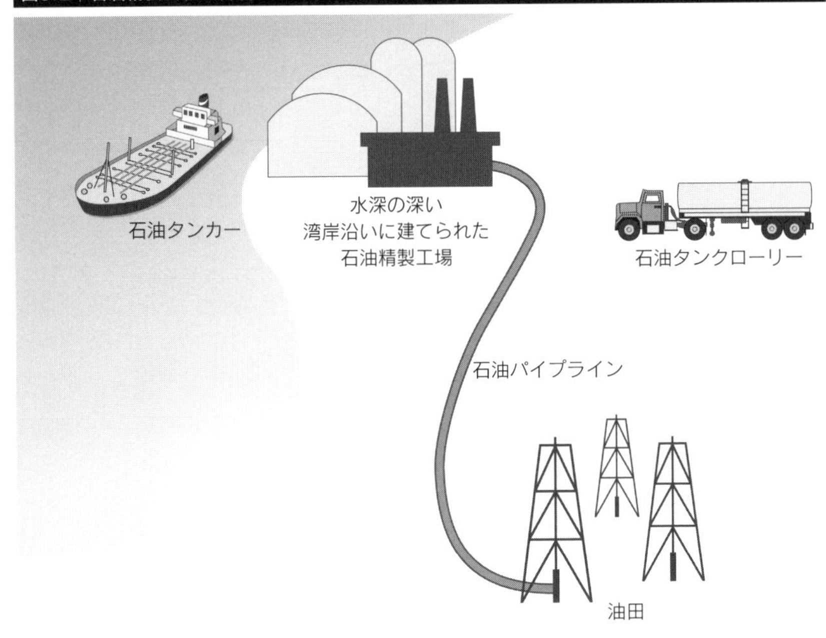

それから5年が経過して再契約の時が訪れたとする。この時点で2社のうち、より大きな取引特殊投資を行ったのはどちらだろう。もう一度述べると、取引特殊投資とは、ある取引に際して行った投資のうち、他の取引に比べ当該取引においてのみ高い価値を持つものである。

まず、石油精製会社は取引に関連してどのような投資を行っただろうか。それには、パイプライン使用が再契約にいたらなかった場合の精製工場の価値を考えればよい。パイプラインを通して原油を輸送するよりも、タンカーやトラックを用いて輸送するほうがコストが高くつくので、工場の価値には少なくとも一定の減少が生じる。すなわち、パイプラインを利用しなかった場合、代わりにタンカーやトラックなどを利用しなければならないため、一定の額、たとえば本来の100万ドルから90万ドルまで、10万ドル分価値が減少する。この10万ドルが、石油精製会社の行った取引特殊投資の大きさである。

一方、パイプライン会社が行った取引特殊投資はこれよりもかなり大きいことが予想される。たとえば、パイプラインの価値は、精製工場へ原油を運んでいる限り75万ドルだとする。しかし、精製工場へ原油を運んでいない時のパイプラインの価値はかなり低い。原油を運ぶためのパイプラインには、他の用途がほとんどないからだ。価値があるとしたら、廃棄して金属スクラップとして売るか、世界一長いウォータースライダーとして再利用することぐらいだろう。精製工場へ原油を運んでいない時のパイプラインの価値が1万ドルだとすると、パイプライン会社が行った取引特殊投資は75万ドルから1万ドルを差し引いた74万ドルである。これは精製工場が行った10万ドルの取引特殊投資よりもかなり高額である。

では、再契約の際により大きな機会主義の脅威にさらされるのは、石油精製会社とパイプライン会社のどちらだろう。当然ながら、パイプライン会社のほうが失うものが大きい。パイプライン会社は再契約にこぎつけることができなければ、74万ドルを失うことになる。一方、石油精製会社が再契約に失敗した場合に失う額は10万ドルである。

したがって石油精製会社は、再契約の交渉時に値下げ要求や、より品質の高い原油をより短納期で提供することなど、パイプライン会社に厳しい条件を突きつけることができ、パイプライン会社としてはこれを受け入れるしかない。

もちろん、パイプライン会社のマネジャーも無能ではない。石油精製会社との取引開始から5年が経過し、再契約の時期を迎える際には、自社が不利な立場に置かれることを予測している。したがって、当初パイプラインを建設する際に、本来よりもかなり高い価格を要求することが考えられる。これにより、パイプラインを建設するコストは増大し、タンカーから原油を調達するより安くならないかもしれない。こうなると、本来ならばパイプラインが建設され、機会主義の脅威が解消されれば両社にとって得になるにもかかわらず、パイプラインが建設されないことになってしまう。

この問題を解決する1つの方法は、石油精製会社がパイプライン会社を買収し、後方垂直統合を行うことである(注5)。そうすれば、パイプライン会社の脆弱な立場を利用して得をしようとするインセンティブは減る。パイプライン会社を搾取したところで、自社の傘下にある会社なので、自分で自分を傷つけることになるからである。

これが、「垂直統合が経済的価値を生む理由」を機会主義に基づいて説明することの要点である。つまり、取引の当事者は取引特殊投資を行うことによって機会主義にさらされることになるが、垂直統合はこの脆弱性を解消する。第2章(上巻)の説明に沿って言い換えれば、垂直統合が経済的価値を持つのは、取引特殊投資によって引き起こされる、影響力あるサプライヤーもしくは買い手からの機会主義の脅威を減らす時である。

◉垂直統合と企業のケイパビリティ

垂直統合が価値を持つか否かを判断するための2つ目のロジックは、企業が保有するケイパビリティ(能力)に着目し、それが持続的競争優位をもたらす可能性に焦点を当てるものである。[注6] このアプローチは2つの帰結をもたらす。

第1に、この論理に基づけば、企業はある分野で活用できる、価値を有し、希少で、模倣コストの高い経営資源やケイパビリティを保有しているならば、その分野へ垂直統合を行うべきである。そうしたケイパビリティを用いて外部環境の機会を活用すれば、少なくとも一定の利益確保を期待できるからだ。

第2に、この論理に基づけば、企業はある分野で競争優位の獲得に必要な経営資源を保有していないならば、その分野へは垂直統合を行うべきではない。競争優位の獲得に必要な、価値を有し、希少で、模倣コストの高い経営資源を保有しない分野へ垂直統合を行ったところで、利益獲得にはつながらないからだ。それどころか、他社がその分野において競争優位を持っている場合、垂直統合を行うことは競争劣位さえもたらしかねない。

したがって、垂直統合の可否判断に対してケイパビリティに基づいてアプローチする論理は、次のようにまとめられる。もしも企業がある事業活動において活用可能な、価値を有し、希少で、模倣コストの高い経営資源を保有しているならば、その事業活動を垂直統合によって内部化すべきである。だが、それ以外の状況では、垂直統合を行うべきではない。この観点から垂直統合を判断した場合、機会主義に基づく垂直統合理論と結論が矛盾する可能性もある。

たとえば、ウォルマート(Wal-Mart)に製品を供給している企業の例を考えてみよう。ウォルマートは、ディスカウント小売業界においてかなり大きな競争優位を持つ。ウォルマートに製品を供給する企業は、理論的にはディスカウント小売業界へ前方垂直統合し、消費者向け販売を自ら行うこともできる。そうなれば、そのサプライヤーはウォルマートの競合相手になる。しかし、このような戦略が競争優位につながる可能性は低い。なぜなら、ウォルマートの経営資源やケイパビリティはあまりにも強大で、模倣コストが高いからだ。したがって、ウォルマートのサプライヤー企業のほとんどは前方垂直統合を行わず、ウォルマートを通して製品を販売することを選ぶ。

もちろんこの行動がもたらす問題は、ウォルマートに過剰に依存することが、膨大な取引特殊投資につながる点である。ウォルマートのサプライヤーは、ウォルマートへの販売を続けなければ倒産する可能性がある。一方ウォルマートは、あるサプライヤーが販売を停止してもほとんど影響を受けない。1社のサプライヤーが失敗しても、その代わりにウォルマートへ製品供給したいと考える企業は世界中にごまんと存在するからだ。したがって、ウォルマートのサプライヤーは、ウォルマートとの取引において機会主義の脅威にさらされる。実際、ウォルマートが製品の品質、価格、配送方法などに関して厳しい要求を突きつけるなど、サプライヤーに強い圧力をかけることはよく知られている。

ここで、垂直統合への上記2つのアプローチ(機会主義とケイパビリティ)が内包する緊張関係が明らかになる。ウォルマートのサプライヤーは、機会主義に対処するという意味では垂直統合(自力で小売業に進出)を行うべきである。しかし、実際に垂直統合を行えば競争劣位に置かれることから、垂直統合を行うべきではないとも考えられる。では結局のところ、垂直統合を行うのか行わないのか、どちらが適切なのか。

こうしたジレンマを実際に解消できたサプライヤーはほとんどいない。ほとんどの企業は、ディスカウント小売業界に向けて垂直統合しないことを選択している。一方で、ウォルマートに対する取引特殊投資をなるべく減らすような取り組みを行っている。たとえば、米国内外の他のディスカウント小売業者に供給する製品を増やしている。また、独自のケイパビリティを生かして製品を差別化することにより、顧客の要求を受けたウォルマートがその差別化された製品を販売せざるを得ないような状況をつくり出そうとしている。さらに、より高品質な製品をより低コストで製造・流通する方法を継続的に模索している。

◉垂直統合と柔軟性

垂直統合を評価する3つ目のアプローチは、第6章(中巻)で紹介した柔軟性の概念である。第6章で示したとおり、ある企業の**柔軟性**(flexibility)は、戦略上・組織体制上の方針を変更した際にどれだけコストがかかるかに依存する。戦略上の選択を変更するコストが低い企業は高い柔軟性を持ち、戦略上の選択を変更するコストが高い企業は柔軟性が低い。

それでは、垂直統合を行う場合と行わない場合は、どちらが柔軟性の低い判断か。研究によれば、垂直統合を行った企業はそれを行わない場合に比べ、柔軟性が低下する。[(注7)] なぜなら垂直統合を行った場合、組織構造、経営管理システム、報酬政策においても垂直統合に適したものにコミットするからだ。その後ふたたび垂直統合度を下げようとすれば、そうした組織属性も変更しなければならない。

たとえば、垂直統合している企業がある事業からの撤退を判断した場合、どのような影響が出るだろう。工場を売却または閉鎖し(これは人員削減によって職を失う従業員にも、残った従業員にも不利益をもたらす)、サプライヤーとの関係を再構築し、自社に頼っていた提携先に損失を与え、内部の指揮命令系統を変更しなければならない。

対照的に、垂直統合していない(つまり多くの業務を外注している)企業がある事業から撤退する場合は、単純にストップすればよい。現行の契約をキャンセルし、事業活動を単に停止するまでだ。したがって、垂直統合されていない事業から撤退するコストは、垂直統合されている事業の撤退コストに比べ、かなり低くなる。

もちろん、柔軟性の確保があらゆる状況において経済的価値を持つわけではない。第6章で述べたように、柔軟性が企業にとって経済的価値を持つのは、不確実性の下で意思決定を行う場合である。復習すると、意思決定の環境が**不確実**(uncertain)であるとは、ある決定を行う時点で、その決定がもたらし得る結果と、結果があらわれる確率の双方が不明な場合である。したがって、より大きな不確実性の下では、垂直統合度がより低いほうが望ましいことになる。取引を垂直統合すると、取引を垂直統合しない場合に比べ、柔軟性が低下するからである。取引に価値がないことが判明した場合、垂直統合を行わなかった企業は比較的低コストで取引を解消できるが、垂直統合してしまっている企業は取引を解消するコストが高くなる。
　たとえば、バイオテクノロジーへの投資を進めている製薬会社の例を考えてみよう。バイオテクノロジー研究がどのような成果をもたらすかは非常に不確実である。しかし仮に、ある製薬会社がバイオテクノロジーの特定分野に関する研究活動を垂直統合(内部化)した場合、それに必要なスキルを築き上げていくために、その分野の科学者を雇ったり、多額の建設費を投じて研究所を建てるなど、大きな投資が求められる。その後、その分野の研究に価値がないと判明した場合、この企業は価値のない投資に多額の資金を費やしたことになる。より重大な問題として、この分野以外で価値あるバイオテクノロジー分野が出てきたとしても、それに投資することができなくなる。
　要するに、垂直統合に対して柔軟性の観点からアプローチすれば、価値の大きさがきわめて不確実な事業活動に関しては垂直統合すべきではなく、その代わりに戦略的提携によって取引を管理すべきだということになる。戦略的提携であれば垂直統合に比べて高い柔軟性を確保でき、価値の評価に必要な情報も十分手に入る。
　不確実性の下での戦略的提携には、もう1つのメリットがある。戦略的提携に投資するリスクは、「提携を結び、その維持にかかるコスト」というあらかじめわかった水準で固定されている。したがって、戦略的提携先を持つ企業は、ある投資に結果的に価値がないことが判明しても、提携の構築・維持にかかるコストを超えた損失はこうむらないという安心感を持って、不確実性の高い投資を行える。反対に、その投資に価値があると判明した場合には、引き続き提携を維持することにより、利益獲得のチャンスを保持できる。以上を1つの理由として、米国の製薬会社は、インドの提携先へ基本研究を委託する際、ジョイント・ベンチャー方式を選択する。戦略的提携のこの側面については、第11章でさらに詳しく述べる。
　垂直統合に関する以上3つの理論的説明については、学術文献において盛んに実証研究が行われている。これらの実証研究については、コラム「関連する学術研究」でそのいくつかを取り上げている。

関連する学術研究

垂直統合理論の実証テスト

本章で紹介した垂直統合の3つの理論のうち、機会主義に基づく理論的説明は最も古くから存在し、必然的に最も多くの実証的裏づけがある。イリノイ大学教授のジョー・マホーニー(Joe Mahoney)は、こうした実証研究の文献レビューを行い、「取引特殊投資の水準が高い企業は垂直統合度も高くなる」という機会主義アプローチの中心的主張が、一貫して実証的に裏づけられているとした。

より最近の文献のなかには、複数の理論的観点から同時に企業を分析し、どの程度の垂直統合が観察されるかを見ていくことにより、3つのアプローチが持つトレードオフの関係を明らかにした研究がある。たとえば、パデュー大学教授のティム・フォルタ(Tim Folta)は、機会主義と柔軟性アプローチを組み合わせて垂直統合を分析した。この研究によれば、基本的には機会主義アプローチの主張が成り立つ一方で、不確実性の視点を加えて検証した場合は、純粋な機会主義アプローチに比べて垂直統合の水準が低下することがわかった。つまり、不確実性下にある企業は、取引特殊投資を行うコストだけでなく、それを打ち切るコストも考慮して垂直統合の適否を判断していることがわかったのである。

さらに最近の研究では、オハイオ州立大学教授のマイケル・ライブライン(Michael Leiblein)とイリノイ大学教授のダグ・ミラー(Doug Miller)が、3つの理論的観点すべてから同時に垂直統合を分析した。2人は、半導体製造業界における垂直統合を検証し、3つの観点がいずれも成り立つことを示した。つまり、この業界においては、取引特殊投資、自社が保有するケイパビリティ、今後身につけたいケイパビリティ、市場において存在する不確実性などをすべて考慮し、垂直統合の判断が行われているのだ。(注8)

◉3つの理論をコールセンターの運営に適用してみる

企業が外部調達または海外移転することの多い機能の1つに、コールセンターの運営がある。上記3つの理論に基づいて考えると、コールセンターの適切な運営法はどのようなものか。つまり、コールセンターを社内で運営すべき場合と外部調達すべき場合は、何によって決まるのか。以下、3つの理論を順に検討していく。

[取引特殊投資を考慮したコールセンターの運営法]

機会主義の観点から垂直統合を分析する際の出発点は、その取引を完了するために求められる取引特殊投資を、現に行われているものも、これから行う可能性があるものも含め、すべて特定することである。必要な投資が多ければ垂直統合が求められ、必要な投資が少なければ垂直統合を行わなくてもよいことになる。

顧客サービスの提供手段として初めてコールセンターが用いられるようになった1980年代には、コールセンターの運営に多くの取引特殊投資が求められた。まず、特殊な機材を大量に購入する必要があった。これらの機材は、他のコールセンターで使用することは可能であったが、コールセンター以外の場面ではほとんど価値を持たない。したがって、それらへの投資は一定の取引特殊性があったと言える。

より重要な点として、コールセンターを通して顧客サービスを提供するためには、販売している製品の使用に伴って発生し得る問題について、コールセンターの従業員が熟知している必要があった。そのため企業は、自社製品を綿密に検証したうえで、コールセンターの従業員があらゆる問題に対処できるように訓練を施さなければならなかった。この種の訓練は内容が複雑で時間もかかるため、コールセンターの従業員にとっては大きな取引特殊投資を伴った。したがって、きちんとまじめに仕事をしてさえいれば雇用が安定している大企業でない限り、従業員がこうした投資(その会社でなければ意味のない訓練)を行うことに前向きになることはなかった。以上の理由から、当時の企業にとって、コールセンターの運営を垂直統合(内部化)することは明らかに適切な判断だった。

しかし情報技術の発展に伴い、コールセンターのスタッフは、あらかじめ定められたサービス手順にコンピュータでアクセスすることが可能になり、コールセンターの人材訓練に要する時間は大きく短縮された。コールセンターの従業員は、原稿に従って質問をすればほとんどのトラブルを診断できるようになり、トラブルの解決法もコンピュータを見れば一目瞭然となった。かなり発生頻度の低い問題でない限り、こうしたコンピュータ上のサービス手順で対処できない問題はなくなった。

それに伴い、従業員が行わなければならない取引特殊投資の水準もかなり低下した。そこで求職者は、従来の大企業ほど雇用が安定していないコールセンターであっても働いてよいと思うようになった。いまでは、コールセンターは派遣従業員や契約社員にとって魅力的な職場である。従業員に求められる取引特殊投資が低下したということは、コールセンターの運営を垂直統合しないほうが明らかに適切だという判断が成立することを意味する。

[ケイパビリティの観点から見たコールセンターの運営法]

機会主義に基づく垂直統合分析では、取引に存在する取引特殊投資を特定することから始め、それらの投資を分析して垂直統合の適否を判断する。一方ケイパビリティ・アプローチでは、価値を有し、希少で、模倣コストの高い経営資源やケイパビリティを特定することから始め、それに基づいて適切な垂直統合度を判断する。

コールセンターの草創期には、コールセンターを適切に運営することが競争優位の源泉となり得た。当時、コールセンターに関連する技術はまだ開発されたばかりであり、従業員が顧客の問い合わせに答える能力を身につけることには膨大な訓練を要した。こうしたビジネスプロセスを管理することにおいて、特別なケイパビリティを身につけた企業は競争優位を獲得できたため、コールセンターの運営は頻繁に垂直統合された。

しかしコールセンターの運営業者が増え、その運営に必要な技術や訓練へのアクセスがより容易になると、企業がコールセンターの運営によって競争優位を獲得できるポテンシャルは低下した。つまり、コールセンターを運営する能力を備えていることに依然として経済的価値はあったが、希少性や模倣困難性は失われたのである。このような状況を考慮すると、企業がコールセンターの運営から撤退し、その機能を社外の低コストの専門業者から調達したうえで、自らは持続的競争優位を獲得し得る他の機能分野に重点を移したことは当然と言える。

もちろん企業によるこうした判断は、たとえオンラインで高品質なコールセンター・サービスを提供しても、それが自社の競争優位の源泉とはならないことを承知のうえで行われている。一方近年では、コールセンターを外部調達化したことにより、特に複雑なトラブルや発生頻度の低いトラブルなど、一部の顧客ニーズを十分に満たせなくなったことを問題視する企業が増えてきた。なかには、コールセンター機能の一部をふたたび垂直統合する企業も出てきている。こうした判断は、高品質なサービスが少なくとも一時的競争優位の源泉になり得るという計算に基づいている。このようなコールセンター機能の部分的再統合を実際に行った企業の例としては、デル(Dell)が挙げられる。同社の取り組みについては、本章の後半で詳しく述べる。[注9]

[柔軟性の観点から見たコールセンターの運営法]

機会主義によるロジックの下では、取引特殊投資を特定することが垂直統合に関する意思決定の出発点となり、ケイパビリティ・ロジックの下では、価値を有し、希少で、模倣コストの高い経営資源やケイパビリティの特定が出発点となる。一方、柔軟性ロジックの出発点は、取引に存在する不確実性を特定することである。

コールセンターを通じた顧客サービスの提供に伴って発生する最も重大な不確実性の1つは、電話で応対するスタッフが実際に顧客の役に立っているかどうかである。この問題は、さまざまなトラブルが発生し得る複雑な製品を販売している企業にとっては、特に重要になる。この不確実性については、それに対処するためのITソリューションがいくつも開発されている。しかしコールセンターの運営を垂直統合されている場合、それは特定のソリューションにコミットすることを意味する。そのソリューションの効果があまり高くないこともあり得るし、効果があったとしても、他のソリューションほど効果が高くないこともあり得る。

したがって、不確実性の下では、複数のコールセンター運営業者と関係を構築することが重要である。「複雑な製品にまつわる顧客サポートに必要な高度の専門性をいかに育成するか」という問題に対し、異なるソリューションを採用する複数の業者を選べば、技術上の柔軟性を高めることができる。こうした柔軟性は、いったん優れたソリューションが特定されれば必要なくなるため、その場合には垂直統合を行うことも1つの選択肢となる。その際、企業は機会主義やケイパビリティなどを考慮して垂直統合の適否を判断することになる。

◉異なる垂直統合理論の統合

一見すると、垂直統合がいかにして経済的価値を生み出すかという理論が3つあることは不都合のようにも思える。時に、それぞれの理論は互いに矛盾するのではないだろうか。

答えは「イエス」である。ウォルマートのサプライヤーがディスカウント小売業界へと前方垂直統合するべきかを検討した例では、すでに、機会主義アプローチとケイパビリティ・アプローチが矛盾することを見てきた。

しかし全体的に見れば、3つの理論は互いに補完し合うことのほうが多い。つまり、どのアプローチをとったとしても、垂直統合すべき場面については、大方同じような結論が導かれる。また、特定の垂直統合を評価するうえでは、ある1つのアプローチのほうが、他の2つのアプローチよりも単純に分析しやすい場合がある。したがって、垂直統合を分析するにあたって3種のアプローチからなる理論のツールキットを確保しておけば、それぞれの状況に応じて最も有益なアプローチを選択できる。

一方、3つの理論から異なる結論が導かれる状況においても、複数のアプローチを持っておくことが役に立つ場合がある。複数の理論的観点を持つことは、企業が垂直統合戦略を選択する際に、どのようなトレードオフに直面するかを明らかにする。たとえば、機会主義アプローチが取引特殊投資の水準が高いことから垂直統合が必要だとする場合、ケイパビリティ・アプローチは、その垂直統合に必要な経営資源やケイパビリティを確保するコストを示し、柔軟性アプローチは、その垂直統合にコミットするリスクを示す。これらすべてを考慮すれば、企業が最終的に行った垂直統合の判断が、どのような費用対効果を持っているかを多角的に知ることができる。

このように、実際の企業が行った垂直統合上の判断を分析しようとする場合、垂直統合について3つの理論的観点を持っておくことには明らかにメリットがある。もちろん、これらの理論を適用して導かれた結論によっては、重大な倫理的なジレンマが生まれる場合もある。従来に比べて垂直統合度を下げるべきだという結論が出た場合は、特にそうである。こうしたジレンマについては、コラム「企業倫理と戦略」で検討する。

企業倫理と戦略

外部調達の倫理的問題

垂直統合下で何十年も事業運営を成功させてきた企業があるとする。従業員は毎日同じ職場に出勤し、仕事内容を熟知しており、協力して仕事に取り組むすべも身につけており、どこに車を駐車すべきかも知っている。彼らにとって会社は収入源であるだけでなく、社交の場としても生活の中心をなしている。友人の多くは同じ会社の同じ部門で働いている。今後もこれまで歩んできた道が続きそうだ。安定した職場で精いっぱい働き、安心感のある老後へ向けて計画的に貯蓄を続けていけると誰もが思っていた。そんなある日、会社が外部調達戦略に転換した。垂直統合度を下げるかたちで戦略を変更し、これまで社内部門で担っていたサービスを、外部のサプライヤーから調達することになった。

経済的観点から見た場合、外部調達は魅力的である。それにより企業はコストを削減し、競争優位の中核をなす一部の機能分野に集中して取り組むことができるようになる。外部調達がうまくいけば経済的価値が生まれ、企業は、この経済的価値をオーナーたる株主に分け与えることができる。

実際のところ外部調達は、ビジネス界においてトレンドになりつつある。米国でのアウトソーシングは、国内での雇用が国外法人に移転される意味で語られることが多いが、2018年時点で米国企業が国外法人で雇用している数は1440万人にのぼる。

一方、職を失う従業員はどうか。これまで何十年にもわたって会社に捧げてきた労力や、信頼できる安定した職場、安定・安心の老後はどうなってしまうのか。外部調達は経済的価値を生み出しながらも、人々の生活を根底からひっくり返すことが多い。もちろん、外部調達が従業員にもたらす影響を最小限に抑えようと、いろいろな策を凝らす企業もある。定年が近い従業員は早期退職の機会を与えられるのが通例だ。その他の従業員に対しても長年の労をねぎらい、退職金が支払われる。なかには再就職支援を行う企業を雇い、突然職を失った従業員を新しい勤務先やキャリアへ誘導する企業もある。

しかし、いくら失職のショックを和らげようとしても、ショックが消えることはない。多くの人は、勤め先の会社と、「良い仕事をしている限り、職を失うことはない」という暗黙の合意があると認識していた。だがいまや、そうした合意は、「会社が自分のことを雇用したいと思っている限り、職を失うことはない」に変わりつつある。そのような状況下では、多くの人々が、会社のパフォーマンス向上に貢献することよりも、他の職場でも役に立つ訓練や経験を身につけることを重視し、人材として磨きをかけることを優先して仕事に向かうようになっても無理はない。(注10)

◉――垂直統合と持続的競争優位

到達目標 8.4

垂直統合が持続的競争優位の源泉となる条件を
説明できるようになる。

もちろん、垂直統合が持続的競争優位の源泉となるためには、それが経済的価値を持つ(機会主義の脅威を緩和したり、自社または統合対象となる他社の、価値を有し、希少で、模倣コストの高い経営資源の活用を可能にしたり、柔軟性をもたらす)だけでなく、希少性や模倣困難性も持たなければならない。かつ、垂直統合を実行するのに適切な組織体制も必要になる。

◉垂直統合の希少性

垂直統合戦略が希少性を持つのは、同じような垂直統合戦略を実行して経済的価値を生み出せる競合が、ごくわずかしか存在しない場合である。ある企業の垂直統合戦略が希少だと言えるのは、その企業が効率的に垂直統合を行える数少ない企業のうちの1つである場合か、垂直統合度を高めることなく同じ取引を競合より高い効率で管理できるごく少数の企業の1つである場合である(この場合の垂直統合戦略は統合度を高めない戦略)。

[希少な垂直統合]

企業がほとんどの競合にはなし得ないかたちで垂直統合を行い、経済的価値を生み出すパターンとしては3つある。この3つのパターンが、それぞれこの章で紹介した垂直統合の3つの理論的観点に対応していることは想像にかたくない。

希少な取引特殊投資と垂直統合

第1に、企業が新たな技術やビジネス手法を生み出したことにより、ビジネスパートナーに求められる取引特殊投資の規模が、とりわけ大きくなる場合がある。そうなると、新たな技術やビジネス手法を生み出した企業は、垂直統合を行うことが理にかなった行動となり、新たな技術やビジネス手法を持たない企業は、垂直統合を行わないことが理にかなった行動となる。それらの新たな技術やビジネス手法が希少かつ模倣困難なものであれば、それらは垂直統合された企業にとって持続的競争優位の源泉となり得る。

たとえば、コンピュータ関連製品業界では、多くの企業が中核的機能分野を部分的に海外移転させる一方、デルだけは法人顧客に技術サポートを提供するコールセンター機能をインドから呼び戻し、自社の事業に再統合した。(注11) 法人顧客が直面するトラブルは、一般に個人顧客に比べてかなり複雑である。したがって、そうしたトラブルを解決できるだけの能力を備えたスタッフを育成することもより困難になる。さらに企業向けの技術は、消費者向け技術に比べて急速に発展する傾向にある。したがって、法人顧客に技術サポートを提供する際には、スタッフの知識をアップデートしていく作業も、個人顧客向けに比べてより複雑になる。こうして、法人向けコールセンターのスタッフには、技術の習得や顧客ニーズの理解に関して多大な取引特殊投資が求められる。よってデルは、そうしたスタッフを社内に取り込み、このタイプのコールセンターの運営を自社に再統合する必要に迫られた。

再統合を行ったことにより、デルの顧客ニーズを満たす能力が競合に対して高まり、かつコールセンターを運営するコストがあまり高くなければ、こうした垂直統合戦略には経済的価値も希少性もあり、デルにとって少なくとも一時的な競争優位をもたらし得る。

希少なケイパビリティと垂直統合

第2に、デルのような企業は、コールセンターの運営や法人向けコールセンターで働くスタッフの訓練に関して、自社が特殊なスキルを持っていると認識する可能性もある。そうした特殊なケイパビリティが価値を有し、希少なものであれば、それを活用できる事業を垂直統合することで、企業は少なくとも一時的競争優位を獲得する可能性がある。実際に企業は、価値を有し、希少なケイパビリティを保有していることを根拠として、業界内で希少な垂直統合を行うケースが多い。

希少な不確実性と垂直統合

第3に、企業が競合に先駆けて不確実性を解消できた場合、垂直統合を行うことが有利になる。たとえば、業界内の数社がある不確実性の高い技術の開発に投資したとする。柔軟性のロジックによれば、企業はこの技術の設計や性能が安定し、市場需要が確立されるまでは、その技術を用いた製品の製造を垂直統合しようとは思わない。しかし、そのなかの1社が他社に先駆けて不確実性を解消した場合はどうなるか。この1社は、不確実性の下では欠かせない柔軟性をもはや維持する必要がなくなる。よって、この新製品の効率的製造を可能にする特殊な機械の開発などを行える。こうした機械に柔軟性はないが、効率性はかなり高まる。

もちろん、その機械を外部のベンダーが使用する際、多額の取引特殊投資を伴う。外部のベンダーはそうした投資を行うことに後ろ向きであることが予想される。この場合、企業はその機械を活用して製造するために、垂直統合するしかないと判断する可能性がある。したがって、競合に先駆けて不確実性を解消したことにより、他社に先駆けて垂直統合のメリットを享受できるようになる。つまり、競合がいまだ不確実性の下でいかに柔軟性を保つかに腐心している一方で、その企業は生産効率や製品に関する顧客の要望に応えることに集中できる。当然ながら、これは競争優位をもたらす状況である。

[垂直統合度の低下が有する希少性]

垂直統合と競争優位に関する以上の例では、垂直統合を行うことによって競争優位が生まれる場合に着目した。しかし、垂直統合度を低下させることが競争優位につながる場合もある。この場合、それまで社内で担っていた事業活動を外部調達することが競争優位をもたらす。業界内の他社よりも先に次のことを認識した企業は、他社に先駆けて取引を外部化する可能性がある。

すなわち、(1)その取引を行うのに必要な取引特殊投資の水準が低下したこと、または(2)その取引の希少性や模倣困難性が低下したこと、もしくは(3)その取引が持つ経済的価値に関する不確実性が解消されたこと、などである。取引を外部化するという希少な行動に経済的価値があれば、少なくとも一時的競争優位をもたらす。

◉垂直統合の模倣困難性

上記のような希少な垂直統合が持続的競争優位をもたらすかどうかは、少なくとも一時的競争優位をもたらす希少な自社の経営資源に、どれほどの模倣困難性があるかに依存する。他社の、価値を有し、希少な垂直統合戦略を模倣するには、直接的複製と代替という2つの方法がある。

[垂直統合の直接的複製]

垂直統合の直接的複製が可能となるのは、ある企業の、価値を有し、希少で、垂直統合戦略を可能にしている経営資源やケイパビリティを、他の企業が自ら開発または獲得した場合である。しかし、経営資源やケイパビリティに経路依存性、社会的複雑性、因果関係不明性などがあれば、垂直統合戦略の直接的複製は不可能となり、そうした垂直統合戦略は、持続的競争優位の源泉となる。

なかでも、特定の機能を海外移転するという戦略(垂直統合度を下げる戦略)に関して言えば、多くの企業がそれを行っていること自体が模倣困難性の低さを示唆している。実際のところ、いまや海外移転があまりに一般的になり、逆にある企業が垂直統合を行い、コールセンターの運営などを米国国内で行うことにした場合(たとえばデルなど)、ニュースで取り上げられるほどである。

しかし、多くの企業が海外移転を行っているとしても、成功の度合いはまちまちである。したがって、海外移転を行っている一部の企業には、他社にない微妙で複雑なケイパビリティがあると考えられる。そうした経営資源やケイパビリティは、持続的競争優位の源泉になり得る。

価値を有し、希少な垂直統合戦略を可能にしている経営資源やケイパビリティのなかには、そもそも直接的複製の脅威を受けないものもある。たとえば、自社が行っている経済的取引の特性を分析したり、垂直統合戦略を立案・実行したりする能力が挙げられる。いずれのケイパビリティも長年の経験に基づいて築き上げていくものであり、社会的複雑性と経路依存性を持つからである。

[垂直統合の代替]

垂直統合の主な代替である戦略的提携は、第11章の主要なトピックである。したがって、戦略的提携がいかにして垂直統合の代替となり得るかについての分析はそこで行う。

◉——垂直統合の実行に向けた組織体制の構築

到達目標 8.5

機能別組織、経営管理システム、報酬政策などを活用して
垂直統合を実行する方法を説明できるようになる。

垂直統合の実行に向けた組織体制は、組織構造、経営管理システム、報酬政策など、他の事業戦略や全社戦略と同じツールを用いて構築される。

◉垂直統合の実行と組織構造

本書(中巻)で取り上げた最初の2つの事業戦略(コスト・リーダーシップと差別化)の実行に用いられる組織構造は、垂直統合の実行でも用いられる。すなわち、機能別(職能別)組織、つまりU型組織である。垂直統合の結果として社内に取り込まれる取引は、機能別組織のいずれかの機能部門の一部となる。したがって、たとえばどのような製造活動を垂直統合するかによって、その機能別組織において製造機能が担う業務と責任の範囲が定められ、また、どのようなマーケティング活動を垂直統合するかによって、その機能別組織においてマーケティング機能が担う業務と責任の範囲が定められる。このように、機能別組織における垂直統合の意思決定は、組織構造を左右する重要な

意味を持つ。

垂直統合された機能別組織の最高経営責任者(CEO)には、第4章(中巻)で紹介した一般的な機能別組織と同じく、戦略の策定と実行という2つの職務上の責任がある。しかし、垂直統合戦略を実行する場合は、この2つの職務責任の範囲が拡張される。すなわちCEOは、どの機能を社内へ垂直統合するかの意思決定をリードするだけでなく、垂直統合後に必然的に生まれる機能部門間の対立を解消しなければならない。

[垂直統合された企業における機能部門間の対立の解消]

CEOの立場から考えた場合、垂直統合戦略の実行に向けて各機能分野の専門家間の調整を図ることは、必ずコンフリクト・リゾリューション(紛争解決)の作業が関わってくる。垂直統合戦略を追求している企業の場合、U型組織内の機能部門マネジャー同士の対立は、頻繁に起こるものと想定されている。それどころか、U型組織内の機能部門マネジャー間の対立が起きなかった場合、それらのマネジャーは、本来果たすべき職務を果たしていないという疑いさえある。したがってこの場合、CEOの役割は、そうした対立があたかも存在しないかのようにふるまったり、無視することではなく、対立をうまく管理して戦略の実行につなげていくことである。

例として、製造部門と営業部門のマネジャー間の関係を考えてみよう。一般に製造部門のマネジャーは、1つの製品の大量生産を望む。一方、営業部門のマネジャーは、数多くのカスタマイズされた製品を販売したいと思う。また、製造部門のマネジャーは、最終製品の在庫が増大するのを嫌うが、営業部門のマネジャーは、迅速に顧客へ製品を配達できるように在庫の確保を好む。したがって、垂直統合されたU型組織において製造部門と営業部門のマネジャー間に利害対立がまったく起きていない場合は、むしろ製造部門のマネジャーが製造業務の遂行において、コスト削減や品質向上に十分に取り組んでいないか、営業部門のマネジャーが顧客ニーズに迅速に応えることに十分に取り組んでいないか、はたまたその両方の事態が発生している疑いがある。

垂直統合されたU型組織の機能部門マネジャー間では、この他にもさまざまな対立が起きる。たとえば経理担当者は、経営上のアカウンタビリティ(説明責任)の確保やコストの綿密な管理に重点を置く。しかし研究開発部門のマネジャーは、そうした方針に基づいて会計業務を行えば革新力や創造力の足かせになると懸念するだろう。財務部門のマネジャーは、自社と外部資本市場との関係を重視するのに対し、人材管理部門のマネジャーは、自社と外部の労働市場の関係をより重視する。

このような状況下でCEOが果たすべき役割は、対立の解決を促し、戦略の実行につなげることである。機能部門マネジャーは必ずしも和気あいあいとしなければならないわけではない。しかし、企業がとっている垂直統合戦略が適切なものであれば、どの機能部門も会社にとって経済的価値をもたらすからこそ社内に取り込まれているはずだ。機能部門間の対立によって社内にある各機能をうまく活用できなければ、機能部門が持つ潜在的価値は失われてしまう。

◉経営管理システムと垂直統合の実行

垂直統合戦略を実行するにあたっては、適切な組織構造を持つこと自体も重要だが、そうした組織構造をさまざまな経営管理システムで支えることもまた欠かせない。なかでも特に重要なのは、予算策定プロセスと経営委員会による監督プロセスである。これらのプロセスは、本来の目的以外にも、垂直統合企業で頻繁に起こる機能部門間の対立を緩和する効果を持つ。

[予算策定プロセス]

垂直統合されたU型組織のCEOにとって、予算策定は最も重要な管理メカニズムの1つである。多くのU型組織において、経営幹部は予算の策定や予算に対する進捗評価に多大な労力を費やす。予算目標は、各機能部門の活動にかかるコストや活動によって得られる売上げなど、事業活動のさまざまな側面について策定される。こうした予算目標を達成できるかどうかは、多くの場合マネジャーの報酬や昇進を左右する。

予算目標は重要な管理ツールだが、意図せず悪影響をもたらす場合もある。一例として、予算目標を設定した場合、機能部門マネジャーは数値的に測定しやすい短期的成果を過度に重視し、より測定が難しい長期的成果を軽視する可能性がある。たとえば、メンテナンスやマネジャー養成への支出を増やすことにより、将来の業務遂行に必要な技術や人材を確保することが戦略上は適切であるにもかかわらず、予算目標の達成を気にするあまり、マネジャーがその種の支出を先送りすることが考えられる。このマネジャーは、短期的予算目標を満たそうとすることで、機能部門の長期的パフォーマンスを犠牲にしている可能性があり、そうなれば企業全体の長期的パフォーマンスも損なわれる。

予算策定プロセスがもたらす短期志向にCEOが対抗する手段としては、さまざまなものがある。たとえば研究によれば、予算に照らしてマネジャーのパフォーマンスを評価することは、次の条件を満たしている場合は効果的な管理メカニズムになる。(1)予算策定プロセスがオープンで全員参加型である、(2)機能部門マネジャーや企業が直面している経済的現実が予算に反映されている、(3)機能部門マネジャーの定量的パフォーマンス評価が定性的評価によって補完されている。予算策定をオープンかつ参加型のプロセスを通じて行うことによって、予算目標はより現実的になり、機能部門マネジャーはそれを確実に理解して受け入れるようになる。

また、パフォーマンス評価に定性的要素を組み込むことにより、機能部門マネジャーが短期的には予算目標を達成しても、長期においては多大な悪影響をもたらし得る行動の可能性を減らす。[注12]

[経営委員会による監督プロセス]

予算策定に加え、垂直統合されたU型組織はさまざまな種類の経営委員会を管理メカニズムとして用いる。特に多くの企業で見られる経営委員会は、**執行委員会**(executive committee)と**業務委員会**(operations committee)である(ただし、呼称はそれぞれの企業によって異なる)。

U型組織における執行委員会は、一般にCEOと2、3の中核的機能部門マネジャーによって構成される。通常は週に一度会合を開き、短期の企業パフォーマンスを評価する。執行委員会のメンバーには、経理や法務、または企業の短期的なビジネス上の成功にとって不可欠なその他機能部門(たとえば、製造や営業など)のマネジャーが含まれる。執行委員会の基本的機能は、企業の短期的パフォーマンスの検証、機能部門間における予算目標のばらつきの発見と修正、緊急事態が発生した場合の対応などである。すなわち執行委員会は、垂直統合企業において発生し得るさまざまな機能部門間の対立を未然に防ぐことに役立つ。

U型組織においては、執行委員会のほかにも社内業務を調整するために定期的に集まる幹部集団がある。業務委員会と呼ばれることが多いこの集団は、月に一度会合を開くことが通常で、メンバーにはCEOと社内すべての機能分野のトップが含まれる。つまり前述の執行委員会は、業務委員会メンバーの一部によって構成されている。

業務委員会の主な目的は、執行委員会が行う週ごとの評価よりも若干長いスパンで企業のパフォーマンスを検証することや、長期的に行われる戦略的投資・活動をモニタリングすることである。モニタリングする投資の例としては、工場の増改築、新製品の発売、コスト削減策や品質向上施策の実行などである。業務委員会は、各機能部門の幹部にとって、ビジネス上の懸念や機会を共有したり、戦略の実行に向けた調整を行ったりする場を提供する。このように業務委員会は、垂直統合企業において発生するさまざまな機能部門間の対立を、事後的に解決することに役立つ。

これら2つの常設委員会に加え、U型組織では、特定のプロジェクトや業務に取り組むさまざまな委員会やタスクフォースが組織される。こうした付属的な集団は、一般に執行委員会や業務委員会のメンバーが長を務め、必要に応じて一方または双方の常設委員会に報告を行う。

◉垂直統合戦略の実行と報酬政策

垂直統合戦略の実行を成功させるうえでは、組織構造と経営管理システムは重要である。しかし、報酬政策も同程度に重要になる場合がある。

コスト・リーダーシップや製品差別化の実行において報酬政策が果たす役割や、また垂直統合戦略の実行において予算目標と報酬を結びつけることが果たす役割についてはすでに述べた。一方、本章で紹介した垂直統合の3つの理論的観点も、報酬政策のあり方に重要な示唆を与える。以下、この3つの理論から導かれる報酬政策上の課題と、それぞれの課題に対処する方法について議論する。

[機会主義と報酬]

垂直統合の機会主義に基づくアプローチによれば、企業特殊投資を行った従業員はそれを行わなかった従業員に比べ、会社にとって大きな価値をもたらす。企業特殊投資とは取引特殊投資の一形態である。取引特殊投資がその他の取引に比べ特定の取引において高い価値を持つ投資であるのに対し、**企業特殊投資**(firm-specific investments)とは、その他の企業に比べ、特定の企業において高い価値を持つ投資(従業員による投資)である。[(注13)]

企業特殊投資の例としては、企業文化に対する理解、他の社員との人間関係、その企業ならではのビジネスプロセスに関する知識、などである。従業員がこうした知識を活用すれば、会社に大きな価値がもたらされる。しかしそれは、他の企業ではほとんど価値を持たない知識である。したがって、その知識を獲得することに費やされた労力は、企業特殊投資である。

従業員による企業特殊投資が会社にとって大きな価値を生むのは確かだが、垂直統合の機会主義アプローチによれば、従業員は企業特殊投資を行えば企業との取引において不利な立場に置かれるため、そうした投資を嫌がる傾向にある。

たとえば、多大な企業特殊投資を行った従業員は、期待していた昇進を与えられなかった場合も、期待していた昇給を受けられなかった場合も、はたまた正真正銘の差別を受けた場合も、転職することができない。会社を辞めればその企業に対して行った膨大な投資の価値を失ってしまうからだ。この従業員は、現在勤務している会社以外の就労機会が限られるので、会社からぞんざいな扱いを受けても我慢するしかなくなる。従業員が企業特殊投資を行うことに後ろ向きになるのはこのためである。

しかし企業としては、従業員に企業特殊投資をしてもらうことは、自社の経済的ポテンシャルを完全に発揮するうえで不可欠である。したがって、報酬政策が有する課題の1つは、企業にとって大きな価値を生み出す企業特殊投資を、従業員が進んで行うようなインセンティブを設定することである。

[ケイパビリティと報酬]

垂直統合のケイパビリティに基づく理論的説明も、企業に価値を生み出すものとして企業特殊投資を重視している。実際、企業が保有する、価値を有し、希少で、模倣コストの高い経営資源やケイパビリティの多くは、従業員が行った企業特殊投資のあらわれである。しかし、垂直統合の機会主義的説明が従業員個人による企業特殊投資を重視するのに対し、ケイパビリティに基づく説明は、従業員が集団として行う企業特殊投資を重視する。(注14)

第3章(上巻)では、企業が保有する、価値を有し希少な経営資源が模倣困難性も帯びる要因の1つとして、社会的複雑性を挙げた。社会的に複雑な経営資源は、社内で壌成されたチームワーク、協力関係、企業文化などを反映している。こうしたケイパビリティは、企業の価値を大きく増大させる要因であり、他社にとっては少なくとも短中期において模倣困難である。そして、こうしたケイパビリティを身につけるためには、1人だけでなく複数の従業員による企業特殊投資を要する。

したがって、ケイパビリティの観点から分析した場合、報酬政策を設計する際には、企業にとって価値を生み出す企業特殊投資を促すだけでなく、そうした投資を集団として行うことを重視する必要がある。たとえば、幹部チームのメンバー全員がチームに対して企業特殊投資を行わない限り、そのチームが競争優位を生み出し、持続させる能力は著しく制約される。

[柔軟性と報酬]

垂直統合の柔軟性に基づく説明も、報酬政策を考えるうえで重要な示唆をもたらす。具体的には、ある企業が事業上の柔軟性を生み出すための条件は、既知の水準で損失リスクが固定されており、利益のポテンシャルが非常に大きい活動に対して従業員が意欲的なことである。したがって、既知の水準で報酬減少のリスクが固定されており、報酬増大のポテンシャルが非常に大きいような報酬制度を設計すれば、従業員は、柔軟性を組み込んだ垂直統合戦略を選択・実行するようになる(第6章(中巻)参照)。

[報酬形態の選択肢]

表8.1にはいくつかの代替的な報酬形態を掲げ、それぞれの報酬形態がこの章で取り上げた3つの垂直統合ロジックのどれと関連性を持つかを示した。

表8.1｜垂直統合の判断アプローチと報酬形態

機会主義に基づく垂直統合理論	給料 個人のパフォーマンスに基づく金銭的ボーナス 個人のパフォーマンスに基づくストック・グラント
ケイパビリティに基づく 垂直統合理論	全社・集団のパフォーマンスに基づく金銭的ボーナス 全社・集団のパフォーマンスに基づくストック・グラント
柔軟性に基づく垂直統合理論	個人、会社、集団のパフォーマンスに基づくストック・ オプション

まず、機会主義に基づく垂直統合ロジックによれば、垂直統合を遂行している企業にとって重要なのは、従業員個人や、従業員個人が行う企業特殊投資に着目した報酬である。こうした個人ベースの報酬には、従業員に支払う給料、個人のパフォーマンスに基づく金銭的ボーナス、個人のパフォーマンスに基づく**ストック・グラント**（stock grant、自社株式の付与）などが含まれる。

次に、ケイパビリティに基づく垂直統合ロジックによれば、垂直統合を遂行している企業にとって重要なのは、価値を有し、希少で、模倣コストの高い経営資源やケイパビリティに対して企業特殊投資を行った従業員集団に高い報酬を与えることである。こうした集団的報酬の例としては、企業全体のパフォーマンスに基づく金銭的ボーナス、企業全体のパフォーマンスに基づくストック・グラントなどが挙げられる。

最後に、柔軟性に基づく垂直統合ロジックによれば、垂直統合を遂行している企業にとって重要なのは、報酬減少のリスクが既知の水準で固定されており、報酬増大のポテンシャルが大きい報酬を従業員に与えることである。あらかじめ設定された価格で自社株式を購入する権利（義務ではない）を付与する**ストック・オプション**（stock option）は、このような特徴を持った報酬形態である。ストック・オプションは従業員個人のパフォーマンスに基づいて付与される場合もあれば、会社全体のパフォーマンスに基づいて付与される場合もある。

報酬政策を通じて垂直統合戦略を実行するCEOの仕事は、自社の戦略を考慮した場合に従業員のどのような行動が望ましいかを見極め、それに見合った報酬形態を選ぶことである。当然ながら、多くのCEOは、こうした意思決定をするにあたって、垂直統合の3つのロジックをいずれも参考にする。したがって多くの企業は、第6章（中巻）の表6.1に挙げた施策を組み合わせた報酬制度を採用している。特に多いのは、個人ベースと全社ベースの報酬形態と並んで、会社全体のパフォーマンスに特に大きなインパクトを与えている従業員に対し、追加的な給料 、金銭的ボーナス、ストック・グラント、ストック・オプションを与えるパターンである。

本章の要約 Summary

垂直統合度の定義は、業界のバリューチェーンのうちどれほどの数のステージが社内に取り込まれているか、である。前方垂直統合を行った企業は最終顧客に近づき、後方垂直統合を行った企業は原材料の獲得源に近づく。特定の事業活動に関して垂直統合戦略をとる際の企業にとっての選択肢は、垂直統合を行わない、部分的に垂直統合を行う、完全に垂直統合を行う、の3つである。

垂直統合が経済的価値を生み出す状況には3つある。

第1に、垂直統合は、自社が取引特殊投資を行ったことを要因として、企業が買い手やサプライヤーから受ける機会主義の脅威を減らす。取引特殊投資とは、他のいかなる取引よりも、特定の取引においてのみ高い価値を持つ投資である。

第2に、垂直統合は、当該企業が有する、価値を有し、希少で、模倣コストの高い経営資源やケイパビリティの活用を可能にすることで経済的価値を生む。企業はこのような経営資源上の優位を発揮できる事業活動へは垂直統合すべきであり、そうでない他の事業活動へは垂直統合すべきではない(ウォルマートに商品供給している供給者の例、P.15、16参照)。

第3に、垂直統合は一般に、不確実性が低い状況においてのみ経済的価値を生む。不確実性が高い状況において垂直統合を行った場合、企業は後々変更する時のコストが高い、特定の行動方針にコミットすることになる。したがってこの場合は、より柔軟性の高い非統合的アプローチのほうが望ましい。

垂直統合へのこれら3つのアプローチはほとんどの場合、同じ結論にいたる。しかし、それぞれのアプローチが異なる垂直統合戦略をとるべきだと示唆する場合でも、3つのアプローチをすべて考慮することは経営に役立つ。

価値を有する垂直統合戦略が持続的競争優位をもたらすかどうかは、その戦略の希少性と模倣困難性にかかっている。垂直統合戦略が希少であるのは次の2つの場合である。(1)ほとんどの競合が垂直統合を行っていない場面で垂直統合を行う場合、(2)ほとんどの競合が垂直統合を行っている場面で垂直統合を行わない場合。よって、希少な垂直統合戦略を実現するためには、その戦略にかかる取引特殊投資の水準が他社と異なること、保有する経営資源やケイパビリティが他社と異なること、もしくは、自社が置かれている不確実性の度合いが他社と異なること、が条件になる。

垂直統合戦略を直接的複製によって模倣できる可能性は、その戦略の追求を可能にしている経営資源やケイパビリティの直接的複製がどれほど困難かによって左右される。垂直統合と最も代替性の高い戦略である戦略的提携については、第11章で詳しく述べる。

垂直統合の実行に向けた組織体制の構築は、組織構造、経営管理システム、報酬政策によって行われる。垂直統合の実行に最も頻繁に用いられる組織構造は、コスト・リーダーシップや製品差別化においても用いられる機能別、すなわちU型の組織構造である。垂直統合されたU型組織のCEOは、どの機能分野を垂直統合するかを選択するだけでなく、このような組織において必然的に発生する機能部門間の対立を解消することに取り組む必要がある。機能部門間の対立を解消しながら垂直統合を遂行することに役立つ経営管理システムとしては、予算策定プロセスと経営委員会による監督プロセスの2つがある。

垂直統合の実行を意図する企業が採用すべき報酬政策は、垂直統合の3つの観点によってそれぞれ異なる。機会主義に基づく垂直統合ロジックは、個人のパフォーマンスに対する給料、金銭的ボーナス、ストック・グラントなど、個人ベースの報酬を採用すべきことを示す。ケイパビリティに基づく垂直統合ロジックは、全社的または集団的パフォーマンスに対する金銭的ボーナスやストック・グラントなど、集団ベースの報酬を採用すべきことを示す。柔軟性に基づく垂直統合ロジックは、個人、集団、会社のパフォーマンスに対するストック・オプションなど、柔軟な報酬を採用すべきことを示す。

垂直統合に対するこれら3つのアプローチは、そのすべてが意味を持つことが多いため、多くの企業において、自社のパフォーマンスに大きなインパクトをもたらし得る従業員に対しては、上記いずれのメカニズムも採用して報酬を与えることが十分考えられる。

チャレンジ問題 Challenge Questions

8.1 企業はサプライヤーの利益を奪い取るために後方垂直統合を行う場合がある。このような後方垂直統合の背景にある動機と、この章で紹介した垂直統合の機会主義ロジックにはどのような関係があるか。（ヒント：利益拡大をもたらし得る競争条件と、企業が垂直統合を通して機会主義を回避するインセンティブを持つ競争条件を比較せよ）

8.2 大手の食品流通会社が自社の事業で垂直統合すべきかどうか検討している。この企業が後方垂直統合を行う場合と前方垂直統合を行う場合のそれぞれにおいて、どのような選択肢を持つかを論ぜよ。

8.3 ビジネスの世界では、他社と交渉して契約条件や金額を定めるのが一般的である。特に生産コストの高い製品を長期にわたって供給する契約の場合、サプライヤーが顧客企業の提示した不利な条件を受け入れざるを得ないと信じていると、その顧客企業の思惑に振り回されることになる。取引相手(この場合はサプライヤー)をこのように不当に搾取する行為は機会主義と呼ばれる。市場において存在する機会主義の脅威は、バリューチェーン上の活動を垂直統合することによっていかに減らすことができるか。

8.4 垂直統合している企業のCEOは、異なる機能部門マネジャー同士の対立を気にするべきか。

8.5 本文では、営業部門と製造部門の間で一般に存在する対立構造について述べた。これ以外の部門間に存在する対立構造にはどのようなものがあるか。次の組み合わせを検討せよ。研究開発と製造、財務と製造、マーケティングと営業、経理とその他部門。

8.6 CEOが社内の機能分野間の対立を解消するためにとり得る手段にはどのようなものがあるか。

8.7 垂直統合が持続的競争優位の源泉となり得る状況はどのようなものか、分析せよ。

8.8 企業の目標を達成したマネジャーに報酬を与える際、その企業が垂直統合していることが報酬の種類の選択に与える影響を分析せよ。

8.9 次の企業の組み合わせのうち、垂直統合度がより高いのはどちらの企業か。それぞれの企業のウェブサイトを参考にして答えよ。

(a) ボーダフォン(Vodafone、グローバルに展開する携帯電話事業会社)とバーティ・エアテル(Bharti Airtel、新興市場を中心に展開する携帯電話事業会社)

(b) いずれもビール・メーカーであるモルソン・クアーズ・ブリューイング・カンパニー(Molson Coors Brewing Company)とハイネケン・ホールディング(Heineken Holding)

(c) BMWとロータス・カーズ(Lotus Cars)

(d) 化粧品会社のロレアル(L'Oréal)とエイボン・プロダクツ(Avon Products)

8.10 次の取引において、各当事者はどの程度の取引特殊投資を行うことになるか。また、取引相手に搾取される可能性が高いのはどの当事者か。

(a) 大手のエナジードリンク製造会社の近くに、独立系の小規模アルミ缶工場が操業を開始した。エナジードリンク会社には敷地内に自社用の缶詰め施設が2つあり、50キロ圏内にプラスチックのボトル詰め業者がある。200キロ圏内に他の飲料メーカーは存在しない。

(b) 専門分野が多岐にわたるイスラエルの大手法律事務所が、知的財産分野の調査業務をインドの専門業者へ委託した。インドの業者は収益の80%をイスラエルの法律事務所との委託契約に依存しており、イスラエルの法律事務所はこの外部調達によって10%のコスト削減を実現する。インドの業者はイスラエルの事務所との取引に特化したソフトウエアや継続的人材育成に投資している。また、このインド企業はイスラエルの事務所による業者募集に応じた9つの候補企業のなかから選ばれた。

(c) 一部のパソコン・メーカーは、パソコンの頭脳とも言える論理チップ(CPU)の調達先として完全にインテル(Intel)に依存している。インテルは数十社に対して製品を供給しており、競合がほとんど存在しないため、これらのパソコン・メーカーはインテルが新型の論理チップを発売するたびに、パソコンの組立作業や部品、はたまたソフトウエアさえも部分的に調整する必要がある。

(d) 原子力を動力源とする空母は世界中で数隻しか存在せず、ほとんどは米国海軍が所有する。「スーパー空母」とも呼ばれるこれらの艦艇はきわめて技術的に複雑であり、米国国防省の方針の下、インガルス造船所(Ingalls Shipbuilding)というたった1つの企業が製造を担っている。

8.11 次のシナリオにおいて推奨されるのは、垂直統合を行う、垂直統合を行わない、のどちらか。理由とともに答えよ。

(a) 企業Aは自社の製品ラインでの製造に特殊な新技術を必要としている。この技術に代替可能なものはない。企業Aはこの技術を自ら開発すべきか、それとも他社から調達すべきか。

(b) 企業1は長らくある流通業者を通じて製品を販売してきており、業界最大のシェアを確保している。しかし、この流通業者は技術の進歩に後れを取っており、顧客から苦情が出るようになっている。代わりになる流通業者はいない。企業1は既存の流通業者を利用し続けるべきか、それとも自社で流通を担うようにするべきか。

(c) 企業αは長年、自ら製品製造を行ってきた。しかし、この製品は近年においてコモディティ化が進んでおり、企業αと同じ価格と品質でこの製品を提供できる企業がいくつか出てきている。企業αはこの製品の製造を続けるべきか、それともこれらの競合のいずれかに製造業務を委託するべきか。

(d) 企業1はある技術分野が将来的に大きな利益につながると確信している。しかし、この技術分野には8つのバージョンがあり、どのバージョンが最終的に市場を支配するかについては確証がない。最終的に市場を支配するのはそのうちの1つだけである。企業1は自ら8つのバージョンに投資するべきか。1つのバージョンのみに投資するべきか。それとも、それぞれのバージョンに投資している他の企業と提携するべきか。

8.12 垂直統合戦略によって企業が柔軟性を確保し、経済的価値を生み出す仕組みを説明せよ。

8.13 他社が実行している、価値を有し希少な垂直統合戦略を、直接的複製によって模倣する方法と、代替によって模倣する方法をそれぞれ記述してみよ。

注

1 Calder, S. (2017). "British Airways May Outsource Call Centre Jobs after Suffering Bank Holiday IT Meltdown." *The Independent.* http://www.independent.co.uk/travel/news-and-advice/british-airwaysoutsourcing-call-centre-jobs-capita-bank-holiday-it-meltdowncustomer-service-a7787231.html; Webb, J. (2017). "British Airways Flights and IT Failure: Cue Furious Debate around Outsourcing." *Forbes.* https://www.forbes.com/sites/jwebb/2017/05/29/british-airways-flights-and-it-failure-cue-furious-debate-aroundoutsourcing/#503b5d557839; Mitchell, J. (2017). "British Airways Accused of 'Degrading' Workforce in Row Over Outsourcing Jobs." *The Evening Standard.* https://www.standard.co.uk/news/transport/british-airways-accused-of-degrading-workforce-in-row-overoutsourcing-jobs-a3564206.html; Hughes, M. (2017). "Did Outsourcing Cause the British Airways IT Meltdown?" The Next Web. thenextweb.com/insider/2017/05/29/outsourcing-cause-british-airwaysmeltdown/; Topham, G. (2017). "British Airways Looks to Capita to Run Call Centres after IT Meltdown." *The Guardian.* https://www.theguardian.com/business/2017/jun/13/ba-capita-call-centres-itmeltdown-airline-outsourcing-flight-cancellations; "British Airways Union Blames Massive IT Failure on Outsourcing IT Jobs to India," *Huffington Post* (2017). http://www.huffingtonpost.in/2017/05/28/british-airways-union-blames-massive-it-failure-on-outsourcingi_a_22113082/; Sinhal, S. (2017). "After IT Outage, British Airways Union Blames Outsourced IT Jobs in India for Problem." *The Times of India.* https://timesofindia.indiatimes.com/business/india-business/after-it-outage-british-airways-union-blames-outsourced-it-jobsin-india-for-problem/articleshow/58874334.cms; "Fears for up to 800 UK Jobs as British Airways Hires Indian Firm Tata Consultancy Services to Provide IT Services," This Is Money (2016). http://www.thisismoney.co.uk/money/news/article-3643368/Fears-800-UK-jobs-British-Airways-hires-Indian-firm-Tata-Consultancy-Services-provideservices.html.

2 Laffer, A. (1969). "Vertical integration by corporations: 1929–1965." *Review of Economics and Statistics*, 51, pp. 91–93; Tucker, I., and R. P. Wilder (1977). "Trends in vertical integration in the U.S. manufacturing sector." *Journal of Industrial Economics*, 26, pp. 81–94; Harrigan, K. (1986). "Matching vertical integration strategies to competitive conditions." *Strategic Management Journal*, 7, pp. 535–555.

3 Coase, R. (1937). "The nature of the firm." *Economica*, 4, pp. 386–405.

4 垂直統合に関するこのような理論は、学術文献においては「取引費用経済」として知られている。Williamson, O. (1975). *Markets and hierarchies: Analysis and antitrust implications.* New York: Free Press; Williamson, O. (1985). (邦訳『市場と企業組織』浅沼萬里、岩崎晃訳、日本評論社、1980年)。*The economic institutions of capitalism.* New York: Free Press; およびKlein, B., R. Crawford, and A. Alchian (1978). "Vertical integration, appropriable rents, and the competitive contracting process." *Journal of Law and Economics*, 21, pp. 297–326を参照。

5 両社が提携を組むというもう1つの手段については第9章で詳しく述べる。

6 垂直統合に関するこのような理論は、学術文献において「企業のケイパビリティ論」と呼ばれている。ケイパビリティ論の理論的根拠は第3章(上巻)で紹介したリソース・ベースト・ビューと多くの点で共通している。Barney, J. B. (1991). "Firm resources and sustained competitive advantage." *Journal of Management*, 17, pp. 99–120; Barney, J. B. (1999). "How a firm's capabilities affect boundary decisions." *Sloan Management Review*, 40(3); およびConner, K. R., and C. K. Prahalad (1996). "A resource-based theory of the firm: Knowledge versus opportunism." *Organization Science*, 7, pp. 477–501を参照。

7 垂直統合に関するこのような理論は、学術文献において「リアルオプション理論」として知られている。Kogut, B. (1991). "Joint ventures and the option to expand and acquire." *Management Science*, 37, pp. 19–33を参照。

8 Mahoney, J. (1992). "The choice of organizational form: Vertical financial ownership versus other methods of vertical integration." *Strategic Management Journal*, 13, pp. 559–584; Folta, T. (1998). "Governance and uncertainty: The trade-off between administrative control and commitment." *Strategic Management Journal*, 19, pp. 1007–1028; Leiblein, M., and D. Miller (2003). "An empirical examination of transaction-and firm-level influences on the vertical boundaries of the firm." *Strategic Management Journal*, 24(9), pp. 839–859.

9 Witsil, F. (2014). "Call center jobs increase as more return from overseas." *Detroit Free Press*, Aug 4, 2014. https://www.usatoday.com/story/money/business/2014/08/04/call-center-jobs-overseas/13560107/. Accessed 8/31/2017.

10 Steele-Carlin, S. (2003). "Outsourcing poised for growth in 2002." FreelanceJobsNews.com, October 20; (2003). "Who wins in off-shoring?" McKinseyQuarterly.com, October 20.

11 Kripalani, M., and P. Engardio (2003). "The rise of India." *BusinessWeek*, December 8, pp. 66+.

12 Gupta, A. K. (1987). "SBU strategies, corporate-SBU relations and SBU effectiveness in strategy implementation." *Academy of Management Journal*, 30(3), pp. 477–500を参照。

13 Becker, G. S. (1993). *Human capital: A theoretical and empirical analysis, with special reference to education*. Chicago: University of Chicago Press.

14 Barney, J. B. (1991). "Firm resources and sustained competitive advantage." *Journal of Management*, 17, pp. 99–120.

第9章

多角化

Corporate Diversification

LEARNING OBJECTIVES
到達目標

本章では、以下を習得する。

9.1 多角化を定義し、多角化の5つの類型を説明できるようになる。

9.2 多角化戦略が経済的価値を生み出すために満たすべき2つの条件を挙げられるようになる。

a. 「範囲の経済」の概念を定義し、企業が追求し得る9つの範囲の経済を挙げられるようになる。
b. そのうち企業外部の株主が独自に低コストで実現できる範囲の経済はどれかを特定できるようになる。

9.3 多角化戦略が持続的競争優位の源泉になるのはどのような状況かを述べられるようになる。

a. 本章で取り上げる範囲の経済のうち、低コストでの模倣の脅威を受ける可能性が高いものと低いものを説明できるようになる。
b. 多角化に代替し得る戦略を2つ挙げられるようになる。

◉中核となるミッション(コア・ミッション)を維持した多角化

ヤマハの歴史は1887年、創業者の山葉寅楠（やまはとらくす）がリード・オルガンの修理を手がけたことに遡る。これがきっかけとなり、山葉は日本で初めてオリジナルデザインのオルガンを製作した。山葉が当初製作したオルガンは、西欧製のオルガンに音質で劣っていた。しかし山葉はその後、調律や音楽論の研究を積み重ね、徐々にオルガンの品質を高めていった。そうした行動を経て、ヤマハは現在のように高品質な楽器メーカーとして評判を得るようになった。

以来、ヤマハは成長を遂げ、1900年にはアップライトピアノの製造を開始、1922年には蓄音機、1955年にはオートバイと続いた。オートバイ部門の立ち上げに際しては、ヤマハ発動機という別会社が設立された。この発動機部門の立ち上げは、ヤマハが当初進めていた多角化とは明らかに方向性が異なっていた。ヤマハは、創業以来70年間音楽事業に専念してきていたが、この時まったく新しい分野に足を踏み入れたのである。

分野を模索することになったきっかけは、それまで楽器事業に携わっていた川上源一が1950年に社長に就任したことである。当時、ヤマハの経営状態は十分に良好であったが、川上は余剰の加工機械を活用し、新たな製品分野を導入する機会を見出した。綿密な調査と市場分析を経て、1953年にオートバイ用エンジンの試験的製造が始まった。ヤマハが目指していたのは、可能な限り品質の高いエンジンを開発することである。長い研究期間を経て、ヤマハはついにオートバイの製造を始めた。

1960年代後半になると、ヤマハは音楽事業とオートバイ事業の双方において、製品品質と革新力によって世界的評判を築き上げた。欧米の競合に十分対抗できるところまで成長し、1964年には世界最大のピアノ・メーカーとなった。

一方、発動機部門はオートバイにとどまらず、ボートや船外機に関するケイパビリティを生かし、マリン製品に向けて多角化を行った。今日、ヤマハ発動機は、オートバイ、ボート、スノーモービル、ゴーカートのエンジン、スクーターなど、さまざまな分野の製品を製造している。

ヤマハは、創業時のルーツからぶれることなく経営を行ってきた。オートバイ部門が立ち上げられた前年の1954年には、未就学児向けに音楽を教えるヤマハ音楽教室を始めた。今日、同社独自のカリキュラムであるヤマハ音楽教育システムに基づいて、世界40カ国で音楽教室が展開されており、500万人の卒業生を輩出している。

音楽教室を企画するきっかけとなったのは、川上が欧州に出張した際に若者が音楽を楽しんでいる様子を目のあたりにし、音楽を通じてコミュニティの結束が強まる可能性を見出したことである。感銘を受けた川上は、楽器を製造するだけでなく、顧客に演奏技術を伝えることがヤマハの使命であると実感した。そこで、「音楽を通して人々の生活を豊かにする」という目標の下、ヤマハ音楽教育システムが立ち上げられた。

同システムの立ち上げに際してヤマハは、音楽家、教育家、心理学者などの専門家を集め、演奏技術の向上と、純粋に音楽を楽しむことの両立を目指す革新的な教育体験を提供した。日本国内で12万人の生徒を相手に3年間教室を実施した後、ヤマハ音楽教室は、米国、アジア、欧州に向けて展開し、対象年齢も子ども向けから大人向けへと拡張した。現在、ヤマハ音楽教育システムは、ポップス音楽教室、ティーンエイジャー向け音楽フェスティバル、音楽出版に向けて多角化している。

ヤマハは1960年代初頭の時点ですでに、楽器、オートバイ、教育コンテンツの生産において国際的に競争力のある企業となっていたが、製品ラインの拡張や新市場への展開がとどまることはなかった。ヤマハはこのころ、レジャー・ライフスタイル市場への進出も目論むようになり、1958年にはスポーツ用品の製造を始めた。音楽教育に進出した時と同じく、ここでも川上が海外出張で欧米の文化に触れたことがきっかけとなった。欧米の人々がスポーツをして余暇を過ごす姿を見て、これもまた、ヤマハが人々の生活を豊かにするチャンスだと気づいたのである。

そこでヤマハは、既存の金属加工技術を活用し、アーチェリー、スキー、テニスなどのスポーツ用品を開発した。1982年には炭素繊維でできた世界初のゴルフクラブヘッドを開発し、ここでも品質へのコミットメントを証明した。今日ヤマハは、スポーツ用品の製造に加え、日本有数のゴルフ場である葛城ゴルフ倶楽部など、スポーツクラブの運営も行っている。(注1)

ヤマハは世界中の多くの大企業と同じように、多角化された事業を展開している。現実に、世界の事業規模トップ500に属するすべての企業は、製品か地理的範囲のいずれかにおいて事業が多角化されている。大企業が単独事業だけに集中することは稀である。もっとも、これら多角化された他の大企業同様、ヤマハの事業はある観点からは多角化されているが、多角化されていない面もある。

◉——多角化とは何か

到達目標 9.1

多角化を定義し、多角化の5つの類型を
説明できるようになる。

多角化戦略(corporate diversification strategy)とは、複数の業界または地理的市場において同時に事業を展開する戦略である。

複数の業界において同時に事業を展開している場合は、**製品多角化戦略**(product diversification strategy)と呼ばれ、複数の地理的市場において同時に事業を展開している場合は、**地理的市場多角化戦略**(geographic market diversification strategy)と呼ばれる。双方の多角化を同時に遂行する場合は、**製品・市場多角化戦略**(product-market diversification strategy)と呼ばれる。

実は第8章の垂直統合戦略に関する検討のなかで、すでにこれら多角化戦略の一端に触れている。企業は後方垂直統合や前方垂直統合を行う際、新たな製品市場や地理的市場で事業を展開するようになる。コンピュータ・ソフトウエア企業が自らコールセンターを運営し始めたことはその一例である。これらの企業は前方垂直統合を行った際、「コンピュータ・ソフトウエア開発」事業から、「コールセンター運営」事業へと経営を拡大したと言える。その意味で、垂直統合戦略を追求している企業は同時に、多角化戦略を追求している可能性がある。

一方で、第8章で取り上げた垂直統合と、ここで取り上げる多角化戦略の決定的な違いは、前者における多角化は、主に垂直統合戦略の結果としてあらわれる副次的効果であるのに対し、本章で取り上げる戦略は、製品や市場の多角化が主たる目的になっている点である。

図9.1｜多角化の類型と度合い

単一事業型
（95％を上回る売上げが１つの事業に由来）

主要事業型
（売上げの70～95％が１つの事業に由来）

A. 限定的多角化

関連限定型
（売上げの70％未満が１つの事業に由来。ポートフォリオ内のすべての事業が同じ範囲の経済を共有）

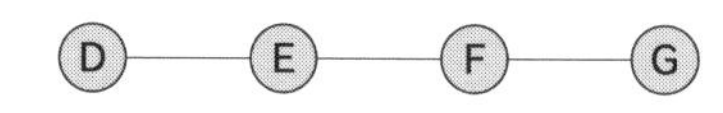

関連連鎖型
（売上げの70％未満が１つの事業に由来。ポートフォリオ内の事業が異なる範囲の経済を共有）

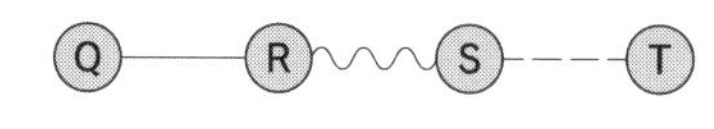

B. 関連多角化

売上げの70％未満が１つの事業に由来。ポートフォリオ内の事業がほとんどまたはまったく範囲の経済を実現していない

C. 非関連多角化

◉多角化の類型

事業が多角化されている度合いは企業によってさまざまである。多角化戦略は**図9.1**で示したとおり、**限定的多角化**（limited corporate diversification）、**関連多角化**（related corporate diversification）、**非関連多角化**（unrelated corporate diversification）という3つのカテゴリーに大別できる。

◉限定的多角化

限定的多角化戦略（limited corporate diversification）とは、ある企業のすべての事業活動、あるいはほとんどの事業活動が、1つの業界と1つの地理的市場に収まっている場合である（図9.1のパネルAを参照）。このカテゴリーに属する企業はさらに、1つの製品市場での売上高の割合が総売上高の95％を上回る**単一事業会社**（single-business firms）と、1つの製品市場での売上高が総売上高の70～95％を占める**主要事業会社**（dominant-business firms）に分かれる。

図9.1のパネルAでは、単一事業型と主要事業型の違いをまとめた。図の

例では、単一事業型の多角化戦略を追求している企業は、事業Aという1つの事業に集中している。単一事業会社の例としては、カリフォルニア州サンディエゴを拠点とするWD-40がある。同社は、スプレー式の潤滑剤「WD-40」のみを製造・販売している。

一方、主要事業会社は事業Bと、これよりも規模の小さい事業Cという2つの事業を展開している。主要事業会社の例としては、ドナトス・ピザ(Donato's Pizza)が挙げられる。ドナトス・ピザは、「米国」という単一の地理的市場で事業を展開し、「ピザ」という単一の製品分野が事業の大部分を占めている。しかし、それと同時にサンドイッチなど、ピザ以外の食品も販売するようになっており、さらに、サラミを自動的にスライスしてピザにのせる機械の製造子会社を所有する。ドナトス・ピザはこの機械を自社の店舗で利用するだけでなく、冷凍のペパロニピザを製造する食品メーカー向けに販売している。

重要な点は、限定的多角化戦略を実行している企業は、自社の経営資源やケイパビリティを単一の市場もしくは業界を超えて活用していないことだ。つまり、限定的多角化戦略を実行している企業の分析は、事業戦略を分析すること(第2部(中巻)の役割)と論理的に同義である。このカテゴリーの戦略はすでに議論されており、本章でこれから議論するのは、さらに多角化のレベルが高い全社戦略である。

◉関連多角化

企業は1つ以上の製品や市場で事業を展開するようになると、単一事業会社や主要事業会社の状態から離れていき、多角化の度合いが高まっていく。どの製品市場の売上げも総売上げの70%未満になり、複数の事業にわたって実質的な範囲の経済を実現している企業は、**関連多角化**(related corporate diversification)戦略を追求している。**範囲の経済**(economies of scope)とは、複数事業を同時に展開することにより、それらの事業を個別に展開した場合よりも高い価値を生み出せる効果を言う。範囲の経済の源泉については、以降の節にて紹介する。

経営が多角化された企業が、複数事業にわたって範囲の経済を実現するパターンとしては2通りある(図9.1のパネルBを参照)。すべての事業がある1つの範囲の経済の源泉を共有している時、その多角化戦略は**関連限定型**（related-constrained）である。

関連限定型多角化を行っている企業の例としては、ペプシコ（PepsiCo）がある。ペプシコは世界中の市場で複数の事業を展開しているが、いずれの事業も軽食向けの食品や飲料を販売している点で共通している。これにより、ペプシコは全事業にわたって「共通の物流プロセス」と「ブランドの強調」という、少なくとも2種類の範囲の経済を享受できている。

物流に関して言えば、ペプシコが製造するほとんどの商品は似たタイプの小売チャネル、すなわち、食品スーパー、コンビニエンスストア、サンドイッチ店、ファストフード店などを通して販売されている。こうしたさまざまな小売網に製品を流通させることはけっして容易ではない。しかし、ペプシコはさまざまな物流ケイパビリティを身につけ、これらを各事業に適用することで、幅広い小売網への製品流通を実現している。

このほかにも、ペプシコは多くの事業においてブランドの構築・活用を行っている。ペプシコは、ペプシ、ドリトス、マウンテンデュー、ビッグレッドなど、さまざまなブランドネームを築き上げ、そのブランド力を生かすことが戦略の中核をなしている。実際、同社には年間売上げが10億ドルを優に超えるブランドが22個もある。(注2)

物流ケイパビリティとブランディング・ケイパビリティは、いずれも範囲の経済である。ペプシコはほとんどすべての事業部門においてこの2つのケイパビリティを生かしているので、関連限定型多角化戦略を追求していると言える。

一方、自社が展開している事業が異なる種類の範囲の経済を享受する場合、その企業が追求しているのは**関連連鎖型**（related-linked）多角化戦略である。たとえば、図9.1のパネルBの関連連鎖型多角化を図示した箇所では、企業内の一部の事業群が、他の事業群とは異なる範囲の経済を享受している様子を図式化している。事業Qと事業Rは製造において同じ範囲の経済を享受し（直線）、事業Rと事業Sは営業や物流において同じ範囲の経済を享受し（波線）、事業Sと事業Tは調達において同じ範囲の経済を享受する（点線）、といった具合である。

関連連鎖型多角化を行っている企業にはウォルト・ディズニー・カンパニー（Walt Disney Company、以下ディズニー）がある。創業時のディズニーは単一事業型だった(アニメーション映画の製作のみを行っていた)が、その後は主要事業型へと進化し(家族向けの映画製作とテーマパークの営業)、さらに関連限定型多角化(アニメーションのキャラクターを創造し、商品化する能力を生かした家族向けの映画製作、複数のテーマパーク運営、ディズニーストアを通したグッズ販売など)へと発展した。近年ではさらに多角化が進み、関連連鎖型の特徴を持つようになっている。つまり、依然としてアニメーションのキャラクターを生かした事業が中心となっているが、それ以外にも自社製作以外のコンテンツを放映するテレビ局(ABC)など、キャラクターと直接連鎖しない事業も展開するようになった。

とはいえ同社は、非関連多角化を追求しているわけではない。結局のところ、ディズニーが展開するほとんどの事業は広い意味でエンターテインメント業界に属しており、さまざまな範囲の経済を共有している。つまり同社においては、全事業にわたって存在する範囲の経済が、たった1種類(たとえば、ミッキーマウスや『ライオン・キング』など)とは言えないのである。その意味で現在のディズニーは、関連連鎖型多角化企業である。(注3)

◉非関連多角化

関連多角化戦略を追求する企業には、自社が展開するさまざまな事業にメリットをもたらす何らかの範囲の経済が存在する。

しかし、企業が複数事業を展開しながらも、それらの事業間にまったく範囲の経済が存在しないこともあり得る(図9.1のパネルC)。最大事業の売上げが総売上げの70%未満であり、自社が展開する複数の事業間に範囲の経済が存在しない場合、その企業は**非関連多角化**(unrelated corporate diversification)戦略を追求している。

以下で詳しく述べるとおり、共通する範囲の経済を何も持たない複数事業を展開することは、企業にとってほとんど経済的メリットをもたらさない。そのため、かつてはこのような多角化の例が存在したものの、現代においては、非関連多角化戦略を追求している企業はきわめて稀だ。

◉——多角化の経済的価値

到達目標 9.2

多角化戦略が経済的価値を生み出すために満たすべき
2つの条件を挙げられるようになる。

a.「範囲の経済」の概念を定義し、企業が追求し得る
9つの範囲の経済を挙げられるようになる。
b. そのうち企業外部の株主が独自に低コストで実現できる範囲の経済は
どれかを特定できるようになる。

多角化が経済的価値を持つためには、2つの条件がそろう必要がある。第1に、企業が展開している複数事業に共通する価値ある範囲の経済が存在すること、第2に、その範囲の経済を実現するうえで、外部株主が独自にそれを実現する場合よりも企業の経営者による場合のほうが低コストであること、である。外部投資家がある範囲の経済の価値を自ら低コストで実現できるならば、企業の経営者をわざわざ「雇って」それを実現するインセンティブは低下するからだ。以下、これらの「多角化が企業に価値をもたらす条件」をそれぞれ検討する。

◉価値ある範囲の経済とは何か

すでに述べたように、**範囲の経済**(economies of scope)とは、複数の事業を同時に展開したほうが、それぞれの事業を別個に運営するよりも価値が高くなることである。この定義における「範囲」とは、多角化された企業が展開する事業の種類の幅を意味し、「経済」とは、複数の事業を展開することによるコスト低減や売上増大を意味する。したがって、範囲の経済を活用できるのは、多角化された企業に限られる。範囲の経済が経済的価値を持つのは、範囲の経済が存在しない場合や、存在はするが活用されない場合に比べ、売上増大やコスト低下の実現可能性が高まる時である。

研究では、価値ある範囲の経済の潜在的源泉が数多く指摘されている。このうち最も重要なものを**表9.1**に挙げ、以下検討する。また、範囲の経済が、平均してどれほどの価値を持つかについては盛んに研究が行われている。こ

表9.1 | 範囲の経済の諸類型

1. 活動共有による範囲の経済
2. コア・コンピタンスによる範囲の経済
   - 事業レベルのコンピタンスの共有
   - 全社レベルのコンピタンス
3. 財務上の範囲の経済
   - 内部資本配分
   - リスク低減
   - 税制上の優位
4. 反競争的な範囲の経済
   - 多地点競争
   - 市場支配力の行使
5. 従業員(マネジャー)の報酬最大化

れらの研究については、コラム「関連する学術研究」で紹介している。

関連する学術研究

範囲の経済はどれほどの価値を持つものか

1994年、ラング(Lang)とスタルツ(Stulz)によって、「平均的に見て、企業は多角化戦略に着手した際、25%ほど企業価値が減少する」という衝撃的な論文が発表された。

この結論を導くうえでラングとスタルツが行ったのは、多角化戦略を遂行している一企業の市場パフォーマンスと、限定的多角化(ほぼ1種類の事業のみ遂行)を追求している複数の企業を組み合わせたポートフォリオとの比較である。限定的多角化を追求する企業群のポートフォリオが示すパフォーマンスは、異なる事業をすべて自社内部で行っている多角化企業に比べ、およそ25%高い市場パフォーマンスを示した。この結果は、範囲の経済に価値がないこと、また、範囲の経済を追求することは平均して企業の価値を減少させることを示している。同じような検証結果は、異なる企業パフォーマンス指標を用いたコメント(Comment)とジャレル(Jarrell)によっても示された。

当然ながら、この研究結果はかなり物議を醸した。ラングとスタルツが正しければ、多角化を追求した企業は、どの形態の多角化を選んだかにかかわらず、膨大な経済価値を失うことになる。これは、米国経済の根底をゆるがす事実だ。

しかし、なかには、ラングとスタルツの研究結果に疑問を示す見解もある。特に近年においては、「企業価値が25%低下するとしても、多角化には依然として価値がある」ということを示す研究が2つ発表されている。

第1に、ヴィラヨンガ(Villalonga)など数名の研究者は、「多角化戦略を追求している企業は、多角化を追求する前におけるパフォーマンスが、多角化をまったく追求していない企業に比べて低い傾向にある」ということを示した。したがって、多角化を行った企業が示した経済的価値の低下は、実際には多角化を行う前から存在していた企業間の差を反映したものだったのである。実際、より最近の研究では、もともとパフォーマンスが低かった企業に限って言えば、多角化を行うことにより、市場価値の増大を果たし得ることが示されている。

第2に、ミラー(Miller)によれば、多角化によってメリットを得られる立場にある企業は、ほとんどの場合、同じようなパターンに沿って多角化を行うという。つまり、最初に最も収益性の高い事業へ参入し、続いて2番目に収益性の高い事業へ参入するというように多角化を進めていく。したがって、たとえば50番目に行った多角化は、それほど多くの追加的利益をもたらさないことが考えられる。しかし、このようにかなり多角化が進展した状況においても、依然としてプラスの利益は生まれることが示されている。ただし多角化が進展すると、利益の増大幅は徐々に低下していくので、全体的に見ると多角化企業は、多角化戦略を追求していない企業に比べて収益性が低くなる。非多角化企業と多角化企業における市場価値の差はここからきている。しかしこうした差が存在すること自体は、多角化によって経済的価値の減少が起きることを示すわけではない。それが示しているのはせいぜい「多角化が進むと、多角化が生み出す経済的価値の増大幅が小さくなる」ということだ。

以上の研究は、いずれも多角化の平均的リターンを検証したものである。しかし、個々の企業が多角化によってどのようなリターンを得るかは、具体的にどのような経営資源やケイパビリティを持っているか、または、その企業が持つ経営資源が多角化による経済的価値の創出に寄与するものかにかかっている。したがって、WD-40のように、特定事業に集中することが経済的価値をもたらす企業は、多角化を行うべきではない。ESPNのように、活動共有が経済的価値をもたらす企業は関連多角化を行うべきである。さらに、バークシャー・ハサウェイ(Berkshire Hathaway)のように、活動共有を伴わないタイプのコア・コンピタンスが経済的価値をもたらす企業は、非関連多角化を行うべきである。マッキー(Mackey)、バーニー(Barney)、ドットソン(Dotson)が最近発表した論文によれば、どの形態の多角化も企業に経済的価値をもたらす可能性があり、90%の企業は株主価値を最大化する多角化の形態を選んでいることがわかった。[注4]

[多角化による活動共有]

第3章(上巻)では、企業による一連の事業活動を描写する方法として、バリューチェーン分析を紹介した。同じ分析手法は、多角化企業において複数の事業部門が共有する活動を描写する際にも用いることができる。こうした**活動共有(shared activities)**は、多角化企業が実現し得る、1つ目の事業運営上の範囲の経済である。

例として、**図9.2**で示した架空の企業を見てみよう。この多角化企業はA、B、Cという3つの事業を展開しており、これら3事業のバリューチェーン間にはさまざまな共通の活動がある。たとえば、3つの事業は技術開発を共有

図9.2 | 3つの事業の間で活動共有を行っている架空企業の例

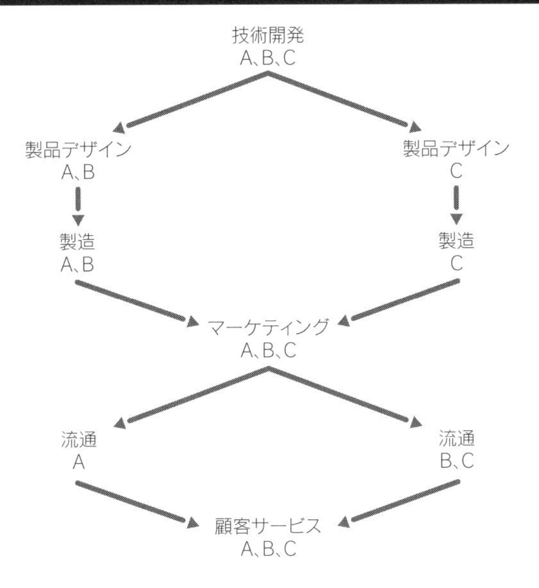

している。製品デザインと製造においては、事業AとBはそれを共有し、事業Cは別に行っている。また、3つの事業はマーケティング・顧客サービス機能を共有している。そして、事業Aは独自の流通システムを用いている。

こうした活動の共有は、関連限定型と関連連鎖型の多角化企業のいずれにも頻繁に見られる。たとえばテキサス・インスツルメンツ（Texas Instruments）では、さまざまな電子製品事業が研究開発活動の一部を共有しており、生産拠点も共通である。プロクター・アンド・ギャンブル（Procter & Gamble、P&G）の多岐にわたる消費者向け製品事業は、生産拠点を共有している場合が多く、製品の流通網も共通の小売店舗を利用している。(注5) **表9.2**では、多角化企業において最も頻繁に見られる活動共有と、それぞれのバリューチェーン上の位置をまとめた。

表9.2に挙げた活動共有の多くは、多角化企業のコストを低減する効果を持つ。規模の経済を有する活動共有の場合は、特にその傾向が強い。たとえば、ある多角化企業の調達機能がいくつかの事業で共有されていれば、事業ごとにバラバラで調達するよりも大きな数量割引が得られる。また、いくつかの事業で部材として用いられる製品をまとめて製造することで、その製品の総生産コストを低減できる。また、複数の事業が生産する製品やサービスを1つの営業チームが販売すれば、そうした製品やサービスの販売コストは低下する。IBM、ヒューレット・パッカード（Hewlett-Packard、HP）、ゼネラルモーターズ（General Motors、GM）などは、そのような活動共有を行うことでコスト低減を実現した企業の実例である。

企業が事業間での活動共有をうまく行えないと、コストが制御不能になる可能性がある。たとえば、ケンタッキーフライドチキン（Kentucky Fried Chicken）はペプシコの傘下にあったころ、北米の各地域部門に独自の品質改善計画を策定させた。その結果、各地域の品質改善策に大幅な重複が発生したり、少なくとも3つのケースでは品質改善策に矛盾が生じ、コストが不必要に増大した。同様にリーバイ・ストラウス（Levi Strauss）は注文処理の統一や調整を怠ったことにより、社内で6つの注文処理システムが同時に運用される事態に陥った。同社はその後、このコストの高い、機能の重複した状態を解消し、全社共通の統合的注文システムを導入した。(注6)

また、活動の共有は、多角化企業における各事業の売上増大をもたらす。活動共有による売上増大には2つのパターンがある。第1に、多角化企業内で

表9.2｜活動共有の例とそれぞれのバリューチェーン上の位置

バリューチェーン上の活動	活動共有
生産要素の投入	共通の調達 共通の在庫管理システム 共通の倉庫施設 共通の在庫配送システム 共通の品質管理 共通のインプット要件システム
製造活動	共通のサプライヤー 共通の部品 共通の部品製造 共通の組み立て工場 共通の品質管理システム 共通のメンテナンス活動
倉庫業務・流通	共通の在庫管理システム 共通の製品配送システム 共通の倉庫施設
営業・マーケティング	共通の広告活動 共通のプロモーション活動 製品のクロスセル 共通の価格設定システム 共通のマーケティング部門 共通の物流チャネル 共通の営業人員 共通の営業拠点 共通の注文処理サービス
ディーラーによるサポート・サービス	共通の顧客サービス網 共通の製品保証 共通の売掛金管理システム 共通のディーラー訓練 共通のディーラーサポート

出典：Porter, M. E. (1985). *Competitive advantage*. New York: Free Press（邦訳『競争の戦略（新訂）』土岐坤ほか訳、ダイヤモンド社、1995年）; Rumelt, R. P. (1974). *Strategy, structure, and economic performance*. Cambridge, MA: Harvard University Press（邦訳『多角化戦略と経済成果』鳥羽欽一郎、山田正喜子、川辺信雄、熊沢孝訳、東洋経済新報社、1977年）; Ansoff, H. I. (1965). *Corporate strategy*. New York: McGraw-Hill（邦訳『企業戦略論』広田寿亮訳、産業能率大学出版部、1985年）

製品開発や営業などの活動が共有されていれば、複数事業が複数の製品を束ねて販売できる可能性がある。場合によっては、そうした抱き合わせ販売を行ったほうが、別個に製品を販売した場合よりも価値が高まる。この追加的な顧客価値により、多角化企業内で事業間の協力や活動共有が行われていない場合に比べ、売上げは増大する。

抱き合わせ販売のメリットを活用した例としてはAT&Tがある。AT&Tは当初、携帯電話事業を展開していたが、その後さまざまなケーブルテレビ局や、最近では衛星放送サービスを提供するディレクTV(DirecTV)を買収した。それによりAT&Tの顧客は、テレビ、タブレット、スマートフォンなど、あらゆるデバイスでテレビ番組を視聴し、料金はまとめて支払い、企業とのやりとりは1社ですむようになった。AT&Tの顧客がこのようなサービスの結びつきに価値を見出せば、同社による活動共有は、株主価値の増大につながる可能性が高い。[注7]

抱き合わせ販売が重要な意味を持つ企業は、他にも存在する。たとえば、多くの食品スーパーは、「忙しい顧客は1つの店舗でさまざまな種類の食品をまとめて購入すること(ワン・ストップ・ショップ)を望んでいる」という考えの下、従来の食料品に加え、総菜の販売を増やしている。[注8]

活動共有が売上増大をもたらす第2のパターンは、一部の事業において獲得した強固なプラスの評判を他の事業でも生かす場合である。たとえば、社内のある事業が製造品質について強固なプラスの評判を持っていれば、同じ製造活動を共有するその他の事業も、その評判のメリットを部分的に享受できる。また、社内のある事業が高い品質について強固なプラスの評判を持っていれば、営業・マーケティング活動を共有するその他の事業も、その評判のメリットを部分的に享受できる。いずれのケースにおいても、活動共有を通して他の事業の強固なプラスの評判を生かした事業は、独立して事業を運営している場合に比べて売上げが増大する。

活動共有の限界

このように、活動の共有に基づく多角化戦略は経済的価値をもたらすポテンシャルを持っているが、このアプローチには3つの重要な制約がある。[注9]

第1に、多角化企業は複数の事業間で関係を構築・維持する術を学習するなかで、重大な組織体制上の課題に直面する。事業間の関係を効果的に構築・維持することは非常に難しい場合があり、失敗すれば、過剰な官僚主義、非効率性、組織の機能まひをもたらしかねない。これらの問題については第10章で詳しく述べる。

第2に、事業間で活動共有を行えば、特定の事業ならではの顧客ニーズを効果的に満たせなくなる可能性がある。たとえば、ある2つの事業が製造活動を共有すれば、いずれの事業も製造コストを削減できるかもしれない。しかし各事業は、ある程度標準化された部品で製品を組み立てる必要があるため、事業特有の顧客ニーズを完全には満たせなくなる。また、流通活動の共有を行った事業は、全体的な物流コストを下げることはできても、すべての顧客に製品を行き渡らせることができなくなるかもしれない。さらに営業活動の共有を行った事業は、全体的な営業コストを下げることはできても、特定の事業固有の販売手法をとれなくなる可能性がある。

事業部門ごとの顧客ニーズを満足させることに苦戦した多角化企業の例としては、GMが挙げられる。GMはかつて、新車のデザインにおいて範囲の経済を生かすべく、いくつかの自動車部門にわたって設計プロセスの共有を行った。その結果、似通った自動車しか生産できなくなり、オールズモビル(Oldsmobile)やキャデラックなど、従来は独自のカラーを持っていた車種の特徴が、長年にわたって失われた。[(注10)]

第3に、多角化企業のある事業がマイナスの評判を招いてしまった場合、その事業と活動を共有する他の事業も、それに引きずられて評判が低下する可能性がある。

これらの制約要因を合わせて考慮すれば、活動共有を行うメリットは失われる可能性がある。実際、ここ10年では活動の共有をやめ、各事業の活動を別個に管理する多角化企業が増えている。たとえば、ABB(スイスのエンジニアリング会社)やチバガイギー(CIBA-Geigy、スイスの化学メーカー、訳注:2008年にBASFに買収された)は、事業間の活動共有をほぼ全面的に制限する企業方針を明示的に定めている。[(注11)]また、ネスレ(Nestlé)やゼネラル・エレクトリック(General Electric、GE)などの多角化企業は、活動共有を1つか2つにしぼっている(研究開発や管理人材の育成など)。しかし、こうした問題を回避しながら活動共有の効果を実現できれば、それは企業に付加価値をもたらし得る。

[範囲の経済としてのコア・コンピタンス]

多角化企業が享受し得る2つ目の範囲の経済は、コア・コンピタンスである。プラハラッド(Prahalad)とハメル(Hamel)は**コア・コンピタンス**(core competence)を、「多岐にわたる生産スキルを調整したり、さまざまなタイプの製品技術を統合したりする方法に関する､企業組織における集団的学習｣と定義した。[注12] 言い換えれば、コア・コンピタンスとは、経営や技術上のノウハウ、経験、知恵などを通して多角化企業内のさまざまな事業を結びつける、複雑に絡み合った一群の経営資源やケイパビリティである。[注13]

事業レベルのコンピタンス共有およびトランスナショナル・コア・コンピタンス

諸文献では、少なくとも2種類のコア・コンピタンスが指摘されている。1つ目は、多角化企業内のある事業部門が学習によってノウハウや経験を蓄積した後、それを他の事業部門が生かすかたちで身につくコア・コンピタンスである。これは**事業コンピタンスの共有**(shared business level competence)と呼ばれ、活動共有を伴う場合もあれば、伴わない場合もある。ある事業部門がこの種のコア・コンピタンスを身につけ、それを多角化企業内の国外で活動する事業部門と共有した場合、そのコア・コンピタンスに基づいて実行された戦略は、**トランスナショナル戦略**(transnational strategy)と呼ばれる。[注14]

例として、GEは医療用画像部門においてトランスナショナル・コア・コンピタンスを範囲の経済として活用した。GEが中国市場に進出した当初の目的は､MRI(磁気共鳴画像)やそれに関連する医療用画像機器の生産に用いる高コストの部品を調達することだった。これらの部品は中国から出荷され、さまざまな医療用画像製品に組み込まれ、できあがった製品は中国を含む世界各地の市場で販売された。しかし、その部品を用いて欧米市場向けに開発された医療用画像製品は、中国市場では同様の信頼性が得られなかった。なぜならば、米国ではMRIを1日5、6回使用するのが通常なのに対し、中国では25〜30回使用するからだ。GEのMRIはこれほどの頻度を想定して設計されておらず、中国での使用に耐えられなかったのである。

この問題を受け、GEの中国部門は、1日の使用可能頻度が高い、新型の医療用画像機器の開発に乗り出した。できあがった機械は中国市場で一気に広まった。だが、この事例における一番興味深い点は、中国で開発された医療用画像機器を、中国以外のGE部門が他の地域市場でも販売するようになったことである。GEの中国部門が身につけ、医療用画像技術に組み込まれたコア・コンピタンスは、GEの他部門が活動する中国以外の市場においても価値を持ったのである。GEの他部門が中国部門のコンピタンスを生かしたことは、会社全体にとって価値を生み出した。中国部門が開発した製品は、いま

やGE内でも主力の医療用画像技術である。[注15]

全社コンピタンス

コア・コンピタンスの2つ目は、**全社コンピタンス**（corporate competence）である。この種のコンピタンスは、多角化を行うための経営スキルや技術上のノウハウ、経験、知恵を身につけた企業が持つものである。通常は企業の本社が持つコンピタンスであり、活動共有を伴う場合と伴わない場合がある。

活動共有を伴わないタイプの全社コンピタンスを持つ企業の例としては、バークシャー・ハサウェイが挙げられる。売上高が2100億ドルに及ぶバークシャー・ハサウェイは、大きく分けて保険事業、鉄道事業、公益・エネルギー事業、製造・サービス・小売事業という4つの事業セグメントによって構成されている。しかし、個々の事業は何百社もの完全子会社が経営している。こうした子会社のなかには、企業のみを相手に製品を販売する、世間一般には知られていない会社（テキサス州を拠点として電子機器メーカーに部品を販売するTTIなど）もあれば、消費者市場において高い知名度を持つ会社（ガイコ（GEICO）、フルーツ・オブ・ザ・ルーム（Fruit of the Loom）、ジャスティン・ブランズ（Justin Brands）、ベンジャミン・ムーア（Benjamin Moore）、デイリークイーン（Dairy Queen）、RCワイリー（RC Willey）、ヘルツバーグ・ダイヤモンド（Helzberg Diamonds）、ほか多数）もある。

こうした何百社もの自社所有の企業に加え、バークシャー・ハサウェイは、これらの事業を通して得た資金を、マーズ（Mars）、アメリカン・エキスプレス（American Express）、コカ・コーラ（Coca-Cola）、ウェルズ・ファーゴ（Wells Fargo）、IBMなどのさまざまな企業に投資し、経営支配権を獲得しない程度の資本を所有している。

しかし、同社が所有している企業群は、活動共有によって範囲の経済を活用している企業とは異なり、ほとんど活動を共有しない。実際、これらの企業に共通している点と言えば、バークシャー・ハサウェイが「この企業はプラスのキャッシュフローを生み出すだろう」と見込んでいることぐらいである。

しかし、バークシャー・ハサウェイが活動共有を行っていないからと言って、これらの事業群に範囲の経済が存在しないわけではない。同社は活動共有を行う代わりに、この種の企業を経営することにおいてかなり高度なスキルを身につけている。たとえば、バークシャー・ハサウェイは、2012年の

10Kレポート(米国証券取引委員会(SEC)に提出が求められる年次報告書)において、このコンピタンスを次のように説明している。「当社の傘下事業は稀に見るほど分権的に管理されている。集権化・統合化された機能分野(たとえば、営業、マーケティング、調達、法務、人材管理など)はほとんどなく、傘下事業の日常的な事業活動に本社が介入する場面はほとんど存在しない」

また、創業者兼会長のウォーレン・バフェット(Warren Buffett)は、バークシャー・ハサウェイの事業運営方針について次のように記している。「バークシャー・ハサウェイは、かたちとしては1つの企業の体をなしていますが、事業を運営するうえでは『パートナーシップ』の姿勢をとっています。チャーリー・マンガー(Charlie Munger、バークシャー・ハサウェイ副会長)と私は株主のことをオーナー・パートナーととらえ、自分たちのことを経営担当パートナーと認識しています(中略)事業資産の究極的所有者は会社ではなく、株主が会社という『パイプ』を通して事業資産を所有するものととらえています(中略)長期的な経済目標はバークシャー・ハサウェイの内在価値を1株当たりの年平均増加率において最大化することです。私たちは経済的な優位性やバークシャー・ハサウェイのパフォーマンスを、規模ではなく、1株当たりの進歩を基準として評価しています[注16]」

コア・コンピタンスと活動共有

もちろん、コア・コンピタンスと活動共有は、相互に排他的というわけではない。多角化企業はこの2つの範囲の経済を同時に追求することもできる。その例としてダナハー(Danaher Corporation)を挙げよう。売上高が200億ドルを超えるダナハーは非常に多角化が進んだ製造業者であり、幅広いビジネスプロセスにリーン生産方式を取り入れることに関して全社コンピタンスを持っている。ダナハーでは、事業運営に関する意思決定の権限がほとんど各事業部門に委譲されている一方で、リーン生産方式を取り入れる方法については本社主導の下、全社的にマネジャーの育成を行っている[注17]。全社的にリーン生産プロセスを用いることへのダナハーのコミットメントは、範囲の経済としてのコア・コンピタンスの一例だが、リーン生産方式を用いる方法について各事業の従業員を育成するプロセスは、活動共有の一例である。

コア・コンピタンスの限界

活動共有による範囲の経済の価値に限界があるのと同様に、コア・コンピタンスの価値にも限界がある。1つ目の制約は、第10章 で詳しく論じる組織体制上の課題に起因するものだ。経営が多角化された企業は、どのような組織体制を築くかによって、コア・コンピタンスの活用が促進されるか阻害されるかが決まる。

コア・コンピタンスの2つ目の制約は、コア・コンピタンスがもたらす範囲の経済が無形であることに起因する。活動共有が多角化企業内の事業運営に実態を伴ってあらわれるのに対し、コア・コンピタンスは各事業が共有する知識、経験、知恵として示現する可能性が高い。特にこうした知識、経験、知恵が企業内の**ドミナント・ロジック**(dominant logic)、すなわち各事業に共通する戦略上の考え方である場合、これらの要素は強い無形性を帯びる。(注18)

コア・コンピタンスの無形性は、事業間の関係を管理するにあたって、多角化企業が以下の2つのミスを犯す誘因となる。

第1に、想像力豊かなマネジャーが、本当はまったく関連性のない事業を空想上のコア・コンピタンスによって結びつけ、多角化戦略の正当化を試みる場合がある。たとえば、航空機とランニングシューズの生産を行う企業は、自社が「移動手段を提供する事業の経営」においてコア・コンピタンスを持っているとして多角化を正当化するかもしれない。あるいは、プロのアメフトチームの運営と映画事業を行う企業は、自社がエンターテインメント事業の経営においてコア・コンピタンスを持っているとして多角化を正当化するかもしれない。しかし、こうした**空想の産物としてのコア・コンピタンス**(invented core competencies)は、真に範囲の経済をもたらすものではない。

第2に、事業部門を結びつけるコア・コンピタンスが実際に存在するものの、各事業のコストや売上げに対して実質的にほとんど影響を及ぼさない場合がある。たとえば、ある企業のすべての事業がいずれも政府の行動に影響を受けるとしても、それが各事業のコストや売上げに及ぼす影響は微々たるものかもしれない。この場合、企業は政府との関係を維持・管理する能力にコア・コンピタンスを持っているかもしれないが、それが大きくコストを低下させたり売上げを増大させたりすることはない。また他のケースでは、多角化された企業の各事業がいずれも一定の広告活動を共有しているかもしれない。しかし、こうした広告活動が各事業の売上げに大きな影響を与えなければ、その企業の広告活動におけるコア・コンピタンスは、大幅なコスト低減や売上増大にはつながらない。この場合、コア・コンピタンスは範囲の経済をもたらすとしても、その経済的価値はきわめて小さくなる。

[財務上の範囲の経済を実現するための多角化]

多角化を行う3つ目の動機は、多角化による財務上の優位の獲得である。多角化がもたらす財務上のメリットとしては、多角化と資本配分、多角化とリスク低減、多角化による税効果の3つが研究されている。

多角化と資本配分

事業に資本を配分するパターンは、次の2つのうちの1つである。まずその事業が独立した企業体として運営されている場合には、外部市場で資本をめぐる競争に参加することになる。企業は、(1)十分に高い投資収益率を提示して、投資家が自社の株式を購入してくれるように誘ったり、(2)債務の元本と利息を返済できる十分に大きなキャッシュフローを保有したり、もしくは、その他の方法で外部市場での資本調達を目指す。2つ目のパターンは、その事業が多角化企業の一部門である場合だ。この場合は、多角化企業が総体(コーポレート)として外部資本市場で競争して資本を調達し、自社内の多様な事業に資本を配分する。その場合、企業はいわば**内部資本市場**(**internal capital market**)を形成し、コーポレートレベルで調達された資本をめぐって各事業が競争することになる。[注19]

内部資本市場が多角化企業にとって価値を生み出すためには、内部資本市場が外部資本市場に比べて効率的でなければならない。この効率上の優位の源泉は、内部資本市場で利用可能な各事業に関する情報が、外部の資本提供者に利用可能な情報に比べて質・量共に豊かだという点にある。多角化企業は各事業の所有者として、各事業の現実のパフォーマンス、本音の将来的見通し、ひいては各事業が必要とする資本の額に関し、詳細で正確な情報を得ることができる。それに比較して外部の資本提供者は、情報へのアクセスが制限されており、ある事業の本当のパフォーマンスや将来性を判断する能力にも限界がある。

もっとも、多角化企業が外部資本市場に比べ、本当に自社の事業に関してより豊富で正確な情報を得られるかについては疑問を呈する声もある。というのも、結局のところ、経営のために外部市場に対しても資本を必要とするそれぞれの事業は、外部から必要な資本を誘引するため、十分な情報を開示するインセンティブを持つはずだからだ。だが事業を所有する企業は、少なくとも2つの点で外部の資本提供者よりも情報面で優位にある。

第1に、独立体としての企業は、外部の資本提供者に対して情報を提供するインセンティブを有する一方で、事業業績や将来の見通しに関する悪い情報は控えめに開示するか、一切開示しないインセンティブが働く(第2章(上巻)で展開した、会計数値に基づくパフォーマンス評価の限界を思い出してほしい)。[注20] 事業に関する悪い情報は、その企業の資本コストを押し上げるからである。外部の資本提供者は、その企業に対して、業績と将来の見通しに関する情報をすべて強制的に開示させるだけの権能を持たないため、完全な情報を知り得る場合と比べ、より低い資本コストで資金を提供してしまう可能性がある。それに引き換え企業は、自社内の事業に対する所有権に基づき、真に完全情報である保証はないものの、より完全な開示を強制的に迫ることができる。このより完全な情報に基づき、企業(コーポレート)は各事業に対してより正しい金額をより正しい資本コストで配分できるはずだ。

第2に、独立体としての企業は、肯定的な情報に関してもそのすべてを開示しないインセンティブが働く。第3章(上巻)で、企業が標準を上回る利益を獲得できるかどうかは、企業の経営資源やケイパビリティがどの程度模倣可能なのかに依存することが示された。つまり、独立した企業体としての事業が外部資本市場に対してその競争優位の源泉に関する情報をすべて開示してしまえば、それはとりもなおさず自社の潜在的競合に対して手の内を明かしているも同然である。外部資本市場との情報共有は、自社の競争優位の源泉が模倣される可能性を高めることになる。情報開示がもたらすこの競争上の意味合いから、企業が自社に関する肯定的情報を外部市場と共有しないことを選択し、その結果、外部の資本提供者はその事業を過小評価する可能性がある。

一方、多角化企業(のコーポレート部門)は、各事業の肯定的情報を競合に漏らすことなくすべて入手できる立場にある。すなわち、多角化企業の内部資本市場では、外部資本市場に比べ、より豊かで正確な情報に基づいて各事業への投資額と資本コストを決定できることになる。[注21]

このような条件下で内部市場による資本配分を続ければ、外部市場による場合に比べ、投資意思決定上の判断ミスの数は相対的に少なくなる。それは、多角化企業が外部資本市場に比べて、わずかながらでも資本配分上の優位性を有することを意味する。この優位性は、多角化企業による投資の収益性が外部市場から投下された資本の収益性よりも、いくらか高い可能性があることを意味する。

だが、事業が多角化企業内のポートフォリオの一部であることによって、外部からの資本調達と比較して常に資本コスト上の優位を得るとは限らない。たしかに、多角化企業は全体的にリスクが低いため(下記の議論を参照)、その資本コストは低くなり、自社のポートフォリオ事業にその資本コスト上の優位をそのまま移転できる点は複数の研究者が指摘するところである。だが、企業内の各事業にとって適正な資本コストとは、各事業それぞれの業績と将来性に基づいて決定されるべきである。多角化企業が内部の各事業をより正確に評価できるという優位性は、単にそれらの事業に外部市場よりも低い資本コストを確保できることではなく、より適正な資本配分が実現されるところにある。実際のところ、ある事業の適正資本コストは、外部資本市場で資金調達した場合に求められるはずの資本コストよりも低い(この場合、内部資本市場がその事業の肯定的情報をより完全に評価している)こともあろうし、逆に外部調達による資本コストよりも高くなる(この場合は、企業内部市場のほうがその事業の悪い面に関する情報をより完全に評価している)こともあろう。

もちろん、これらの事業が多角化企業の一部であることによって、単独の企業体としてよりも低いコストや大きな売上げがもたらされるのであれば、そうしたコストや売上げ面での優位は各事業の適正資本コストに反映されるはずだ。この意味で、財務上の範囲の経済を追求している多角化企業は、自社内のいかなる事業運営上の範囲の経済も見逃さずに認識することができるだろう。

内部資本市場の限界

内部資本市場は多角化企業にとっていくつかの潜在的優位をもたらしてくれるものの、大きく3つの限界が存在する。

第1に、企業が追求する多角化の属性は、資本配分プロセスの効率性に影響する。たとえば、非関連多角化を実行している企業は、多数の異なる事業に関してその業績と見通しを評価しなければならず、事業を評価する経営陣は大きな負荷と緊張を強いられるだろう。

第2に、内部資本市場の効率性が高まるかどうかは、多角化企業のマネジャーが外部資本市場よりも質量共に優れた情報を現実に得られるかどうかに依存する。だが、内部市場において、この質の高い情報の獲得が常に保証されているわけではない。各事業のマネジャーが外部資本市場に対して業績や見通しを誇張して開示しようとするインセンティブは、実は多角化企業の内部においても同じように生じるのである。実際に、内部資本をより多く獲得するために、業績を改ざんするマネジャーの例がいくつも報告されている。[注22] これまでの研究によれば、各事業部のマネジャーから出される資本配分に関する要求は、えてして水増しされた業績や過剰な期待を織り込んだ甘い見通しに基づくものであるため、それを修正するためにほぼ常に企業(コーポレート)レベルで割り引かれるという。[注23]

第3に、多角化企業内には、各事業のマネジャーが自事業の業績や見通しを水増しするインセンティブが存在するだけでなく、企業レベルで資本配分に責任を持つマネジャーにも、業績やその見通しが悪いにもかかわらず、その事業に投資をし続けるインセンティブが存在する。こうした職責を担う本社経営幹部の評判や地位は、彼らが承認し決定する各事業への投資がどの程度成功するかにかかっている。この状況で、それらの経営幹部は「いつかは業容も復活して、自分の当初の意思決定が正しかったことが証明されるだろう」という希望的観測に基づき、業績の悪い事業への投資を継続してしまうことが多い。組織心理学の領域では、この現象を**立場固定**(escalation of commitment)と呼び、経営幹部が特定事業への投資に対して非合理的に執着する事例が多数報告されている。[注24]

企業の内部資本市場が持つ価値に関する研究によれば、平均的に見て、内部資本市場の限界はしばしばその優位を凌駕してしまうという。たとえば、企業規模に関するコントロール(企業規模の影響を捨象するような統計上の処理)を施してさえも、多角化企業による業績の悪い事業への過剰投資は、多角化企業の市場価値を減少させていることがわかっている。[注25] しかし、多くの企業が内部資本市場の優位性を享受できないからといって、そのような優位性の存在が否定されるものではない。もしも数少ない企業が内部資本市場の優位性を実現し、その限界を克服できているとしたら、この財務上の範囲の経済は、少なくとも一時的な競争優位の源泉となるに違いない。

多角化とリスク低減

多角化企業にとって2つ目の財務上の範囲の経済は、実はすでに簡単に触れた。それは、多角化した企業のキャッシュフローが持つリスクは、多角化していない企業のキャッシュフローが持つリスクよりも小さい、ということだ。ここで、独立企業体として経営されている2つの事業のリスクと、その同じ2つの事業を内部で同時に経営している多角化企業のリスクを対比してみよう。仮にいずれの事業も固有のリスクが高く、2つの事業のキャッシュフローに高い相関が存在しない場合、2つの事業を同時に運営する企業のリスクは、それぞれの事業を独立して展開する企業のリスクを下回る。

この低リスクは、2つの事業のキャッシュフロー上のリスクに低い相関関係しか存在しないことが要因である。事業1のある年の業績が悪くても、事業2の業績は良いかもしれず、そうなれば事業1と2を同時に展開する企業は、中程度の業績をあげることができる。また別の年には事業2の業績が振るわず、事業1の業績が上向く可能性がある。この場合も、事業1と2を同時に展開する企業は、中程度の業績をあげることになる。このように、経営を多角化しリスクを分散させた企業は、長期にわたって安定したリターンを継続的に得ることができる。特に、キャッシュフローに強い正の相関が存在しない、幅広い種類の事業に多角化を進めた企業は、その傾向が強まる。

多角化による税効果

もう1つの財務上の範囲の経済は、多角化戦略がもたらす潜在的税効果である。この税に関する優位性は、1つもしくは2つの効果の組み合わせによってもたらされる。

第1の効果は、多角化していると、ある事業で出た損失と他事業での利益を相殺することができ、それによって支払法人税を少なくすることができる点だ。もちろん、損失の額があまりにも大きいと、それによって他の事業の利益が吹き飛んでしまい、独立した企業として経営していれば存続可能だったはずの事業までもが巻きぞえで倒産する可能性もある。だが、事業の損失がそこまで大きくない限り、多角化企業の税は減らせる可能性がある。実証研究によれば、多角化企業は、その税効果はさほど大きくはないものの、実

際にある事業の損失で他事業の利益を相殺できているという。(注26)

第2の効果は、多角化が企業が得るキャッシュフローのリスクを低減させるため、その企業の倒産確率を低くできる点だ。これは企業の借り入れ能力を増大させる。この借り入れ能力へのプラス効果は、多角化企業の各事業のキャッシュフローが、完全かつマイナスの相関関係にある場合である。もっとも、これらのキャッシュフローが完全かつ正の相関を持っていたとしても、借り入れ能力は多少増加する。

借り入れ能力は、支払い利息を税控除の対象にできる税制の下では特に重要となる。このような税制の下では、企業は借り入れ能力の限界まで負債を増やし、その利息分を課税対象から控除することによって税効果を得られる。もちろん、支払い利息が税控除の対象にならないか、法人限界税率が相対的に低い場合には、多角化による税効果も大変小さなものにすぎないだろう。いずれにせよ実証研究によれば、多角化企業は多角化していない企業に比べ、より大きな借り入れ能力を有することがわかっている。(注27)

[反競争的な範囲の経済を実現するための多角化]

多角化の動機を説明する4つ目の要因は、多角化戦略とさまざまな反競争的企業行動との関係に基づいている。反競争的企業行動の代表例は、(1)「痛み分け」戦略や暗黙的共謀を促進する多地点競争、(2)市場支配力の行使、の2つである。

多地点競争

2社もしくはそれ以上の多角化企業が複数の市場で同時に競争する時、それを**多地点競争**(multi-point competition)と言う。たとえば、ヒューレット・パッカード(HP)とIBMは、パソコン市場でもプリンター市場でも競争している。ミシュラン(Michelin)とグッドイヤー(Goodyear)は、米国のタイヤ市場でも欧州のタイヤ市場でも競争している。ディズニーとAOL・タイムワーナー(Time Warner、以下タイムワーナー)は、映画製作業界でも書籍出版業界でも競争をしている。

多地点競争は、暗黙的共謀の1つのタイプである**相互自制**(mutual forbearance)を促進する。第7章(中巻)で述べたとおり、**暗黙的共謀**(tacit collusion)

図9.3｜仮想企業A、B間における多地点競争

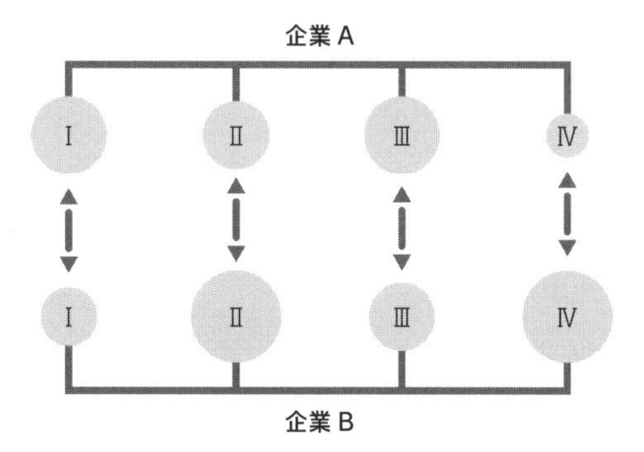

とは、企業が協調行動を通じて、完全競争下の競合水準を下回るところまで競合度を下げる行為である。多角化企業2社、企業A・Bが直面する状況を考えてみよう。両社は、同じ事業Ⅰ、Ⅱ、Ⅲ、Ⅳ(**図9.3**参照)を営んでいる。この場合、企業Aが事業ⅠとⅢで攻撃的な競争(たとえば、破壊的な低価格戦略など)を仕掛ける決定を下そうとする際には、企業Bがそれに対抗して事業ⅡとⅣで攻撃的な競争を仕掛けてくる可能性を念頭に置いて意思決定を下すべきである。

企業A・Bはそれぞれ、特定事業でこうむる損失と、自社が他の事業で競争優位を行使して得られる利益とを比較衡量しなければならない。もしも得られる利益の現在価値が、報復によってこうむる損失の現在価値を上回らないのであれば、両社とも競争的行動を回避するであろう。お互いに自制して、競争的行動をとらないことを**相互自制**(**mutual forbearance**)と言う。(注28)

多地点競争の結果としての相互自制は、いくつかの業界で実際に起こっている。この種の暗黙的共謀は、ミシュランとグッドイヤーの間で、インスタント・コーヒーのマクスウェル・ハウス(Maxwell House)とフォルジャーズ(Folgers)の間で、またキャタピラー(Caterpillar)とジョンディア(John Deere)、そしてBICとジレット(Gillette)の間でも生じている。(注29)さらには航空業界でも同じことが起こっている。たとえば、アメリカウエスト航空(America West Airlines、USエアウェイズ(US Airways)との合併により現在はアメリカン航空(American Airlines)の傘下にある)はヒューストン国際空港で営業活動を開始したが、その際非常に安い導入キャンペーン価格を設定した。同空港で独占的

地位にいたコンチネンタル航空(Continental Airlines、訳注：現在は、ユナイテッド航空(United Airlines)に完全統合されて消滅している)は、アメリカウエスト航空が設定したヒューストン発便の格安運賃に即座に対抗し、アリゾナ州フェニックス発便のいくつかを引き下げた。このフェニックスというのは、アメリカウエスト航空のホーム空港である。アメリカウエスト航空はたった2、3週間でヒューストンでの導入キャンペーン価格を取りやめ、コンチネンタル航空もフェニックス発便の割引を取りやめた。複数市場をまたいだ報復の脅威にさらされて、アメリカウエスト航空とコンチネンタル航空は、価格に関して暗黙的に共謀したと考えられる。(注30)

最近の研究によって、企業が相互自制を追求しようとする条件や、多地点競争が相互自制に発展しない条件などを解明する努力がなされている。(注31)一般的には、多地点競争が相互自制に結びつくためには、報復の脅威が著しく大きくなければならないと言われている。だが、相互自制が生じるには、報復の脅威が大きい(つまり、相互自制によって得られる利益が大きい)だけでなく、この戦略を追求する多角化企業の各事業間に強い戦略上のリンクがなければならない。すなわち、多地点競争に基づいて相互自制戦略を追求する企業は、たいていの場合関連多角化戦略をとっているはずである。(注32)

多角化と市場支配力

多角化企業が内部市場を通じて資本配分を行っていると、その企業は、ある事業が有する市場支配力に基づく優位を、他の事業でも活用することができる。たとえば、ある多角化企業が、特定の事業で独占的地位に基づく利益を享受しているとしよう。この企業は、その事業で得ている独占的利益の一部を、他事業の運営に必要な資金に(いわば補助金として)充当することができる。この事業横断的な**傾斜資本配分**(**cross-subsidization**)によって可能となる戦略の一例としては、**略奪的価格戦略**(**predatory pricing**)がある。これは、「補助金」を受ける事業が、その事業の実際のコストを下回る水準に価格を設定するというものだ。この「補助金」に基づく価格戦略には、その業界の他社を駆逐し、その後その市場で独占的利益が得られる効果がある。経済学者はこれを「**多角化におけるディープポケット・モデル**(**deep-pockets model of diversification**)」(訳注：ディープポケットの原義は、裕福な金持ちの懐(ふところ、ポケット)のこと。自由にできるお金をたくさん持っている状態。企業で財務的資

源が潤沢にある状態)と呼んでいる。(注33)

規制に守られた業界で独占的地位にある事業を持つ多角化企業は、この種の傾斜資本配分によって市場競争をゆがめていると批判されてきた。たとえば、米国の地域電話会社のほとんどは多角化戦略を実施している。AT&Tの分割を強いる同意判決は、地域電話市場における独占事業から他の事業への傾斜資本配分をはっきりと禁じた。そのような「補助金」の活用を許せば、これら地域電話会社が、多角化した他事業において不公平な競争優位を獲得してしまう、と考えられたからであった。(注34)

このような市場支配力に基づく範囲の経済は存在するかもしれないが、それが実際に存在していることを示す実証研究は比較的少ない。1980年代に、規制で保護されたエネルギー・通信などの公益企業が非規制部門にあいついで多角化した。この現象を調査した研究によれば、これらの企業は、規制業界で得た独占的利益を「補助金」として不公平に他の非規制分野の事業へ傾斜的に配分して利益を増大させていたのではなく、むしろ規制事業において保有する非競争的経営スキルが仇となり、多角化がむしろ利益の低減をもたらしていた。(注35)しかし依然として、多角化された大企業が、市場支配力を行使して社会的責任に反する行動に出る可能性を懸念し、これら企業の経済的・政治的権力を規制する必要性を訴える見解がある。この問題についてはコラム「企業倫理と戦略」で論じる。

企業倫理と戦略

グローバル化と多国籍企業の脅威

1999年、労働組合、環境活動家、若者、先住民、人権活動家、小規模農家、失業者などからなるゆるやかな連合が、大企業の世界的な影響力拡大に反対の意思を示し、世界貿易機関(WTO)の会合に抗議するべくワシントン州シアトルの街にくり出した。政府関係者や大企業の幹部らは、このような抗議運動がわき起こる理由が理解できなかった。というのも、1950年から1995年にかけて世界の貿易総額は19倍に拡大しており(2003年時点の貨幣価値で計算すると0.4兆ドルから7.6兆ドルへ拡大)、世界の経済産出量も

1950年から2005年にかけて6.4兆ドルから60.7兆ドルへ伸びていた(これも2003年時点の貨幣価値に基づく値)。政府関係者や企業幹部らから見れば、現行のグローバル経済システムは自由貿易の拡大や世界経済の効率向上につながっており、明らかに世界中の人々の経済的厚生を高めていた。

それにもかかわらず人々が抗議するのはなぜか。この1999年の抗議デモには、その後も多くの抗議活動が続いた。その頂点が2007年の金融危機後に起きた「ウォール街を占拠せよ」運動であり、引き続く2016年の米国大統領選挙におけるドナルド・トランプ(Donald Trump)の当選も、その源流は1999年の抗議デモにあったと言えるだろう。しかし、依然としてビジネス界のリーダーや政府トップの困惑は解けずにいる。グローバル化が世界経済に好影響をもたらしてきたことは実証的に明らかだからだ。にもかかわらず、論争の的となるのはなぜなのか。

こうした反グローバル化の流れは、政府や大企業に対して「世界経済の成長を示すデータは実状を映しきれていない」というメッセージを送った。たしかに世界経済は成長していた。しかし、そのメリットを享受しているのは世界中のほんの一握りの人々であり、大多数の人々は依然として最低限の生活水準を確保することすらままならなかった。1990年代初頭における米国国内の億万長者358人の純資産の合計(7600億ドル)は、世界の下から25億人の純資産と同じだった。世界の総所得の83%は上から20%の人間が手にし、下から20%の人々は全体のわずか1.4%の収入しか得ていなかった。

現在に目を移すと、世界中の6530万人の人々が出稼ぎまたは戦禍を逃れるために母国を離れており、約14億人もの人々が1日1ドル以下の暮らしをしている。米国のような裕福な国でさえ、債務の返済に苦しむ人が増えている。実質賃金の低下、経済情勢の不安、企業の人員削減などにより、人々の労働時間は伸び、2つ以上の仕事をかけ持ちする人が増えている。また、海外の低コスト地域へ工場移転が進むなか、労働者は慢性的な失業に陥っている。

「世界経済の成長に伴って世界的な経済不安が広がる」というこの一見矛盾した状況を生み出している要因は多岐にわたり、かつ複雑だ。しかし、一説によれば、なかでも重要な要因は、多角化を行う多国籍企業の経済的影響力の拡張である。この種の企業の規模は膨大だ。なかには、事業規模が多くの国々の経済規模を凌駕する企業もある。この説によれば、こうした巨大組織の一部は、経済的パフォーマンスの最大化だけをひたすら追求し、サプライヤー、顧客、従業員、環境などが悪影響を受けるとしても、さしたる咎めを受けることなく、自己利益追求の意思決定を下すことができる。そして、「欲は善である」という暗黙のモットーの下、株主利益を拡大させる限り、いかなる行動をも正当化する。

もちろん、こうした仮説を受け入れるとしても（ただ、これが定説となるほどに広く受け入れられているとは到底言えないが）、多角的な多国籍企業の影響力拡大に対抗するにあたって、どのような手段が有効かについては明らかになっていない。問題を複雑にしているのは、多国籍企業の規模や影響力の拡大が、一面ではそれら企業の顧客ニーズを満たす能力の高さに起因する点だ。したがって、企業規模が大きいからと言って、必ずしもその企業の行動が社会的厚生にそぐわないとは言えない。単純に大きすぎるということを根拠に政府が企業規模を規制した場合、国民の厚生は低下しかねない。

一方で企業とは、いったん膨大な規模や影響力を持つにいたると、その影響力を行使し、社会に大きな代償をもたらしながらも自己利益のみを追求する誘惑にかられるものなのかもしれない。

問題の原因や解決法が何であれ、1999年にシアトルで始まった抗議活動は、少なくとも1つの明確なメッセージを発した。すなわち、成長のための成長（自己目的化された成長）は、国際的経済政策の目標としては、もはや普遍的に広く受け入れられるものではなくなったのである。(注36)

［ 企業規模と従業員の多角化インセンティブ ］

従業員は、範囲の経済から得られる利益とはまったく関係ない理由から、多角化を推進するインセンティブを持つ。このインセンティブは、特に経営幹部や、相当長期間その企業に勤め続けている従業員に顕著である。これには、企業規模とマネジャーの報酬体系の関係が反映されている。

これまで行われてきた多くの研究によって、企業経営者の報酬を決める主な要素は、企業の経済的パフォーマンスそのものではなく、企業規模、多くの場合売上金額そのものであることが決定的に明らかになった。(注37)その結果、自己の報酬を最大化させようとするマネジャーは、自分が勤める企業の規模を拡大させようとする。企業規模を拡大させる最も容易な方法の1つは多角化であり、なかでも合併・買収（M&A）による非関連多角化が最も容易である。大規模な買収を行うことで、企業は比較的短期間のうちに著しく規模を増大させることができ、それによって経営幹部はより高い報酬を得ることができる。ここで言う報酬は、多角化そのものによって得られるかもしれない範囲の経済に基づく利益とは一切無関係である。

経営幹部が多角化による利益の良し悪しを心配する必要があるとすれば、それは利益の水準があまりにも低く、敵対的買収の脅威にさらされる場合か、低調な業績ゆえに取締役会がマネジメント層の交代を余儀なくされる場合である。

もっとも最近になって、これまでの企業規模と報酬の関係は崩れ始めている。経営幹部の報酬は、よりいっそう企業の経済的パフォーマンスに連動するようになってきている。特に、ストック・オプションやその他の延払い型の報酬を用いることにより、経営陣にとっては経済的パフォーマンスを考慮することが自身の利益にも最もかなうことになる。もっとも、このように報酬体系を変更することで経営幹部が多角化追求のインセンティブを失い、すべての多角化機会が見逃されてしまうわけではない。この報酬変更により、その企業は真に範囲の経済を生まないような多角化を選択しないようになるのである。

◉株主は範囲の経済を独自に実現できるか

本章の冒頭では、ある企業の多角化戦略が経済的価値をもたらす条件を2つ挙げた。

第1に、その多角化戦略は範囲の経済を生かしたものでなくてはならない。潜在的に価値を持ち得る範囲の経済については表9.1に提示し、前節にて詳しく論じた。

第2に、企業のマネジャーがこうした範囲の経済を実現するコストは、外部株主が独自にそれを実現するコストよりも低くなくてはならない。もしも外部株主が企業のマネジャーの力を借りずに、独自に低コストで範囲の経済を実現できるのであれば、わざわざ企業に投資し、マネジャーにそれを委ねる必要はない。

表9.3では表9.1で挙げたそれぞれの範囲の経済について、経済的価値を持ち得るかどうかをまとめた。さらに、これらの範囲の経済のうち、株主にとって自ら実現することが困難なものを特定することで、株主にプラスのリターンをもたらす可能性が高い範囲の経済を示した。

表9.3を見ればわかるとおり、ほとんどの範囲の経済は、株主による独自

表9.3｜範囲の経済の種類ごとの競争上の影響

範囲の経済の種類	経済的価値を持ち得るか	株主が独自に実現できるか	経済的パフォーマンスへの影響
活動共有	Yes	No	+
コア・コンピタンス			
事業レベル	Yes	No	+
全社レベル	Yes	No	+
財務上の範囲の経済			
資本配分	Yes	No	+
リスク低減	Yes	Yes	−
税効果	Yes	No	+
反競争的な範囲の経済			
多地点競争	Yes	No	+
市場支配力の行使	Yes	No	+
企業規模拡大によるマネジャー報酬の最大化	No	No	−

の実現が不可能である。これは、範囲の経済を実現するためには、多くの場合株主自身では取り組めない活動や、株主が保有しない情報が求められるからである。たとえば、活動共有、コア・コンピタンス、多地点競争、市場支配力の行使などは、いずれも複数事業間で細かく事業活動を調整する必要がある。株主は自らの株式ポートフォリオを構成する企業を取捨選択することはできるが、ポートフォリオ内の複数企業が行う事業活動そのものに関与することはできない。同様に、企業内部での資本配分には外部株主には入手し得ない、事業の業績予想に関する情報が求められる。以上はすべて企業が多角化を行うインセンティブになる。なお、多角化を行ううえで発生し得る倫理上の問題については、前述のコラム「企業倫理と戦略」で検討している。

実際、表9.3に挙げた範囲の経済のうち、企業の株主にとってプラスのリターンを生み出さないものは2つしかない。多角化による企業規模の拡大(企業規模そのものに経済的価値はないため)と、多角化によるリスク低減である(株主は分散ポートフォリオを組むことで自ら低コストでリスクを低減できるため)。したがって、企業は多角化を行う根拠としてリスク低減を挙げることが多いが、リスク低減そのものは、株主の利害と直接的には一致しない。ただし、一部の研究者は、多角化によるリスク低減が企業の他のステークホルダーにメリットをもたらし、それによって間接的に株主にメリットをもたらす可能性があることを指摘している。この点については、コラム「より詳細な検討」で詳しく論じている。

より詳細な検討

リスク低減のための多角化と企業のステークホルダー

一般に、リスク低減のための事業多角化は外部株主に直接的な価値をもたらさないが、多角化は、外部投資家以外のステークホルダー（利害関係者）が「その企業に特殊な投資」を進んで行う傾向には好影響を与える可能性があり、それが間接的に外部投資家にとっての価値を生み出す場合がある。ここで、企業の**ステークホルダー**（stakeholders）とは、その企業がどのようなパフォーマンスをあげるかによって利害に影響を受けるすべての個人と集団である。この意味において、株主である外部投資家は、企業のステークホルダーの一部である。企業に関わる他のステークホルダーとしては、従業員、供給者（サプライヤー）、そして顧客が代表的なものである。

企業のステークホルダーは、ある特定企業への投資の価値が、他の企業への投資価値よりも大きいと判断すれば、**企業特殊投資**（firm-specific investments）を進んで行う。たとえば、ある企業の従業員の場合を考えてみよう。一般的に言って、1つの企業に長年勤めてきた従業員は、**企業特殊な人的資本投資**（firm-specific human capital investments）を大量に行ってきている。どのような投資かと言えば、その特定企業の文化、基本政策、業務プロセス、仕事を完遂するうえでコンタクトすべきキーパーソンは誰か、などを理解するための時間的・物理的投資である。このような投資は、その投資が行われた企業内では非常に価値が高い。たしかに、そのような企業特殊な知識を持った従業員は、企業が価値ある戦略を策定し実行するうえで必要な経営資源である。しかし、従業員が特定の企業で行う企業特殊投資は、他の企業ではほとんど何の価値も持たない。もしもその企業が倒産して事業をたたんでしまったら、その従業員は自分がその企業で綿々と行ってきた企業特殊投資の価値のほとんどを一瞬にして失う。

供給者や顧客もまたこうした企業特殊投資を行う可能性がある。供給者は、その製品やサービスを特定顧客の特定の要望に沿うかたちでカスタマイズする場合、企業特殊投資を行っている。また、供給者がある特定顧客に製品を販売するために他の顧客への販売機会を逸している場合も、その供給者はその顧客企業に特殊な投資をしていることになる。また顧客は、ある特定企業の製品やサービスをフルに活用するために自社の業務プロセスをカスタマイズすることがある。さらにまた顧客は、ある特定の供給企業と緊密な関係性を構築することにより、他の企業と関係性を構築する機会を逸していることになる。これらの投資はすべて顧客の手による企業特殊投資である。もしもこの企業(供給者にとっての顧客、顧客にとっての供給者)が破綻して活動を停止してしまったら、これらすべての企業特殊投資は、その価値のほぼすべてを瞬時に失ってしまう。

従業員、供給者、そして顧客が行うこれらの企業特殊投資は、リスク(投資が行われた企業が活動を停止すると、投資価値のほぼすべてが失われるリスク)を内包しているが、これらの投資のおかげで企業が経済的利益を生み出せるのだとしたら、それはきわめて重要なものということになる。第3章(上巻)で指摘したように、価値があり(V)、希少で(R)、模倣コストの大きな(I)経営資源やケイパビリティは、そのような属性を持たないものよりも持続的競争優位の源泉となる可能性が高い。企業特殊投資は、非企業特殊投資と比べて、上記V・R・Iのような属性を持っている可能性が高い。非企業特殊投資とは、他の無数の企業においても同様に何らかの価値を生み出せる投資のことである。そのような投資は、その定義として希少ではなく、一時的競争優位の源泉とすらなり得ない。さらに、従業員、供給者、そして顧客が特定企業に対して行う企業特殊投資のほとんどは、(1)時間の経過を伴って徐々に行われ(経路依存性)、(2)企業の間の社会的に複雑な関係性(社会的複雑性)に基づいているため、模倣困難性が大きい可能性が高い。さらにそれらの投資が価値を生み出し、かつ希少であれば、持続的競争優位の源泉になることが十分考えられる。

要するに、従業員、供給者、そして顧客による企業特殊投資で、経済的価値を生み出し(V)、希少で(R)、模倣コストの大きい(I)ものは、利益の源泉になり得るのである。そして、外部株主は企業が生み出したキャッシュフローに対する残余権を請求できるため、こうして生み出された経済的利益は株主にとっても利益となる。このような理由から、外部株主は一般に企業の従業員、供給者、顧客がある企業に対して企業特殊投資を行うことを欲するようになる。

ところが、こうした企業特殊投資は前述のリスク(その企業が倒産すると無価値になるリスク)を包含するため、従業員や供給者、顧客はそのリスクが幾分かでも減殺される場合にのみ企業特殊投資を進んで行おうとするだろう。

それに引き換え外部の投資家は、リスクを最大限に分散した株式ポートフォリオを非常に低コストで容易に構築できるため、特定の企業に投資するリスクを管理することに何の困難も感じない。これこそが、キャッシュフローが持つリスクを低減するために企業自身が多角化しても、それが外部投資家に直接の利益をもたらさない理由である。ところが、である。その企業の従業員、供給者、顧客は、外部投資家のような低コストの多角化手段を通常持たない。たとえば従業員は、人材としての自分に対する企業特殊投資を数多くの企業に対して行い（つまり、フルタイムで数多くの企業に勤め）、特定企業に特殊な投資を行うことのリスクを十分に低減できるだけの多角化を行うことは物理的に困難である。また、供給者や顧客は、従業員よりは多少多角化の余地（複数顧客への販売や複数供給者からの調達）があるが、これらの多角化にかかるコストはたいていの場合、外部投資家がポートフォリオを組んでリスクを分散するコストよりも大きくなる。

以上見てきたように、企業の従業員、供給者、顧客が企業特殊投資を行うリスクを低減するため、自力で多角化を図ることは、多くの場合大変コストがかかる。このためステークホルダーは、彼らのために企業経営者が何らかの方法でこのリスクを軽減してくれることを望むだろう。そして経営者は、自社が営む事業のポートフォリオを多角化させることにより、このリスクを軽減させることができる。もしもこうした多角化に対して経営者が積極的でなければ、その企業の従業員、供給者、そして顧客は、その企業に対して企業特殊投資をしようとしないだろう。さらに、これら企業特殊投資は利益をもたらす源泉であり、その利益は外部投資家に対して直接的な価値を持つ。つまり、外部投資家は自分たちにとって直接利益とはならないものの、企業自身による多角化戦略をあえて追求するよう企業に勧めるという、いわば間接的インセンティブを持つことになるのだ。

言い方を換えれば、企業の多角化戦略とは、企業のステークホルダーである従業員、供給者、顧客が行う企業特殊投資に対する一種の補償と考えることができる。外部株主としては、この企業特殊投資が生み出す利益の一部へのアクセスを見返りとして、この補償を企業に勧めるインセンティブを持つ。一般に、従業員、供給者、顧客による企業特殊投資が、企業が利益を創出する能力に与える影響が大きければ大きいほど、企業による事業の多角化推進が、外部株主の利益と間接的に一貫性を持つ可能性もより高くなる。さらに、従業員、供給者、顧客が企業特殊投資を行う際のリスクを彼ら自身が自ら低コストで軽減する能力が限られていればいるほど、企業による多角化戦略は、外部株主の利益に合致することになる。[注38]

◉――多角化と持続的競争優位

到達目標 9.3

多角化戦略が持続的競争優位の源泉になるのは
どのような状況かを述べられるようになる。

a. 本章で取り上げる範囲の経済のうち、低コストでの模倣の脅威を受ける
可能性が高いものと低いものを説明できるようになる。
b. 多角化に代替し得る戦略を2つ挙げられるようになる。

表9.3では、経営を多角化した企業に、実際に経済的価値をもたらす可能性の高い範囲の経済を示した。しかし、本書でこれまで論じてきたその他の戦略同様、ある戦略が価値(V)を有するからと言って、その戦略の追求が持続的競争優位につながるとは限らない。多角化が持続的競争優位の源泉になるためには、その多角化戦略に希少性(R)や模倣困難性(I)があり、企業が多角化を追求するのに適切な組織体制(O)を築いていなければならない。多角化の希少性と模倣困難性については本章で検討する。一方、多角化にまつわる組織体制上の問題については次章(第10章)で検討する。

◉多角化の希少性

一見すると、多角化そのものは明らかに希少性が高くない戦略のように思える。多くの大企業は、それが主要事業会社という多角化度の低い戦略であったとしても、少なくとも何らかの多角化戦略を追求している。中小企業でさえ、さまざまな度合いの多角化戦略を少なからず追求している。

しかし、多角化の希少性を実際に左右するのは多角化戦略そのものの希少性ではなく、多角化戦略によって追求している範囲の経済の希少性である。ある範囲の経済を生かしている競合が少数であれば、その範囲の経済は希少性を持つ。同じ範囲の経済を生かした企業が数多く存在すれば、その範囲の経済は広く普及しているため競争優位の源泉とはならない。

◉多角化の模倣困難性

多角化によって実現される、ある範囲の経済が希少であっても、その範囲の経済が模倣困難でなければ持続的競争優位の源泉とはなり得ない。模倣困難性を評価するには、模倣の2つの方法——直接的複製と代替——を検討することが重要になる。

[多角化の直接的複製]

価値があり(V)、希少な(R)多角化戦略が、どの程度直接的複製に耐えられるかは、競合企業がまったく同じ範囲の経済を実現するのにどの程度コストがかかるかによる。**表9.4**に示すように、いくつかの範囲の経済は、他のものに比べて複製コストがより大きいと考えられる。

活動共有、リスク低減、税効果、そして従業員の報酬体系設定(によって多角化の経済的パフォーマンス向上を意識させること)は、比較的複製が容易である。まず活動共有は、R&Dセンター、営業スタッフ、製造設備など、企業が物理的資産を事業横断的に活用することで成り立っているので、この種の範囲の経済は、比較的複製が容易である。活動共有を複製することに関する唯一の問題は、それを促進する事業間の協力関係をいかに構築するかであろう。

リスク低減、税効果、経営幹部らへの報酬としての意義に基づく多角化といった動機は、関連・非関連の区別なく達成可能である。よってこれらの動機に基づく多角化は比較的容易に複製できる。

一方、それ以外の範囲の経済は、複製がはるかに困難である。複製困難な範囲の経済としては、コア・コンピタンス、内部市場による資本配分、多地点競争、そして市場支配力の活用が挙げられる。

表9.4 | 範囲の経済の複製コスト

相対的に複製コストが低い範囲の経済	複製コストが高い範囲の経済
活動共有	コア・コンピタンス
リスク低減	内部資本配分
税効果	多地点競争
経営幹部らへの報酬	市場支配力の行使

まず、コア・コンピタンスは多くの場合「無形」であり、その直接的複製は非常にチャレンジングなものである。資本配分における範囲の経済を実現するには、非常に高度な情報収集・分析能力が求められる。この能力はたいていの場合、身につけることが非常に難しい。多地点競争には、複数事業間の非常に緊密な連携と調整が必要であり、このような連携と調整は往々にして社会的複雑性が高い。よって直接的複製は容易ではない。(注39) 最後に市場支配力の活用だが、これはそもそも、ある事業で圧倒的な市場支配力がなければ不可能である。このような支配力を持たない企業は、何らかの方法でそれを獲得しなければならないが、ほとんどの場合そのコストは法外に高いものである。

[多角化の代替]

多角化には2つの明らかな代替物が存在する。

1つ目は、事業横断的な範囲の経済を追求してコストや売上げでの優位を得ようとするのではなく、個々の事業を別々に成長・発展させていくことである。この意味において、ある特定の事業でコスト・リーダーシップ戦略や製品差別化戦略を成功させている多角化企業は、事業横断的な関係を構築することなしに、範囲の経済と同等のコストや売上げ面での優位を獲得することができるかもしれない。要するに、多角化された企業で個々の事業を独立した状態で成長させることは、多角化戦略によって範囲の経済を追求することと代替関係にあると言えよう。

2つ目は、戦略的提携である。企業内部で事業横断的に範囲の経済を目指す代わりに、同様の範囲の経済が戦略的提携によって実現可能な場合もある。たとえば、ある企業が2つの事業間でR&Dに関する範囲の経済を追求する代わりに、他企業と戦略的提携を結び、共同の研究開発センターを構築することも可能である。営業機能を企業内で共有して範囲の経済を目指すのも1つの方法だが、他企業と販売契約を結んで同等のコスト・売上げ面での効果を得ることも可能であろう。

本章の要約 Summary

企業が選択し得る多角化戦略には、限定的多角化(単一事業会社、主要事業会社)、関連多角化(関連限定型、関連連鎖型)、非関連多角化がある。ある多角化戦略が経済的価値を持つためには、外部株主が自ら低コストで実現し得ないような範囲の経済の実現につながり、コストの低減や売上げの増加をもたらす(=価値を有する)戦略でなくてはならない。

多角化戦略を追求する動機としては、活動共有、コア・コンピタンスの獲得(事業レベルのコンピタンスの共有、全社コンピタンス)、財務上の範囲の経済の実現(内部資本配分、リスク低減、税効果)、反競争的な範囲の経済の実現(多地点競争、市場支配力)、従業員(マネジャー)の報酬の最大化などがある。いずれの動機に基づく多角化も企業に経済的価値をもたらす可能性があるが、報酬最大化とリスク低減は例外である(ただし、リスク低減に基づく多角化は経済的価値をもたらす可能性が完全にないとまでは言えない)。また、いずれの多角化の動機も、外部株主にとってはそれを実現するコストが高いが、リスク低減だけは例外である。したがって、マネジャーの報酬最大化やリスク低減を動機とする多角化は、利益最大化を目指す株主の利害と一致しない。

多角化戦略が持続的競争優位の源泉となるためには、戦略に価値があるだけでなく、希少性や模倣困難性もなくてはならない。多角化戦略の希少性は、多角化を通じて同じ範囲の経済を追求している競合の数が左右する。多角化戦略の模倣は、直接的複製によっても代替によっても起こり得る。複製コストの高い範囲の経済としては、コア・コンピタンス、内部資本配分、多地点競争、市場支配力の行使がある。その他の範囲の経済は通常、これらの範囲の経済よりも模倣コストが低い。多角化に対する代替としては、社内事業が単独で多角化と同じような経済性を実現する場合や、戦略的提携を通じて多角化と同じような経済性を実現する場合がある。なお、多角化戦略の実行に伴う組織体制上の重要課題については、次章で詳しく見ていく。

チャレンジ問題 Challenge Questions

9.1 多角化戦略の関連度を評価する1つの方法は、企業が生産する製品やサービスを見ることである。企業が生産する製品やサービスが似ていればいるほど、その企業が追求している多角化戦略は関連度が高いと言える。それでは、コア・コンピタンスを活用した多角化戦略を追求する企業は、常に似たような製品やサービスを生産する傾向にあると言えるだろうか。理由とともに述べよ。

9.2 非関連多角化を行う場合、企業はなじみのない業界に参入することになる。非関連多角化を行う際の判断は、範囲の経済を分析するだけで十分か。それとも、5つの力による業界分析も必要か。必要でないならばなぜか。必要だと言うならば、2つの分析手法をどのように組み合わせるべきか。

9.3 多角化された企業が実現し得る各種類の範囲の経済についてそれぞれ分析せよ。範囲の経済は企業にどのような影響をもたらすか。

9.4 バリューチェーン上の活動の一部はほぼすべての企業が行っている。たとえば、ほとんどの企業は中央集権的な財務・会計部門や調達部門、経営情報システム、人材管理機能などを持つ。この点を考慮して次のシナリオを考えよ。まったく業種の異なる2つの企業が、それぞれ管理部門がコスト基盤の大きな割合を占める(たとえば40%以上)ことから、管理部門の統合による間接コスト削減のみを狙いとして合併を検討している。この理屈は理にかなっているか。理由とともに答えよ。

9.5 リスク管理は、マネジャーの権限や責任において重要な事項である。そこで、多角化とリスク低減の関係について論ぜよ。

演習問題 Problem Set

9.6 次の企業のウェブサイトにアクセスし、それぞれどのような性質の全社戦略を追求しているかを分析せよ。これらの企業が追求しているのは限定的多角化か、関連多角化か、あるいは非関連多角化か。

(a) ダンゴート・グループ (Dangote Group)
(b) アメリカ・モビル (America Movil)
(c) LVMH
(d) タタ・グループ (Tata Group)

(e) 百度 (Baidu, Inc.)
(f) SAP SE
(g) 長江実業(集団)(Cheung Kong (Holdings) Limited)
(h) エンブラエル (Embraer SA)
(i) ロビオ・エンターテインメント (Rovio Entertainment Ltd.)

9.7 以下にはさまざまな戦略をリストアップした。このうち多角化戦略の根底をなす範囲の経済となり得るものはどれか。またそれらの範囲の経済となり得るものは、どの種類の範囲の経済か。範囲の経済となり得ないものは、範囲の経済になり得ない理由は何か。

(a) コカ・コーラは糖質オフのコーラ商品をタブ(Tab)からダイエット・コーク(Diet Coke)に変更した。
(b) アップルはメモリー容量を拡大した新型のiPhoneを発売した。
(c) ペプシコはペプシ(Pepsi)を販売している小売店でポテトチップスブランドのレイズ(Lay's)も販売することにした。
(d) ウォルマートは、自社のウォルマート店舗、自社のウォルマート・スーパーセンター店舗(食品スーパー一体型のウォルマート店舗)、自社のサムズ・クラブ(Sam's Club)店舗へ同じ物流システムを用いて商品を供給している。
(e) スキー用品メーカーのヘッド(Head)は新しくテニスラケットを発売した。
(f) ゼネラル・エレクトリックはバンク・オブ・アメリカ(Bank of America)から3%の利子で借金をし、ジェットエンジンを製造している子会社に対して8%の利子で資本供給を行った。
(g) マクドナルド(McDonald's)はボストン・マーケット(Boston Market)とチポトレ・メキシカン・グリル(Chipotle Mexican Grill)(いずれも店舗内の座席で食事をする顧客が多いタイプの飲食店)を買収した。
(h) ベンチャー・キャピタルがバイオテクノロジー業界の企業とエンターテインメント業界の企業へ投資をした。
(i) 別のベンチャー・キャピタルは、いずれもバイオテクノロジー業界に属する2つの企業に投資をした。

9.8 次の条件が存在するとする。事業Iが生み出すキャッシュフローの標準偏差は0.8である。この値が大きいほど、将来におけるキャッシュフローのリスクが高いことを意味する。事業IIが生み出すキャッシュフローの標準偏差は1.3である。つまり、事業IIは事業Iよりもリスクが高い。さらに、この2つのキャッシュフローの長期における相関係数は−0.8である。つまり、事業Iが好調の時は事業IIが不調になる傾向にあり、その逆の場合も同様である。2つの事業は同じ1つの企業が所有している。

(a) 事業Iがこの企業の売上げの40%を占め、事業IIが売上げの60%を占めるとした場合、次の公式を用いてこの企業の総売上げのリスクを計算せよ。

$$sd_{I,II} = \sqrt{w^2 sd_I^2 + (1-w)^2 sd_{II}^2 + 2w(1-w)(r_{I,II} sd_I sd_{II})}$$

ただし、$w = 0.4$、$sd_I = 0.8$、$sd_{II} = 1.3$、$r_{I,II} = -0.8$である。

(b) (a)の計算結果に基づいて考えると、この企業が事業Iと事業IIの双方を所有していることは理にかなっていると言えるか。理由とともに答えよ。

9.9　なかには多角化を選ばない企業もある。多角化を行うこと、行わないことには、それぞれどのような利点や欠点があるか。

9.10　内部資本市場にはいくつかの制約がある。企業はこれらの制約に直面した場合、どのような行動をとることが予想されるか。

注

1 Anzis, K. (2005). "Yamaha Music Education System: Celebrating 50 Years of Growth." *American Music Teacher* [serial online]. August, 55(1): 39–43. Available from Academic Search Premier, Ipswich, MA (accessed November 3, 2017); *Time Magazine* (1964). "Japan: Pianos on the Assembly Line." http://content.time.com/time/magazine/article/0,9171,870777,00.html?iid=sr-link10 (accessed November 14, 2017); Yamaha Golf (2017). "History." http://global.golf.yamaha.com/en/history/ (accessed November 14, 2017); Yamaha Motor (2017). "Paving the Road to Yamaha Motor Corporation, U.S.A." http://www.yamaha-motor.com/corporate/foundingHistory.aspx (accessed November 14, 2017); Yamaha (2017). "Brand and History." https://www.yamaha.com/en/about/history/ (accessed November 14, 2017); Yamaha (2017). "Development of Products." https://www.yamaha.com/en/about/history/products/ (accessed November 14, 2017); Yamaha (2017). "Origins of the Yamaha Brand." https://www.yamaha.com/en/about/history/brand/ (accessed November 14, 2017).

2 www.pepsico.com/brands Accessed February 14, 2017.

3 The Walt Disney Company (1995). Harvard Business School Case No. 1-388-147.

4 Lang, H. P., and Stulz, R. M. (1994). "Tobin's *q*, corporate diversification, and firm performance." *Journal of Political Economy*, 102, pp. 1248–1280; Comment, R., and G. Jarrell (1995). "Corporate focus and stock returns." *Journal of Financial Economics*, 37, pp. 67–87; Miller, D. (2006). "Technological diversity, related diversification, and firm performance." *Strategic Management Journal*, 27(7), pp. 601–620; Villalonga, B. (2004). "Does diversification cause the 'diversification discount'?" *Financial Management*, 33(2), pp. 5–28; Mackey, T., J. Barney, and J. Dotson (2017). "Corporate diversification and the value of individual firms: A Bayesian approach." *Strategic Management Journal*, 32(2): pp. 322–341.

5 Rogers, A. (1992). "It's the execution that counts." *Fortune*, November 30, pp. 80–83; および Porter, M. E. (1981). "Disposable diaper industry in 1974." Harvard Business School Case No. 9-380-175を参照。より一般的な観点から活動共有の価値について論じた文献としては、St. John, C. H., and J. S. Harrison (1999). "Manufacturing-based relatedness, synergy, and coordination." *Strategic Management Journal*, 20, pp. 129–145がある。

6 Fuchsberg, G. (1992). "Decentralized management can have its drawbacks." *The Wall Street Journal*, December 9, p. B1を参照。

7 about.att.com/story/att-completes-acquisition-of-DirectTV. Accessed February 14, 2017を参照。

8 de Lisser, E. (1993). "Catering to cooking-phobic customers, supermarkets stress carryout." *The Wall Street Journal*, April 5, p. B1.

9 たとえば、Davis, P., Robinson, R., Pearce, J., and Park, S. (1992). "Business unit relatedness and performance: A look at the pulp and paper industry." *Strategic Management Journal*, 13, pp. 349–361を参照。

10 Loomis, C. J. (1993). "Dinosaurs?" *Fortune,* May 3, pp. 36–42.

11 Rapoport, C. (1992). "A tough Swede invades the U.S." *Fortune,* June 29, pp. 776–779.

12 Prahalad, C. K., and G. Hamel (1990). "The core competence of the organization." *Harvard Business Review,* 90, p. 82（邦訳「コア競争力の発見と開発」『DIAMONDハーバード・ビジネス・レビュー』1990年9月号、ダイヤモンド社）

13 以下も参照のこと。Grant, R. M. (1988). "On 'dominant logic' relatedness and the link between diversity and performance." *Strategic Management Journal,* 9, pp. 639–642; Chatterjee, S., and B. Wernerfelt (1991). "The link between resources and type of diversification: Theory and evidence." *Strategic Management Journal,* 12, pp. 33–48; Markides, Constantinos C., and P. J. Williamson (1994). "Related diversification, core competencies, and corporate performance." *Strategic Management Journal,* 15, pp. 149–165; Montgomery, C. A., and B. Wernerfelt (1991). "Sources of superior performance: Market share versus industry effects in the U.S. brewing industry." *Management Science,* 37, pp. 954–959; Liedtka, J. M. (1996). "Collaborating across lines of business for competitive advantage." *Academy of Management Executive,* 10(2), pp. 20–37; およびFarjoun, M. (1998). "The independent and joint effects of the skill and physical bases of relatedness in diversification." *Strategic Management Journal,* 19, pp. 611–630.

14 Bartlett, C.A., and S. Ghoshal (1989). *Managing Across Borders: The Transnational Solution.* Boston, MA: Harvard Business School Press（邦訳『地球市場時代の企業戦略』吉原英樹訳、日本経済新聞出版社、1990年）を参照。

15 V. P. of Research and Development, General Electric Medical Imaging Chinese Division, SMS Special Conference in Guangzhou, China, December, 2015のプレゼンによる。

16 *10K report for Berkshire Hathaway*; Buffet, W. (2013). "An owner's manual, revised." www.berkshirehathaway.com. Accessed July 26, 2013 and February 14, 2017.

17 Danaher Case, HBS.

18 Prahalad, C. K., and R. A. Bettis (1986). "The dominant logic: A new linkage between diversity and performance." *Strategic Management Journal,* 7(6), pp. 485–501.

19 Williamson, O. E. (1975). *Markets and hierarchies: Analysis and antitrust implications.* New York: Free Press（邦訳『市場と企業組織』浅沼萬里、岩崎晃訳、日本評論社、1980年）を参照。

20 公開企業は一般に、自社のパフォーマンスや業績予想に関してより多くの情報を開示することを義務づけられている。ただし、公開企業であっても、経営者がパフォーマンスや業績予想に関して保有するすべての情報が公開資料に反映されるとは限らない。

21 Liebeskind, J. P. (1996). "Knowledge, strategy, and the theory of the firm." *Strategic Management Journal,* 17 (Winter Special Edition), pp. 93–107を参照。

22 Perry, L. T., and J. B. Barney (1981). "Performance lies are hazardous to organizational health." *Organizational Dynamics,* 9(3), pp. 68–80.

23　Bethel, J. E. (1990). *The capital allocation process and managerial mobility: A theoretical and empirical investigation.* 未刊行の博士論文, University of California at Los Angeles.

24　Staw, B. M. (1981). "The escalation of commitment to a course of action." *Academy of Management Review,* 6, pp. 577–587.

25　Comment, R., and G. Jarrell (1995). "Corporate focus and stock returns." *Journal of Financial Economics,* 37, pp. 67–87; Berger, P. G., and E. Ofek (1995). "Diversification's effect on firm value." *Journal of Financial Economics,* 37, pp. 39–65; Maksimovic, V., and G. Phillips (1999). "Do conglomerate firms allocate resources inefficiently?" Working paper, University of Maryland; Matsusaka, J. G., and V. Nanda (1998). "Internal capital markets and corporate refocusing." Working paper, University of Southern California; Palia, D. (1998). "Division-level overinvestment and agency conflicts in diversified firms." Working paper, Columbia University; Rajan, R., H. Servaes, and L. Zingales (1997). "The cost of diversity: The diversification discount and inefficient investment." Working paper, University of Chicago; Scharfstein, D. S. (1997). "The dark side of internal capital markets II: Evidence from diversified conglomerates." NBER [National Bureau of Economic Research]. Working paper; Shin, H. H., and R. M. Stulz (1998). "Are internal capital markets efficient?" *The Quarterly Journal of Economics,* May, pp. 551–552を参照。ただし、ヒューストンとジェームズが1998年に発表した以下の文献では、内部資本市場が企業に競争優位をもたらす場合もあることが示されている。Houston, J., and C. James (1998). "Some evidence that banks use internal capital markets to lower capital costs." *Journal of Applied Corporate Finance,* 11(2), pp. 70–78.

26　Scott, J. H. (1977). "On the theory of conglomerate mergers." *Journal of Finance,* 32, pp. 1235–1250.

27　Brennan, M. (1979). "The pricing of contingent claims in discrete time models." *Journal of Finance,* 34, pp. 53–68; Cox, J., S. Ross, and M. Rubinstein (1979). "Option pricing: A simplified approach." *Journal of Financial Economics,* 7, pp. 229–263; Stapleton, R. C. (1982). "Mergers, debt capacity, and the valuation of corporate loans."(M. Keenan and L. J. White. (eds.), *Mergers and acquisitions.* Lexington, MA: D. C. Heath, Chapter 2にて掲載); およびGalai, D., and R. W. Masulis (1976). "The option pricing model and the risk factor of stock." *Journal of Financial Economics,* 3, pp. 53–82.

28　以下の文献を参照。Karnani, A., and B. Wernerfelt (1985). "Multiple point competition." *Strategic Management Journal,* 6, pp. 87–96; Bernheim, R. D., and M. D. Whinston (1990). "Multimarket contact and collusive behavior." *Rand Journal of Economics,* 12, pp. 605–617; Tirole, J. (1988). *The theory of industrial organization.* Cambridge, MA: MIT Press; Gimeno, J., and C. Y. Woo (1999). "Multimarket contact, economies of scope, and firm performance." *Academy of Management Journal,* 43(3), pp. 239–259; Korn, H. J., and J. A. C. Baum (1999). "Chance, imitative, and strategic antecedents to multimarket contact." *Academy of Management Journal,* 42(2), pp. 171–193; Baum, J. A. C., and H. J. Korn (1999). "Dynamics of dyadic competitive interaction." *Strategic Management Journal,* 20, pp. 251–278; Gimeno, J. (1999). "Reciprocal threats in multimarket rivalry: Staking our 'spheres of influence' in the U.S. airline industry." *Strategic Management Journal,* 20, pp. 101–128; Gimeno, J., and C. Y. Woo (1996). "Hypercompetition in a multimarket environment: The role of strategic similarity and multimarket contact in competitive de-escalation." *Organization Science,* 7(3), pp. 322–341; Ma, H. (1998). "Mutual forbearance in international business." *Journal of International Management,* 4(2), pp. 129–147; McGrath, R. G., and M.-J. Chen (1998). "Multimarket maneuvering in uncertain spheres of influence: Resource diversion strategies." *Academy of Management Review,* 23(4), pp. 724–740; Chen, M.-J. (1996). "Competitor analysis and interfirm rivalry: Toward a theoretical integration." *Academy of Management Review,* 21(1), pp. 100–134; Chen, M.-J., and K. Stucker (1997). "Multinational management and multimarket rivalry: Toward a theoretical development of global competition." *Academy of Management Proceedings 1997,* pp. 2–6; およびYoung, G., K. G. Smith, and C. M. Grimm (1997). "Multimarket contact, resource heterogeneity, and rivalrous firm behavior." *Academy of Management Proceedings 1997,* pp. 55–59。この概念を最初に提唱した文献としては、*Business concentration and price policy.* NBER Conference Report. Princeton, NJ: Princeton University Press にて引用されているEdwards, C. D. (1955). "Conglomerate bigness as a source of power."がある。

29　Karnani, A., and B. Wernerfelt (1985). "Multiple point competition." *Strategic Management Journal,* 6, pp. 87–96を参照。

30　この事例について記述した文献としては、Gimeno, J. (1994). "Multipoint competition, market rivalry and firm performance: A test of the mutual forbearance hypothesis in the United States airline industry, 1984–1988." 未刊行の博士論文, Purdue Universityがある。

31　この分野における最も優れた研究としては、Gimeno, J. (1994). "Multipoint competition, market rivalry and firm performance: A test of the mutual forbearance hypothesis in the United States airline industry, 1984–1988." 未刊行の博士論文, Purdue Universityがある。あわせてSmith, F., and R. Wilson (1995). "The predictive validity of the Karnani and Wernerfelt model of multipoint competition." *Strategic Management Journal,* 16, pp. 143–160も参照のこと。

32　Sengul, M., and J. Gimeno (2013). "Constrained delegation: Limiting subsidiary's decision rights and resources in firms that compete across multiple industries," *Administrative Science Quarterly,* 58(3): 425–471を参照。

33　Tirole, J. (1988). *The theory of industrial organization.* Cambridge, MA: MIT Pressを参照。

34　Carnevale, M. L. (1993). "Ring in the new: Telephone service seems on the brink of huge innovations." *The Wall Street Journal,* February 10, p. A1. SBCは旧AT&Tの残余資産を取得し、合併によって生まれた新会社をAT&Tと名づけた。

35　Russo, M. V. (1992). "Power plays: Regulation, diversification, and backward integration in the electric utility industry." *Strategic Management Journal,* 13, pp. 13–27を参照。Jandik and Makhija (1999)によれば、政府規制下に置かれている公益事業は、規制を受けていない企業に比べれば、多角化を通じて非規制事業に進出した際に高いリターンを得る傾向にある。Jandik, T., and A. K. Makhija (1999). "An empirical examination of the atypical diversification practices of electric utilities: Internal capital markets and regulation." Fisher College of Business, Ohio State University, working paper (September)を参照。この研究によれば、政府規制には政府規制下に置かれた企業の内部資本市場の効率性を高める効果がある。Jandik and Makhija (1999)の結論がRusso (1992)と整合性を持

たない点については、この研究が行われた時期に由来することが考えられる。Russo (1992) は、規制当局が企業の内部資本市場を改善する術を学ぶ以前の時代を検証した研究であるかもしれない。一方、Jandik and Makhija (1999) は、たしかに政府規制下に置かれた企業が多角化によってプラスのリターンを得ることを示したが、それはこれらの企業の市場支配力に起因するものではない。

36 Korten, D. C. (2001). *When corporations rule the world,* 2nd ed. Bloomfield, CT: Kumarian Press; Demsetz, H. (1973). "Industry structure, market rivalry, and public policy." *Journal of Law and Economics,* 16, pp. 1–9; Stiglitz, J. (2007). *Making globalization work.* New York: Norton; www.unrefugees.org Accessed February 16, 2017.

37 Finkelstein, S., and D. C. Hambrick (1989). "Chief executive compensation: A study of the intersection of markets and political processes." *Strategic Management Journal,* 10, pp. 121–134.

38 Barney, J. B. (1991). "Firm resources and sustained competitive advantage." *Journal of Management,* 17, pp. 99–120; Stulz, R. M. (1996). "Rethinking risk management." *Journal of Applied Corporate Finance,* Fall, pp. 8–24; Miller, K. (1998). "Economic exposure and integrated risk management," *Strategic Management Journal,* 33, pp. 756–779; Amit, R., and B. Wernerfelt (1990). "Why do firms reduce business risk?" *Academy of Management Journal,* 33, pp. 520–533; Wang, H., and J. Barney (2006). "Employee incentives to make firm specific investments: Implications for resource-based theories of diversification." *Academy of Management Review,* 31(2), pp. 466–476.

39 Sengul, M., and J. Gimeno (2013). "Constrained delegation: Limiting subsidiary's decision rights and resources in firms that compete across multiple industries," *Administrative Science Quarterly,* 58(3): 425–471 を参照。

第10章

経営多角化に向けた組織体制の構築

Organizing to Implement Corporate Diversification

LEARNING OBJECTIVES

到達目標

本章では、以下を習得する。

10.1 事業部制、すなわちM型組織の構造を説明し、
それをうまく機能させるうえで
取締役会、機関投資家、トップ経営者、コーポレート・スタッフ、事業部長、
活動共有マネジャーが果たす役割を述べられるようになる。

10.2 多角化戦略の実行において、事業部のパフォーマンス測定、
資本の配分、中間製品の移転という3つの経営管理システムが
いかに用いられるかを説明できるようになる。

10.3 多角化戦略の実行において経営幹部の報酬が果たす役割を
説明できるようになる。

◉まだアルファベットスープにはなっていない？(注1)

グーグル（Google）は世界で最も成功している企業の1つである。2016年の総資産額は1670億ドルと、ニュージーランドの国民総生産（GDP）に匹敵する。2017年の企業価値（5784.3億ドル）に基づいて考えると、グーグルの経済規模はスウェーデンを若干上回り、世界22位にランクインする。

こうした背景から、同社の創業者の1人であるラリー・ペイジ（Larry Page）が2015年8月10日にグーグルの抜本的事業再編を発表した際には、世界中のニュースで大きく取り上げられた。グーグルは一連の複雑な取引を通してアルファベット（Alphabet）という新会社の完全子会社になり、アルファベット自体は2つの事業部に分かれた。旧グーグルのあらゆるインターネット関連事業を含むグーグル部門と、旧グーグルが数年にわたって投資していた一群の事業を含むアザー・ベッツ（Other Bets、「その他の賭け」）部門である。

アルファベットの新設グーグル部門が管理するサービスは、Android、YouTube、Google検索、Chrome、Googleマップ、Gmail、Google Playなど、知名度の高いサービスである。多くのサービスは、月々のユーザー数が10億人を超える。グーグル部門全体としての2016年の売上高は895億ドルと、アルファベットの総売上げの99.1％を占めていた。一方、アザー・ベッツ部門に属する事業は、知名度があまり高くないものが多い。たとえば、Nest（旧グーグルが2014年に23億ドルで買収したスマートホーム用のハードウエア製造会社）、Verily（さまざまな種類のテクノロジーのヘルスケア分野への統合を目的とした事業）、Wamo（ウェイモ、旧グーグルの自動運転車開発プロジェクト）などである。アザー・ベッツ部門に属する事業を全体として見ると、2016年の売上高は8億ドルであり、アルファベットの総売上げの0.9％である。

アルファベットの設立により、グーグル部門の各事業は、共通の技術インフラ、共通の収益モデル（広告モデル）、ウェブへのアクセスを可能な限り低価格（多くの場合は無料）で提供することへのコミットメントなど、さまざまなケイパビリティを共有することとなった。グーグル部門に属する事業のなかには独立して利益を算出することが可能なものもあったが、戦略的観点から、グーグルのインターネット関連事業は互いに連関し合う一まとまりの活動として扱われているように見えた。

一方、アザー・ベッツ部門は事情が異なり、各事業が独立して経営された。

実際、アザー・ベッツ部門の事業に共通する点と言えば、「ムーンショット」へのコミットメントぐらいである。

ムーンショットとはすなわち、多くはグーグル部門が生み出した利益を原資とする、高リスク高リターンの事業投資である。アザー・ベッツ部門の各事業が有する独立性から、それぞれの事業の利益を別個に算出することは可能であったと思われる。しかし、アルファベットが設立され、アザー・ベッツ部門が組織されてから18カ月たっても、同社がアザー・ベッツ部門に属する事業の利益を報告することはなかった。

もちろん、アザー・ベッツ部門の1つまたは複数の事業が大成功し、グーグル部門に匹敵する規模にまで成長する可能性はある。そうなれば、アルファベットはおそらく、グーグル部門において築き上げた統合的ビジネスモデルを、成功したアザー・ベッツ事業にも導入するだろう。

この章で検討するのは、アルファベットのような大規模な多角化企業が、いかにして効率的な経営やガバナンスを実現するかである。また、この種の企業がいかにして、オーナーである株主や他のステークホルダーの利害と一致した経営を行うかも解説する。さらに、多角化戦略の実行においては、あらゆる戦略の実行において用いられるものとして、第3章(上巻)で紹介した組織体制の3要素(組織構造、経営管理システム、報酬政策)も重要になる。

◉——多角化の実行と組織構造

到達目標 10.1

事業部制、すなわちM型組織の構造を説明し、それをうまく機能させるうえで取締役会、機関投資家、トップ経営者、コーポレート・スタッフ、事業部長、活動共有マネジャーが果たす役割を述べられるようになる。

多角化戦略を実行するうえで最も一般的な組織構造は、**M型組織**(M-form)、もしくは**事業部制組織**(multidivisional structure)と呼ばれるものである。企業の年次報告書に掲載されるような典型的M型組織が、**図10.1**に示されている。この組織構造を、M型組織の主要な構成要素が各々どのような役割や責

図10.1｜企業の年次報告書などで一般に見られるM型組織の例

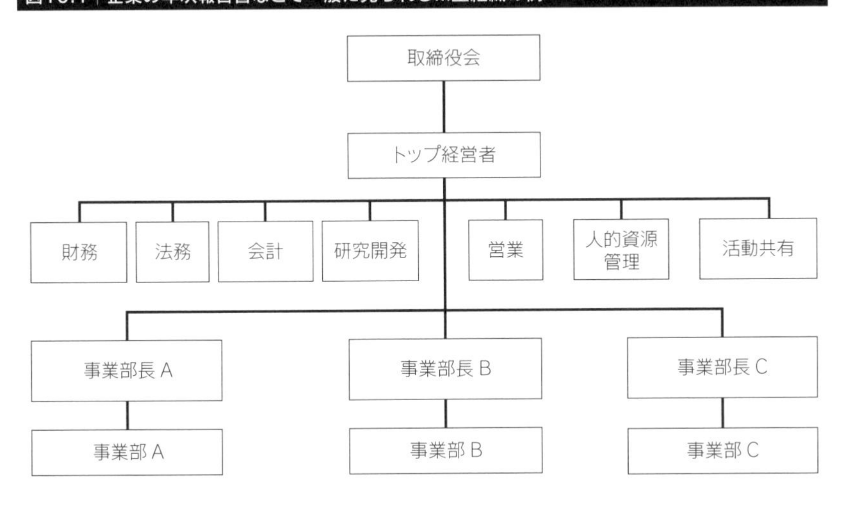

図10.2｜各事業部の役割や責任を強調したかたちに描き直したM型組織

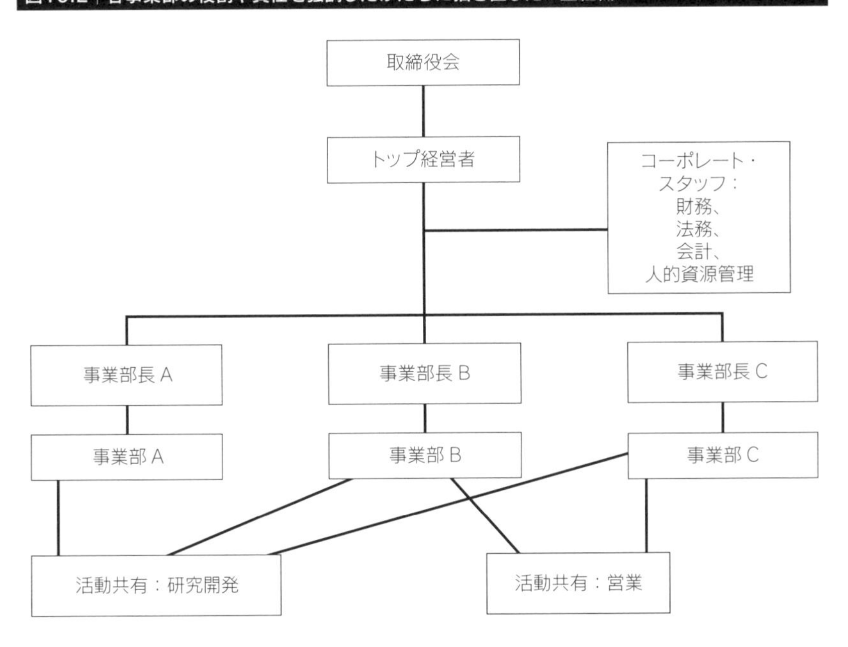

任を担っているかを強調して書き換えると、**図10.2**のようになる。[(注2)]

複数事業部制組織では、企業が取り組む各事業は**事業部**（division）によって管理される。事業部をどのように呼ぶかは企業によって異なっており、戦略的事業単位（SBU：strategic business unit）、事業グループ、カンパニーなど、さまざまである。呼称がどうであれ、M型組織における事業部は、真の意味での**損益センター**（profit-and-loss centers）である。すなわち、利益と損失が事業部単位で計測される。

損益センターの境界については、企業によって用いる設定基準が異なっている。たとえばゼネラル・エレクトリック（GE）は、各事業部を製造販売する製品のタイプ（消費者向け家電、エネルギー関連、医療用画像関連など）によって区分している。ネスレでは、各事業の地理的範囲（北米、南米など）に基づいて区分している。ゼネラルモーターズ（GM）は、その事業部を各製品に冠されたブランド名（キャデラック、オールズモビル、サターンなど）ごとに設定している。

結局どのような尺度で定義されるにせよ、M型組織における事業部は、特定可能な事業活動の一まとまりとして最低限の大きさを持っていなければならず、かつ、各事業部の長が効果的にその組織を管理できる範囲の大きさでなければならない。実際のところ、M型組織内の各事業部は典型的にU型組織の構造を有しており（第6章（中巻）のU型組織の議論参照）、事業部長の役割はまさにU型組織の経営トップの役割と同じである。

アルファベットでは、グーグル部門が典型的なプロフィットセンターの役割を担っている。ただし、グーグル部門のなかには独自に利益や損失を算出できる程度に規模が大きく、独立した事業（たとえば、AndroidやGoogle検索など）もある。一方、アザー・ベッツ部門には、いつかは完全なプロフィットセンターに成長する可能性を秘める事業が所属している。ただし、2017年時点でプロフィットセンターと言えるまでに成長した事業は存在しない。

M型組織は、株主の利害と一致した経営を保証するべく、多角化企業におけるマネジャーの行動を監督・調整する。**表10.1**では、株主の利害と一致した経営を実現するうえでM型組織の主要な構成要素がそれぞれ果たすべき役割についてまとめた。以下では、これらの役割について検討する。なお、コラム「より詳細な検討」では、株主とマネジャーの間で発生し得る**利害対立**（the conflicts of interest）を取り上げた。

表10.1｜M型組織における主要な構成要素の役割や責任

構成要素	活動
取締役会	企業の意思決定が外部株主の利害と一致するように監督する
機関投資家	企業の意思決定が主要な機関投資家の利害と一致するように監督する
トップ経営者	株主の利害と一致した全社戦略を策定し、その実行を保証する 戦略の策定： ・企業がどの事業を展開するかの判断 ・企業がそれらの事業においてどのように競争を展開していくかの判断 ・多角化企業が経営活動を行う際に活用する範囲の経済の特定 戦略の実行： ・範囲の経済の確保に向けた事業部間の協力関係の促進 ・事業部のパフォーマンス評価 ・各事業部への資本配分
コーポレート・スタッフ（本社スタッフ）	企業の内部環境や外部環境に関して、戦略の策定や実行に役立つ情報をトップ経営者に提供
事業部長	全社戦略に沿った事業戦略を策定し、戦略の実行を保証する 戦略の策定： ・全社戦略を考慮したうえで自分たちの事業分野においてどのように競争を展開していくかを判断 戦略の実行： ・事業戦略の実行に向けて直属の機能部門マネジャーの意思決定や行動を調整 ・自部門への資本配分を確保するための行動 ・範囲の経済の確保に向けた他の事業部との協力
活動共有マネジャー	複数の事業部の事業運営を支援

より詳細な検討

経営者と株主のエージェンシー問題

多くの場合、株主は自分が投下した資本の日常的管理を、投資先企業の経営者に委ねることが自己利益にかなう。それは、価値ある範囲の経済を自分では実現できず、経営者がそれを実現できる場合である（第９章を参照）。

何人かの研究者は、取引当事者の一方が他方に意思決定の権限を委譲すると、当事者間に**エージェンシー関係**（agency relationship）が形成されると指摘している。意思決定の権限を委譲する側の当事者は**依頼人**（principal）と呼ばれ、権限を委譲される側の当事者は**代理人**（agent）と呼ばれる。多角化の文脈に沿って言えば、株主が投下資本の日常的管理を投資先企業の経営者に任せた場合、外部株主（依頼人）と経営者（代理人）の間にエージェンシー関係が生じる。

経営者が株主の利害と一致した投資判断を行う限り、株主と経営者の間のエージェンシー関係は非常に効果的である。したがって、株主がリターン率の最大化を目指してある企業に投資し、その企業の経営者がこの目標の達成を目指して投資判断を行う限り、株主が投下資本の日常的管理を経営者に委譲するうえで懸念はほとんど生じない。

しかし、株主と経営者の利害が一致しない状況は頻繁に起こり得る。つまり、エージェンシー関係の当事者間で意思決定の目的が一致しない場合、エージェンシー問題が発生する。特に頻繁に発生するエージェンシー問題としては、経営者特典への投資と経営者によるリスク回避の2つが指摘されている。

経営幹部は獲得した資本の一部を、経営幹部自身には直接メリットをもたらすものの、企業には経済的価値をもたらさない**経営者特典**（managerial perquisites）に投資する場合がある。この種の投資の例には、豪華なオフィスビル、社用ジェット機、社用別荘などがある。タイコ・インターナショナル（Tyco International）の元CEOであるデニス・コズロウスキー（Dennis Kozlowski）は、このような特典を通じて会社から6億ドル以上を「盗んだ」として非難された。コズロウスキーは、自分やまわりの人のために信じられないような額の財やサービスに散財した。妻のために数百万ドルをかけて開催した誕生日パーティーをはじめ、6000ドルのごみ箱や1万5000ドルの傘立て、取締役会のメンバーに対する14万4000ドルの貸し付け、さらには、あるイベントでは古代ローマ風のトガ（一枚布を体に巻きつける服）を身につけたウェイターを雇うなど、散財の例はとどまるところを知らない。

こうした経営者特典は強烈な印象を与えるが、多くの多角化企業においてより重要な問題は、**経営者によるリスク回避**（managerial risk aversion）という2つ目のエージェンシー問題である。

第9章で述べたとおり、株主はきわめて低コストで自らの投資ポートフォリオを分散できる。投資を分散させれば、特定の企業に投資することの企業特殊なリスクを完全に解消できる。したがってこの場合、株主としては投資先の経営者がなるべくリスクの高い投資を行うことを望む。リスクの高い投資は一般に期待リターンが高いからだ。

一方、経営者は外部株主と比べ、所属する企業に対して行う人的資本投資を分散できる度合いが低い。経営者が行う人的資本投資の一部は企業特殊であり、代替的用途においてはほとんど価値を持たない。経営者による人的資本投資の価値は、企業の存続にほぼ完全に依存している。したがって、経営者は株主とは異なり、自分が所属する企業が行う投資のリスクに敏感である。非常にリスクの高い投資を行えば企業が存続の危機に陥る可能性があり、そうなれば経営者が会社に対して行った人的資本投資の価値が失われてしまう。こうした懸念から、経営者は、株主が望むよりもリスク回避的な意思決定を行う傾向が強い。

M型組織をはじめ、多角化戦略の実行に向けた体制構築のあらゆる側面は、こうしたエージェンシー問題を緩和することが目的である。(注3)

◉取締役会(ボード)

M型組織における主要なモニタリング装置の1つが、その企業の**取締役会**(the board of directors、ボード)である。原則として企業の経営幹部(senior managers)のすべては取締役会に対する報告義務を負っている。そして取締役会の主要な責務は、(1)企業における意思決定を監視することと、(2)その意思決定が外部株主の利益に合致していることを保証することにある。

取締役会とは、典型的には企業のトップ経営層と企業外の人物から選ばれた10〜15人の個人によって成り立っている。企業内からのメンバーとしては、**トップ経営者**(the senior executive、多くの場合、社長(プレジデント)もしくはCEOと呼ばれる)、CFO(最高財務責任者)、その他数名の経営幹部が取締役会のメンバーになることが多い。もっとも、企業内部から選任される取締役会メンバーの人数は、社外からのメンバーよりも通常は少ないことがほとんどである。企業のトップ経営者は、多くの場合**取締役会会長**(chairman of board)であるが、常にそうとは限らない。

企業内部からの取締役会メンバー(上記の事情から多くの場合会長も含む)の役割は、企業内部で行われている重要な意思決定の内容について、また、その意思決定が企業の株主に与え得る影響についての情報と洞察を、他の取締役会メンバーに提供することにある。一方、社外の取締役会メンバー(社外取締役)の役割は、過去、現在、そして将来にわたり、企業のパフォーマンスおよび経営幹部のパフォーマンスを評価し、企業内部でとられる行動が株主利益にかなっていることを保証することにある。(注4)

取締役会は典型的にいくつかの内部委員会を保有している。**監査委員会**(audit committee)は、会計・財務に関する記録の正確性を保証することに責任を有する。**財務委員会**(finance committee)は、企業と外部資本市場の間の関係を維持する。**指名委員会**(nominating committee)は、新たな取締役会メンバーを指名する権能を有する。**人事・報酬委員会**(personnel and compensation committee)は、企業のトップ経営者やその他上級経営幹部のパフォーマンスを評価し、適切な報酬を決定する。多くの場合、これら委員会のメンバーは社外の取締役会メンバーに委ねられることが多い。他の委員会は、各企業ごとの特殊なテーマを反映して設置され、たいていの場合、社内・社外双方の取締役会メンバーによって構成される。(注5)

株主の利害と一致した意思決定を保証することにおいて、取締役会がどれほどの効果を発揮するかについては、盛んに研究が行われてきた。コラム「関連する学術研究」では、そのうちいくつかの研究を要約した。

関連する学術研究

取締役会の有効性

株主の利害に一致した経営を保証するうえで、取締役会が効果的に機能する条件については多くの研究が行われている。次の問題については特に議論が盛んである。(1)社内取締役(経営幹部)と社外取締役の役割分担、(2)トップ経営者は取締役会会長を兼任すべきか否か、(3)積極的な取締役会と消極的な取締役会とではどちらが望ましいか。

社内取締役と社外取締役の役割分担は、一見するとシンプルな問題のように思える。取締役会の主な目的が経営者の意思決定を監督し、株主利益との一致を保証することであるならば、経営者のパフォーマンスを評価するうえで利害対立を有しない社外取締役を中心としたメンバー構成が望ましいことになる。一方、経営幹部が社内の取締役として自分のパフォーマンスを評価することには、当然ながら多くの利害対立が生じる。

こうした見解は、社外取締役に関する研究によって大方裏づけられている。社外取締役は社内取締役に比べ、他の指標よりも経済パフォーマンスを重視して企業のパフォーマンスを評価する傾向が強い。当然、株主にとって最も重要な意味を持つのは、企業の経済パフォーマンスである。また、社外取締役は、CEOのパフォーマンスが低かった場合に解任を求める可能性が、社内取締役に比べて高い。さらに、社外取締役は効果的な監督役としての評判を保つインセンティブが、社内取締役よりも強い。こうしたインセンティブが存在するだけでも、社外取締役の監督能力が社内取締役に対して高まる可能性がある。社外取締役自身がその企業の大株主であるような場合においては、こうした監督能力がさらに高まる。

しかし、社外取締役のほうが経営者のパフォーマンスを評価することにおいて利害対立が少ないからと言って、社内取締役が果たす役割がまったくないというわけではない。経営幹部は、社外取締役では簡単に再現できない社内取締役ならではの方法で、取締役会に貢献する。すなわち、社内で行われている意思決定に関する詳細な情報を提供する。この情報は、企業活動を効果的に監督するうえで不可欠であるが、社外取締役はインサイダー(経営幹部)と密接な連携をとらない限りそれを手に入れることができない。この情報へのアクセスを確保する1つの手段は、経営幹部を取締役会のメンバーに含めることである。したがって、ほとんどの研究は、取締役会のメンバーが主に社外取締役であるべきことを示すが、社内取締役(経営幹部)も取締役会において重要な役割を果たすのである。

取締役会会長とCEOの役割を統一すべきか否か、あるいは分担すべきであれば誰がそれぞれの役割を務めるべきかなどの問題については、現在一定の議論がある。一部の見解では、CEOと取締役会会長の役割は必ず分担すべきであり、会長は社外取締役(非経営幹部)が務めるべきだというものである。この見解は、社外取締役でない限り、経営者の意思決定を独立した立場から監督することは不可能だという前提に基づいている。それに対し、効果的監督を行うためには社外取締役が持っている情報だけでは不十分であり、取締役会会長とCEOの役割は統一するべきで、統一された役職を務めるべきは企業のトップ経営者だとする見解もある。

この問題について検証した実証研究によれば、CEOと取締役会会長の役割を統一すべきか否かは、CEOや取締役会会長に求められる情報分析や監督作業の複雑性が左右する。

ブライアン・ボイド(Brian Boyd)によれば、CEOと取締役会会長の役割を統一することが企業パフォーマンスと正の相関を持つのは、その企業が成長率の低い、単純な競争環境において活動する場合である。つまり、最終的な経営判断を1人の人間が担ったとしても、認知機能がパンクしないような競争環境である。この検証結果は、CEOと取締役会会長の役割を統一したとしても、企業と株主の利害対立は必ずしも発生しないことを示している。ボイドは同じ研究において、CEOと取締役会会長の役割を分担することが企業パフォーマンスと正の相関を持つのは、成長率が高く、複雑な競争環境において企業が活動している場合であることを示した。このような環境においては、1人の人間がCEOと取締役会会長の職務のすべてを全うすることは難しく、それぞれの役割を別の人間が担う必要がある。

最後に、取締役会が積極性を持つべきか否かについて検討する。過去の傾向を振り返れば、大企業の取締役会は一般に消極的であることが多く、トップ経営者を解任するなどの思い切った行動をとるのは、企業のパフォーマンスが長らく期待以下の水準に落ち込んでいる場合に限られていた。しかし最近では、株主利益をより積極的に追求する取締役会が増えてきた。このように取締役会がより積極的になった背景には、企業を取り巻く新たな経済的現実がある。その現実とは、取締役会が積極的に企業パフォーマンスを監督しない場合、他のモニタリングメカニズムが代わりにそれを実行してしまうというものだ。結果として取締役会は、株主の利害を代表する機関として着実に影響力を強めている。

しかし、取締役会が行きすぎた行動をとる可能性もある。取締役会が企業の日常的業務遂行に介入する度合いを強めるほど、それは自らの能力を逸脱していくのである。取締役会は、企業を直接経営するのに十分な情報を備えていることなどめったにない。したがって、トップ経営者の交代が必要な状況においては、取締役会が代わりにその役割を担うことはなく、迅速に特定の個人(社内外を問わない)を見つけ出し、後継者として任命する。[注6]

◉機関投資家

大規模な多角化企業の株式は、かつては1人当たりの保有株式数が少ない何百万人もの個人投資家によって所有されていた。こうした一般的傾向に対する唯一の例外は、同族経営もしくは被支配会社と呼ばれるものであり、米国以外の国ではより一般的な形態である。所有権が何百万人もの小規模投資家にわたって分散している企業の場合、いずれか1人の投資家が、経営意思決定に直接影響を与えるほどの保有率を確保することは困難である。この場合、投資先企業の経営方針に異論がある投資家としては、保有株を売却することぐらいしか対抗手段がない。

しかし近年においては、機関投資家の存在感が高まったことにより、大規模な多角化企業の所有構造が変化している。**機関投資家**(institutional owners)とは、年金基金、投資信託、保険会社、あるいは個人投資家が投資を共同管理するべく結成した集団である。米国国内で取引される全株式のうち、機関投資家が保有する株式の割合は、1970年時点で全体の32%、1990年時点で48%だった。2005年になるとそれは59%になり、米国企業規模トップ1000社に対する保有率にいたっては69%になった。(注7)

機関投資家は、投資先企業の経営者が株主利益に合致するかたちで行動するよう、その投資上の影響力を行使することができる。「機関投資家は、自己の株式ポートフォリオ内の企業の長期的パフォーマンスよりも、そのポートフォリオの短期的価値の最大化に対してより大きな関心がある」という前提を置く人々は、このような影響力によって、企業が短期的リターンが見込めるような投資だけをせざるを得なくなると恐れている。

だが、米国と日本における最近の研究によれば、機関投資家はむやみに近視眼的に判断するわけでもないようだ。むしろ、機関投資家は企業のパフォーマンス評価に際して、標準的な割引現在価値法を適用している。つまり、短期的にはコストや損失が生じようとも、現在から将来にわたるキャッシュフローの正味現在価値がプラスである限り、株主さらには機関投資家でさえも、その企業の経営活動が自己の利益に合致すると判断していると言えよう。

たとえば、ある一群の研究者は、研究開発型の業界において、機関投資家による所有が研究開発にどのような影響を与えるかを検証した。そもそも研究開発とは、長期的視野に立って行われるものである。そこでもしも機関投資家が短期的視野に立っているならば、彼らは企業に影響力を行使して研究開発への資源投下を抑制させ、より短期的な収益をあげられそうな投資へ資源を振り向けさせるに違いない。だが、この研究の結果によれば、機関投資家による株式保有率の高さは、企業の研究開発投資を抑制する影響を持ってはいなかった。このことは、「機関投資家はそのモニタリング行動において、適切なレベルを超えて短期的な利害を重視することはない」という考え方を支持するものである。(注8)

他の研究によると、機関投資家による株式保有率が高い場合、企業は戦略的に関連性の低い事業を売却する傾向が強いという。さらに、企業の社外取締役がその企業の相当量の株式を保有している場合、この傾向はさらに顕著になる。第9章における非関連多角化の経済的価値に関する議論を想起すれば、非関連事業からの撤退は、企業の現在価値の最大化という方向に沿ったものと言える。(注9)

◉トップ経営者

表10.1で示したとおり、M型組織におけるトップ経営者(社長またはCEO)は、戦略の策定と実行という2つの役割を担う。**戦略の策定**とは、多角化企業においてどのような種類の事業を展開するかという意思決定であり、**戦略の実行**とは、策定された戦略と一貫性のある行動を促すことである。以下、トップ経営者のこの2つの役割について順に検討する。

[戦略の策定]

最も一般的な観点から言えば、多角化企業においてどのような事業を展開すべきかを判断する作業は、既存事業と潜在的に展開し得る事業との間に価値を有する範囲の経済を見出し、その範囲の経済を実現していく作業である。この範囲の経済が同時に希少性や模倣困難性も持つものであれば、それは多角化企業にとって持続的競争優位の源泉となり得る。

トップ経営者は、多角化企業において価値を有する範囲の経済を発見、開発、構築していくうえで独特な立場を持つ。トップ経営者以外の経営幹部はいずれも、事業部ベースの観点を持っている(例：事業部長や活動共有マネジャー)、あるいは機能分野のスペシャリスト(例:本社スタッフ、各事業部内の機能部門マネジャー)である。真に全社的な観点を持っているのは、トップ経営者ただ1人である。ただし、M型組織のトップ経営者は、戦略策定に各事業部や機能部門のマネジャーも関与させるべきである。なぜならば、戦略策定のプロセスには完全で正確な情報が投入されるべきであり、また、戦略の策定後は戦略に対する全社的理解やコミットメントを確保する必要があるからである。

[戦略の実行]

上記のように、M型組織における戦略の実行に際しては、ほぼ常に多数のマネジャー間の利害対立を調整することが必要となる。しかしU型組織のように、単に機能部門別マネジャー間の利害衝突を解決すればよいだけではなく、M型組織のトップはその組織を構成する主要な各構成要素(すなわち、コーポレート・スタッフ、各事業部長、活動共有マネジャー)の内部だけでなく、構成要素をまたぐ利害衝突をも解決しなければならない。

たとえば、コーポレート・スタッフ内部では、スタッフ部門の経済的意義について意見の相違が生じるだろうし、コーポレート・スタッフと事業部門長は、全社レベルのさまざまなプログラムや活動に関して利害が衝突するかもしれない。また、事業部の長は資金配分をめぐって他の事業部の長と利害が衝突するだろう。さらに、事業部長が活動共有のあり方をめぐって活動共有マネジャーと対立したり、活動共有マネジャーとコーポレート・スタッフが、互いの役割責任をめぐって衝突することもあるだろう。

明らかに、M型組織では、多数のマネジャー間に無数の利害衝突が予想され、それはM型組織のトップ経営者に、戦略実行上大きな重荷を課すことになる。(注10) こうした無数の利害衝突の解消を図る一方で、M型組織のトップ経営者は、自社がそもそもなぜ多角化を指向したのかを常に念頭に置いておかなければならない。それは、外部投資家が独力では実現できない、真の範囲の経済を活用することである。範囲の経済の実現を危機にさらすような戦略実行上の意思決定は、多角化企業の本来の戦略目標と合致しない。この問題は、M型組織における経営管理システムに関する議論で、さらに詳述しよう。

[執行役員会:会長、CEO、COO]

M型組織においては、トップ経営者の役割や責任の範囲が、1人の人間によっては処理しきれないほど膨大になることが多い。数多くの複雑な製品や市場にわたって幅広い事業に多角化している企業はなおさらである。こうした事情から、M型組織では、トップ経営者の仕事を2人か3人で分担することが少なくない。具体的には、**取締役会会長**(chairman of board)、**最高経営責任者**(CEO：chief executive officer)、**最高執行責任者**(COO：chief operating

表10.2 | 執行役員会(office of the president)に属する3つの役職の責務

取締役会会長 Chairman	取締役会による経営監督を指揮
最高経営責任者 CEO	戦略の策定
最高執行責任者 COO	戦略の実行

officer)に分かれる。**表10.2**には、M型組織における各役職の主な役割をリストアップした。この3つの役職を合わせて**執行役員会**(office of the president)と呼ぶ。一般に、執行役員会の責務が困難かつ複雑であるほど、そこに帰属する役割責任は2人か3人で分担される可能性が高まる。

◉コーポレート・スタッフ

コーポレート・スタッフ(corporate staff、本社スタッフ)の主要な責務は、トップ経営者に対し、その企業の外部環境および内部環境に関する情報を提供することにある。この情報は、トップ経営者による戦略策定と戦略実行に必要不可欠なものである。

企業の外部環境に関する情報を提供するコーポレート・スタッフ機能には、財務、インベスター・リレーションズ(IR)、法務、規制調査、広報などがある。企業の内部環境に関する情報提供に関わるコーポレート・スタッフ機能としては、会計と全社人事がある。これらのコーポレート機能を有する部署は、トップ経営者に対して直接の報告義務を負うとともに、情報提供の導管としての役割を果たしている。

[コーポレート・スタッフと事業部門スタッフ]

多くの組織において、各事業に「ミニ・コーポレート・スタッフ」とでも言うべき擬似的なコーポレート機能(事業部門スタッフ機能)が設置されている。このことは、特に企業内部に関する情報を取り扱う機能(会計や人事)で顕著である。事業部門スタッフは、その同一の機能(たとえば人事なら人事)を有するコーポレート・スタッフのマネジャーに対して直接の報告義務(組織図で言えば「実線」で表現される関係)を負い、事業部長に対してはより非公式な報告義務(組織図で言えば「破線」で表現される関係)を負っている。

この事業部門スタッフとコーポレート・スタッフの間の報告関係により、コーポレート・スタッフは、トップ経営者による戦略の策定と実行に必要な情報を収集することができるのである。トップ経営者はまた、このコーポレート・スタッフと事業部門スタッフとの関係を利用して、全社レベルの政策や計画内容を各事業部門へ伝達する。もっとも、全社レベルの経営政策などは、トップ経営者から各事業部長へも直接伝達されることは当然のことである。

事業部門スタッフは、たいていの場合、事業部長へはより非公式な関係を持つにすぎないが、実際には事業部長は事業部門スタッフの活動に重大な影響を及ぼす可能性がある。つまり、事業部門スタッフは公式にはコーポレート・スタッフのマネジャーに対する報告義務を有するのだが、日常の業務においては、その時間のほとんどを事業部長や、その事業部長へ報告義務を有する各機能別マネジャーと過ごしているからである。

このコーポレートと事業部とに「分断された忠誠心」は、事業部門スタッフからコーポレート・スタッフへの情報伝達の適時性と正確性に対し、また、ひいてはトップ経営者が戦略の策定と実行に用いる情報の適時性、正確性に悪い影響を与えることになる。

この「分断された忠誠心」が引き起こす問題が最も深刻になるのは、会計領域である。明らかに、M型組織のトップ経営者が、事業部パフォーマンスに関してタイムリーに正確な情報を受け取ることはきわめて重要である。もしもこの情報の適時性と正確性が、事業部長によって不適切な影響を受けたとしたら、トップ経営者の意思決定の質は低下してしまう。さらに言えば、特に事業部長個人の報酬やその事業部門への資源(予算)配分が事業部門のパフォーマンス情報に依存する場合、事業部長には自部門のパフォーマンスに関する情報の適時性と正確性に影響力を行使しようとする非常に強いインセンティブが働く。

トップ経営者による効率性の高いモニタリングを実現するためには、コーポレート・スタッフ、特に会計機能を担うスタッフは、事業部長に対する組織的独立性を維持する必要がある(これが、組織図のうえで実線で表現される事業部門スタッフとコーポレート・スタッフの報告関係が重要だとされるゆえんである)。だが、コーポレート・スタッフが事業部パフォーマンスに関する正確な情報を得るには、事業部門スタッフや事業部長といかに緊密な協働関係を築けるかが重要である(これが、組織図のうえでは破線で表現される事業部門スタッフと事業部長の間の関係が重要とされるゆえんである)。

このように、一方では、事業部パフォーマンスを評価するうえでの客観性とそれを確保するために維持すべき一定の距離があり、また一方では、事業部パフォーマンスを正確に評価するための情報へのアクセスを得るうえで必要となる協力とチームワークが求められる。両者の適正なバランスを保つことはきわめて重要であり、それができるか否かでコーポレート・スタッフが優秀か凡庸かが決まる。

[事業部門に対する過度の関与]

客観性と協力のバランスを確保することに失敗する以上に、コーポレート・スタッフ機能が失敗に終わるパターンは、スタッフが各事業部の日々の経営に関与しすぎることである。M型組織において、各事業の日々の運営は事業部長、および事業部長に報告義務を持つ各機能部門マネジャーの手に委ねられている。コーポレート・スタッフは情報を収集し伝達するのみである。彼らは事業部門の活動をマネジメントしているわけではない。

コーポレート・スタッフが各事業部の日々の経営に過度に関与しすぎないようにする1つの方法は、彼らの規模を小さくしておくことである。世界で最も優れた多角化を行っているバークシャー・ハサウェイはまさにこの手段をとっており、全世界で28万8500人の従業員を抱えながら、本社スタッフはたったの24人である。また、ジョンソン・エンド・ジョンソン(Johnson & Johnson)が抱える8万人以上の従業員のうち、本社に勤務している従業員はたったの1.5%であり、コーポレート・スタッフのメンバーはさらにその一部である。ハンソン・インダストリーズ(Hanson Industries)は80億ドルの収益を持つ多角化企業だが、米国の本社では120人の従業員しか働いていない。また、マネジメント・バイアウト(MBO)を行う投資ファンドのクレイトン・デュビリア・アンド・ライス(Clayton, Dubilier, and Rice)は8つの事業部門を持ち、売上高は60億ドル超に及ぶが、それを管理しているのはたった11人の本社スタッフである。[注11]

◉事業部長

M型組織における事業部長は、その事業の日々の運営に対する最大の責任を持っている。**事業部長**(division general manager)はその事業の損益に関する最高責任者であり、典型的には複数の機能部門マネジャーを配下に持って報告を受けている。事業部の長として、彼らはその事業に関する戦略の策定とその実行に対する責任を有している。まず戦略の策定に関しては、事業部長はトップ経営者が示したより大きな戦略的方向性の下で、自身の事業部の戦略を選択する。その際には、本書の上巻から下巻までに示した数多くの分析ツールを用いることが可能である。

次に、戦略の実行についてだが、M型組織の各事業部長が持つ責任は、U型組織のトップ経営者が有する戦略の実行上の責任と同様である。特に、事業部長はその事業戦略を実行するうえで、しばしば相反する機能部門マネジャーの行動を調整する能力を求められる。

U型組織のトップと共通する上記の責務に加え、M型組織の事業部長にはさらに2つの責務がある。それは、(1)コーポレートからの資本配分をめぐって他事業部と競争することと、(2)コーポレート・レベルで範囲の経済を実現するために他の事業部と協力することである。各事業部は、コーポレートによってすでに投下された資本に対する前期における投資収益率の良し悪しによって、配分される資本をめぐる競争をしている。たいていの企業では、高い投資収益率をあげる能力を示した事業部には、そのような業績を示せなかった事業部と比べ、より多くの資本が提供されるか、より低い資本コストが課される。

また、事業部長は、自身の事業部が所属する多角化企業が元来目指している範囲の経済を特定し、理解し、活用するために活動共有マネジャー、コーポレート・スタッフ、そしてトップ経営者と協力する。さらに事業部長は、自社の多角化戦略が実行された際には想定されていなかったが、価値もあり、外部投資家には独力で実現困難な新たな範囲の経済を発見することに関与することもできる。

注意深い読者は、M型組織の事業部長が抱える2つの責務は、本質的な対立を含んでいることに気づくだろう。そのとおりである。事業部長は資本配分をめぐる競争と、範囲の経済を実現するための協力を同時にこなすことを求められるのだ。当然ながら事業部間の競争は重要である。それによって事業部長はより高いレベルの経済的パフォーマンスを生み出すことに集中する。もしも各事業部が高いレベルの経済的パフォーマンスを生み出せば、多角化企業全体としてのパフォーマンスもよくなる。

しかし、そもそも多角化戦略の実行を経済的に正当化する範囲の経済を実現するためには、企業内の各部署との協力が必須である。もしも範囲の経済の追求にあたって各事業部が協力しないとしたら、多角化戦略を実行する経済的意義はほぼ消滅してしまい、多角化企業は複数の独立した企業体に分割されなければならない。

このように、競争と協力を同時に行うことを求められるということは、事業部長には非常に大きな経営上の負荷がかかることを意味する。これらの活動をうまく両立させる能力があるとすれば、それは、多くの多角化企業のなかでも希少であり、かつ模倣困難なものである。この経営上の特別な能力の有無は、なぜ多くの企業が多角化努力を通じて「標準を上回る利益」をあげることができず、それができる企業がほんの一握りしかいないのか、を説明する根源的原因になっていると考えられる。(注12)

◉活動共有マネジャー

第9章で紹介した企業が確保し得る範囲の経済の1つに、活動共有があった。M型組織の事業部は、バリューチェーン上の1つまたは複数の事業活動を他の事業部と共有する場合、この種の範囲の経済を享受する。M型組織の事業部間において頻繁に見られる活動共有としては、共通の営業チーム、共通の物流システム、共通の製造施設、共通の研究開発活動など(表9.2も参照のこと)である。共有される活動を管理するマネジャーの主たる責務は、ある活動を共有する複数事業部の業務遂行を支えることである。

企業の年次報告書などに掲載される一般的なM型組織(図10.1を参照)では、活動共有が果たす事業運営上の役割が見えづらくなっている。この種のM型組織図では、コーポレート・スタッフ機能と活動共有機能が区別されていない。また、この図によれば、活動共有マネジャーはコーポレート・スタッフ同様、トップ経営者に直属しているように見える。

こうしたあいまいな点は、M型組織の各構成要素の役割や責任を強調したかたちに組織図を描き直すことで解消できる(図10.2を参照)。この図では、M型組織が実際に運営される様子がより正確に反映されており、各コーポレート・スタッフ集団が活動共有マネジャーと区別されている。そして、それぞれは主要な「内部顧客」に対して報告義務を持つことが示されている。コーポレート・スタッフ集団にとっての内部顧客はトップ経営者であり、活動共有マネジャーにとっての内部顧客は何人かの事業部長である。

[コストセンターとしての活動共有]

M型組織において共有される活動は、コストセンターとして管理される場合が多い。**コストセンター**(cost centers)とは、プロフィットセンターのように独立採算責任を持たず、与えられた予算の範囲内で運営される業務である。この場合、活動共有マネジャーは、事業部にこの活動共有サービスを提供するうえで利益を出そうとはしない。むしろ、内部顧客に対してチャージする機能提供の価格は、その共有される活動の運営コストをちょうどまかなう水準となる。

コストセンターとしての共有活動は利益を生み出す必要がないので、事業部に提供するサービスのコストは、同様のサービスを事業部内で独自にまかなう場合や外部調達した場合に比べ、低くなる可能性がある。共有される活動がコストセンターとして管理されているにもかかわらず、提供コストが代替的サービスのそれを上回る場合、その活動は適切に管理されていないか、もともと範囲の経済の源泉ではなかった可能性がある。しかし、共有される活動のサービスコストが事業部内や外部サプライヤーから調達するコストを下回る場合、事業部長は、その活動のサービスを共有することに強いインセンティブを持つ。こうして確保された範囲の経済は、企業がそもそも多角化戦略を追求した動機の1つであった可能性がある。

[プロフィットセンターとしての活動共有]

一方多角化企業のなかには、共有される活動をコストセンターではなく、プロフィットセンターとして扱う企業が出てきている。さらに、各事業部に活動共有によるサービスの利用を強制するのではなく、事業部が必要とするサービスをどのように調達するか(社内の活動共有サービスからか、事業部の内部開発か、社外からの調達か)に関し、選択権を与えるのである。このようになると、共有される活動のマネジャーは社内顧客の獲得をめぐって、価格や品質面で他の調達方法と競争することになる。[(注13)]

このプロフィットセンター型の活動共有を行っている企業に、ABB(スイスのエンジニアリング会社)がある。ABBはコーポレート・スタッフのほとんどを排除し、残ったコーポレート・スタッフ機能をすべて共有される活動として再編成した。典型的な共有活動である研究開発や販売機能のみならず、それまでは伝統的にコーポレート・スタッフ機能であった人的資源管理、マーケティング、そして財務までも、他の調達方法と競争させることにした。結果として、このようなABBの活動共有のやり方は、比較的小さなコーポレート・スタッフと、専門化およびカスタマイズの進んだ活動共有を生み出した。[(注14)]

もちろん、共有される活動をプロフィットセンターとして扱い、事業部を顧客として他の調達方法と競争させることの最大のリスクは、事業部が共有される活動からのサービス提供を一切選択しない、という事態も起こり得ることである。この選択は事業部レベルでは最善であっても、その共有される活動が多角化戦略が依拠する範囲の経済として重要なものである場合、コーポレート・レベルで最善の選択とは言えない。

結局のところ、共有される活動をコストセンターとして扱うにせよプロフィットセンターとして扱うにせよ、活動共有マネジャーが直面する職務は同じである。それは、事業部に対し、高度にカスタマイズされた高品質なサービスを、他の調達方法よりも有利なコストで提供することである。M型組織において、活動の共有による範囲の経済を実現する最善の方法は、活動共有マネジャーがその社内顧客を十分に満足させること、これに尽きる。

以上、一部の多角化企業においては範囲の経済を確保するうえで活動共有が重要な意味を持つことを示してきた。しかしだからと言って、すべての多角化企業が活動の共有に基づく範囲の経済を追求しなければならないわけではない。表9.3で示したとおり、多角化企業において確保し得る範囲の経済には、活動の共有以外にもさまざまなものがある。実際、アルファベットでは、グーグル部門という一方の事業部がその内部で範囲の経済としての活動共有を生かし、もう一方の事業部であるアザー・ベッツ部門では活動共有を実行していない。

◉――多角化の実行と経営管理システム

到達目標 10.2

多角化戦略の実行において、事業部のパフォーマンス測定、資本の配分、
中間製品の移転という3つの経営管理システムが
いかに用いられるかを説明できるようになる。

図10.1と図10.2に示したM型組織は、複雑で多層構造を示している。だが、いかなる組織構造も、その存在だけで多角化戦略が実行できるわけではない。M型組織は、さまざまな経営管理システムによって補完される必要がある。本節では、なかでも重要な3つのシステムについて議論する。それらは、(1)事業部パフォーマンスの評価システム、(2)各事業部への資本配分システム、(3)事業部間で中間製品を移転するためのシステム、である。(注15)

◉事業部のパフォーマンス評価

M型組織における各事業部はプロフィットセンターなので、そのパフォーマンスを評価することは理論的にはシンプルである。つまり、収益性の高い事業部は高く評価し、収益性の低い事業部は低く評価すればよい。しかし実際には、この一見シンプルな作業が想像以上に複雑になる。事業部のパフォーマンスを評価するうえで頻繁に浮上する問題は、次の2つである。(1)事業部の収益性をいかに測定すべきか、(2)事業部のパフォーマンス指標に事業部間の範囲の経済の価値をどのように反映するか、である。

[事業部のパフォーマンス測定]

事業部パフォーマンスを測定する方法は、少なくとも2通りある。事業部の会計パフォーマンスに焦点を当てたアプローチと、経済パフォーマンスに焦点を当てたアプローチである。

事業部パフォーマンスの会計指標

多角化企業内の事業部パフォーマンスを測定するうえでは、会計指標と経済指標のいずれのパフォーマンス指標も用いることができる。事業部パフォーマンスの会計指標として一般に用いられるものは、事業に投下された資産(総資本)の利益率、事業の売上利益率、事業の売上拡大などがある。これらの会計指標を算出したら、次のステップは、それぞれの指標を一定の基準と比較し、その事業部のパフォーマンスが標準を上回るか下回るかを判断することである。多角化企業では、事業部のパフォーマンスを評価するために3つの比較基準が用いられる。(1)企業内のすべての事業単位が最低限確保しなければならない利益率としてのハードル・レート、(2)事業部の想定パフォーマンス水準(これは事業部ごとに異なる)、(3)事業部が属する業界の平均利益率、である。

これら3つの比較基準にはそれぞれ利点と欠点がある。たとえば、企業内のすべての事業に共通のハードル・レートを設定し、すべての事業部がその水準以上の利益率をあげなければならないとすれば、各事業部のパフォーマンス目標は明瞭になる。だが一方で、こうした単一の基準を設定してしまうと、事業部間に存在し得る重要なパフォーマンス上の違い(たとえば、個々の事業固有のリスクとパフォーマンスの兼ね合いなど)を見過ごすことになりかねない。

また、事業部の実際のパフォーマンスをその事業部に対する想定パフォーマンスと比較するアプローチは、事業部間でパフォーマンスが異なり得ることを考慮している点ではよいが、想定パフォーマンスを設定する予算プロセスには多くの時間を要し、社内のかけ引きを引き起こす欠点がある。ある研究によれば、本社の経営幹部は、事業部長が予算策定システムを巧みに利用しようとすると想定し、事業部長が提示した売上げ予想や資本要求を一律に割り引くことが多い[注16]。また、事業部に与えられる予算の額は、今後の経済情勢、事業部が属する業界の今後の競争状況、事業部が業界内でどのように競争を展開していくか、という一定の想定に基づいて設定される。したがって、一度こうした想定が崩れると、予算を組み直さなければならず、企業による価値創出とは無縁の予算策定プロセスに、さらなる時間と資金を費やさなければならなくなる。

最後に、事業部のパフォーマンスをそれが属する業界の平均利益率と比較するアプローチも、同様に各事業部の期待パフォーマンスを異なる水準で設定できるという利点がある。しかしこのアプローチにも、ある事業部にとってのパフォーマンスの良し悪しが、他社のパフォーマンスに依存してしまうという問題がある。また、情報操作がしやすいのも、このアプローチの欠点である。つまり、比較対象の企業を巧みに選定すれば、ほとんどの事業部が業界平均を上回ったパフォーマンスをあげているかのように見せることができてしまう(注17)。

さらに、どの比較基準に基づいて事業部のパフォーマンスを評価するにしても、事業部パフォーマンスの会計指標にはある共通の欠点がある。すなわち、会計指標には短期志向のバイアスが存在する。なぜならば、経営資源やケイパビリティへの投資は、長期的には価値を生み出すが、会計指標においてはそうした投資が、その会計年度のコストとして算出されるからである。したがって、長期的には事業部にとって持続的競争優位をもたらし得る経営資源やケイパビリティがあったとしても、事業部長は、現在の会計年度のコストがふくらむことをおそれ、その経営資源への投資を先延ばしにしてしまう可能性がある。

事業部パフォーマンスの経済指標

事業部パフォーマンスの会計指標が持つ欠点から、いくつかの企業は経済指標を用いて事業部のパフォーマンスを評価するようになっている。経済的評価のアプローチは会計アプローチをベースとしているが、短期的な投資が長期的なメリットをもたらし得ることが考慮されている。また、経済的評価のアプローチでは、事業部パフォーマンスが企業の資本コストと比較される(第1章(上巻)を参照)。資本コストと比較することで、会計指標による事業部のパフォーマンス評価において、その他の比較基準を使用した際にたびたび見られる情報操作を防止することが可能になる。

事業部パフォーマンスの経済的指標として最も広く用いられているのは、おそらく**経済的付加価値(EVA：economic value added)**と呼ばれる指標であろう(注18)。EVAを算出するには、次の公式を用いて、事業部の利益からその事業部で使用した資本のコストが差し引かれる。

$$\text{EVA} = \text{修正済みの会計上の利益} - (\text{加重平均資本コスト} \times \text{事業部で使用した総資本額})$$

EVA公式を構成するいくつかの用語は説明が必要だろう。まず、経済的付加価値を算出する際の出発点は、事業部の「修正済み」の会計上の利益を定めることである。これは、一般的会計原則に基づいて算出した事業部の利益を、その事業部の経済的利益に、より近似した値となるよう修正した値である。諸文献では、事業部の会計情報を修正する方法がいくつか指摘されている。

たとえば、一般的会計原則の下では、ある会計年度に支出された研究開発費は、その事業部の利益算出の際に差し引かれる（その分利益は減少する）。そのため、事業部長は、長期的成果をもたらすような研究開発投資を避けるようになる可能性がある。そこで、事業部パフォーマンスのEVA指標では、研究開発支出がいったんパフォーマンスに足し戻され、減価償却資産として一定期間にわたって分割して償却される。

EVAに基づいて多角化企業の事業評価を専門に行うコンサルティング会社（スターン・スチュワート（Stern Stewart））では、事業部の標準的な会計上の利益を経済的利益に近づけるために、およそ40もの修正項目が用いられる。具体的にどのような修正を行っているかはこのコンサルティング会社の機密事項だが、研究開発をどのように扱うべきかなど、最も重要な修正事項は広く知られている。

上記のEVA公式においてカッコでくくられている部分（加重平均資本コスト×事業部で使用した総資本額）は、企業が当該事業部に投資する際に要するコストを表す。このコストを算出するにあたって、EVAでは何らかの外的基準を用いることはせず、企業財務理論を適用し、事業部に投下された資本額に企業全体の加重平均資本コストを掛け合わせる。加重平均資本コストとは、その企業が他のすべての事業部に投資した場合に獲得することが想定される利益率をあらわす。その意味において加重平均資本コストとは、当該事業部に投資することの機会費用と見ることができる。

事業部の利益を修正したり、その事業部に投資したことのコストを考慮に入れたりすることで、EVAは一般的会計パフォーマンス指標に比べ、事業部の実際の経済パフォーマンスにより近似した推定値を示す。EVAベースの指標で事業部のパフォーマンスを評価している多角化企業はかなり多く、現在も増え続けている。

たとえば、AT&T、コカ・コーラ、クエーカーオーツ(Quaker Oats)、CSX、ブリッグス&ストラットン(Briggs and Stratton)、アライドシグナル(Allied Signal、現ハネウェル(Honeywell))などはEVA指標を採用している。なかでもアライドシグナルでは、資本コストをまかなえなかった事業部には、不名誉な「水漏れバケツ賞」が授与される制度があり、その後もパフォーマンスが改善しなければ事業部長が解任になる。一部の見解によれば、EVAの利用こそ多角化企業が利益を生み出す最大のカギとさえ言われている。(注19)

[範囲の経済と事業部パフォーマンスのあいまいさ]

このように、企業は会計指標やEVAなどの経済指標を用いて事業部のパフォーマンスを評価できる。しかし、いずれの指標を用いた場合であっても、適切な経営が行われている多角化企業であればこそ、事業部のパフォーマンス評価に必ず一定のあいまいさが生じる。たとえば、次のシンプルな例を考えてみてほしい。

ある多角化企業では2つの事業部(事業部Aおよび事業部B)を運営しており、1つの活動(研究開発)を共有している。2つの事業部はプロフィットセンターとして管理されており、共有の研究開発活動はコストセンターとして管理されている。共有される研究開発活動をまかなうべく、各事業部は10年前から毎年1000万ドルの資金を拠出している。さらに、研究開発グループはこのたび、10年の研究努力(および投資)を経て、事業部Aのビジネスニーズにぴったりの新技術を開発した。

どのように事業部パフォーマンスを測定したとしても、事業部Aのパフォーマンスが事業部Bのパフォーマンスに対して上昇することは明らかである。しかしこの場合、事業部Aの利益増大のうち、事業部Aに由来する割合、研究開発グループに由来する割合、事業部Bに由来する割合はそれぞれどれぐらいだろう。

この多角化企業のそれぞれの部門マネジャーは、自分にとって有利な主張を、説得力を持って行うことができる。事業部Aの事業部長は、事業部Aによる実用化に向けた取り組みがなければ、この新技術の完全な価値は実現されなかっただろうという妥当な主張ができる。研究開発部門のマネジャーは、研究開発活動なくしては、そもそも実用化に取り組めるような技術は存在し得なかったという妥当な主張ができる。さらに事業部Bの事業部長は、事業部Bが研究開発活動への長期的な投資にコミットしていなければ、新技術の開発はなく、事業部Aのパフォーマンス向上は実現されなかったという妥当な主張ができる。

この3つの主張がいずれも成り立つということは、多角化戦略の追求において範囲の経済の実現を目指している限り、企業内の個々の事業部のパフォーマンスを何らあいまいな点もなく評価することが不可能であることを示している。ある多角化企業に範囲の経済が存在するということは、その企業が展開する個々の事業は、独立して運営するよりも、一まとまりの事業として運営するほうが高い価値を持つことを意味している。互いに独立しているかのように各事業部のパフォーマンスを評価しようとしても無理なのである。

この問題に対する1つの解決法は、多角化企業内の個々の事業を強制的に独立させて運営することである。各事業を独立して運営すれば、事業部のパフォーマンス評価からあいまいさを排除できる。もちろん、事業部の独立性の度合いが高まれば、多角化戦略を追求したそもそもの根拠であった範囲の経済が実現しにくくなるという難点がある。

事業部のパフォーマンス評価のあいまいさは、多角化企業が追求している主な範囲の経済が活動共有である場合にもかなり重大な問題だが、範囲の経済が無形のコア・コンピタンスに基づくものである場合は、あいまいさがさらに高まる。この場合、企業が多角化を追求する根拠となっているのは、全社共通の学習や経験である。企業がこのような無形の範囲の経済を追求していると、事業部の評価は格段に難しくなる。

こうしたパフォーマンスのあいまいさに起因する問題は、厳密なEVA指標によって事業部のパフォーマンスを評価している企業であっても、完全には解消できない。たとえばコカ・コーラでは、コカ・コーラ部門が長年にわたって多額の資金を投じて築き上げた「コーク」のブランド力が、ダイエット・コーク部門のマーケティング活動においても活用されている。もちろん、だからと言って、ダイエット・コークの成功がすべて「コーク」のブランド力のおかげだと言い切ることもできない。ダイエット・コークも創造的な広告活動を独自に行ったり、ロイヤルティの高い独自の顧客基盤を築いたりしているからだ。

それでは、ダイエット・コークが収めてきた成功(すなわち、ダイエット・コーク部門が生み出してきた経済的付加価値)のうち、ダイエット・コークが商品化されるはるか前から築かれていた「コーク」のブランド力に由来する部分と、ダイエット・コーク部門独自の努力に由来する部分は、それぞれどの程度と評価できるだろうか。EVA指標による事業部のパフォーマンス評価を行ったとしても、複数の事業部にわたって範囲の経済が存在する場合に生じる上記のようなあいまいさは解消できない。(注20)

結局のところ、会計指標を用いるにせよ経済指標を用いるにせよ、事業部パフォーマンスの定量的評価は、多角化企業の経営幹部が持つ経験や判断力によって補完されなければならない。より大局的かつ主観的観点から評価したうえで業績データを分析・解釈しない限り、事業部パフォーマンスの実態は見えてこないのである。

◉内部における資本の配分

第9章で挙げた潜在的に価値のある範囲の経済としては、活動共有とコア・コンピタンスのほかにも内部資本配分がある。そこで述べたように、内部資本配分が多角化の根拠になるためには、資本配分を行う経営幹部の手元にある情報が、質・量共に、外部資本市場で活動する資本供給者が保有する情報よりも優れている必要がある。そして内部資本市場において入手可能な情報の質と量は、その多角化企業の組織体制のあり方が左右する。

内部資本市場の主な問題点として、事業部長はより低コストでより多くの資本を獲得できるよう業績予想を誇張し、事業のマイナス面を目立たないようにする強いインセンティブを持つ。多角化企業は、独立した本社会計機能を持つことでこの問題に対処できる。しかし、優れた経営を行っている多角化企業であっても、事業部のパフォーマンスに内在するあいまいさゆえに、独立した本社会計スタッフのみでこの情報に関わる問題を完全に解消することはできない。

こうした問題に対処するべく、一部の企業では**ゼロベース予算配分**(zero-based budgeting)というプロセスに基づいて資本配分が行われている。ゼロベース予算配分では、本社の経営幹部が企業内の各事業部から得た資本配分要求をすべてリストアップし、それらを重要性に基づいてランクづけし、そのうえで可処分資本の範囲でなるべく多くのプロジェクトに対して資本を配分していく。原則として、どのプロジェクトも、過去に資本配分を受けたからといって将来必ず資本を確保できるわけではない。どのプロジェクトも、資本配分に値する「重要なプロジェクト」として認められるよう、毎年実績を示していく必要がある。

ゼロベース予算配分には魅力的な面もあるが、重大な制約もいくつかある。たとえば、多角化企業内のすべてのプロジェクトを評価し重要性に応じてランクづけする作業は、非常に困難である。このようなランクづけを行うためには、本社の経営幹部が、ある事業部が提案した個々のプロジェクトについて、その戦略上の役割は何か、また、その事業部の短期的パフォーマンスにどのような影響を与えるかを完璧に理解している必要がある。

結局のところ、どのようなプロセスに基づいて資本配分を行うにせよ、外部資本市場に効率性の面で勝る資本配分を社内で達成するためには、外部資本市場には存在しない情報を活用することが不可欠である。一般に、この種の情報は、無形、暗黙、かつ複雑である。内部資本配分に基づく範囲の経済を追求する経営幹部は、この種の情報を効果的に活用する術を身につける必要がある。(注21) 多角化企業において内部資本配分が価値ある範囲の経済とならないケースが多い1つの要因は、上で述べたような、情報活用プロセスを管理することの難しさだと考えられる。(注22)

◉中間製品の移転

事業部横断的に範囲の経済を享受する多角化企業では、ある事業部で生産された製品やサービスが、他の事業部の製品やサービスの生産要素となる場合が多い。この種の製品やサービスのことを**中間製品・中間サービス**（intermediate products or intermediate services）と呼ぶ。中間製品・中間サービスは、M型組織のあらゆる構成要素間でやりとりされ得る。こうしたやりとりがとりわけ重要で問題となるのは、プロフィットセンター間でやりとりが行われる場合である。

事業部間の中間製品や中間サービスのやりとりは、通常、**移転価格システム**（transfer-pricing system）を通じて行われる。これは、一方の事業部が他方の事業部に、移転価格を設定して製品やサービスを「販売」するシステムである。需要と供給という市場の力学によって決まる市場価格とは異なり、移転価格は、本社の経営幹部が、全社的目標を達成するうえで適切と考えられる水準に設定する。

[最適な移転価格の設定]

経済的観点から見た場合、多角化企業において最適な移転価格を設定する際のルールはシンプルである。すなわち、最適な移転価格は、ある事業部が他の事業部に製品やサービスを移転した際に失う機会の価値と同等である。

たとえば、次の例を考えてみてほしい。事業Aの限界生産費用は1単位当たり5ドルであり、いずれの製品も外部の顧客に販売した場合は1単位当たり6ドルで販売できる。事業Aが外部顧客にすべての製品を1単位当たり6ドルで販売できるのならば、事業Aが事業Bに製品を1単位移転するごとに失う機会価値は6ドルである。すなわちそれは、市場で販売せずに事業Bに製品を移転したことによって獲得できなかった売上額である。

一方、事業Aが外部顧客に対し、販売できる限りの量の製品を1単位当たり6ドルで販売し、それでもなお生産能力に余剰がある場合は、事業Bに製品を移転した際に失う機会の価値は1単位当たり5ドルにとどまる。つまり、限界生産費用と同額である。この場合、外部市場はもはや1単位6ドルで事業Aの製品を吸収できない(需要がすべて満たされている)ので、事業Aが事業Bに製品を移転した際に失う機会は、1単位当たり6ドルではなく5ドルになる。(注23)

移転価格が機会費用と同等に設定されている場合、販売側の事業部は、最後に生産した製品の限界費用と移転価格が等しくなるところまで生産を続ける。さらに購入側の事業部は、社内調達後に得られる単位当たりの正味売上げが移転価格をちょうどまかなう水準である限り、社内調達を続ける。このような移転価格の下では、事業部の利益は最大化し、多角化企業全体の利益最大化がもたらされるだろう。

[最適な移転価格を設定することの難しさ]

機会コストと同額に移転価格を設定すると言えば、事は単純に聞こえるかもしれない。だが、それを多角化企業で実際に行うことは非常に難しい。最適な移転価格を算出するためには、社内に「販売する」事業部が逸する機会の価値に関する情報が必要となる。その情報を得るためには、この事業部の限界費用、製造能力、その製品に対する外需の大きさなどの情報が必要になる。これらの情報のほとんどは算出が困難なものである。さらに、これらの情報は常に流動的である。市場環境の変化に応じ、その事業部の製品への市場需要も変化し、限界費用も変化し、逸失機会の価値も変化する。また、「販売する」事業部が社内の他事業部向けに製品やサービスをカスタマイズする程度が高まれば、その事業部が逸する機会の価値を計算することはさらに難しくなる。

たとえこれらの情報が入手でき、迅速に更新することができるとしても、販売する側の事業部長には、逸する機会の価値が大きく見えるように情報を操作しようとする強いインセンティブが働く。このような操作を行うと、事業部長は自部門が社内顧客に販売する製品やサービスの移転価格を上昇させることができ、それによって本来は購入する側の事業部にいくべき利益を、自部門で搾取してしまうことになる。

[現実的な移転価格の設定法]

企業が現実に移転価格を最適化することはほぼ不可能なため、たいていの多角化企業は、最適な移転価格に近似した価格を設定しようとさまざまな代用基準を用いている。そのうちのいくつかの例を**表10.3**に示した。しかし、企業がどの基準を用いようとも、それによって生み出される移転価格は、時に社内の非効率性や事業部間の衝突を生み出す。そうした非効率性や衝突のいくつかの例を**表10.4**にまとめてある。(注24)

このような衝突が生じるということは、ほとんどの多角化企業がこれらの代用基準に満足していないことを意味する。事実、ある研究によれば、多角化企業内部における経営資源の共有が増大すればするほど(すなわち、移転価格メカニズムの重要性が増せば増すほど)、事業部長の仕事に対する満足度は下降するという。(注25)

多角化企業がより「正しい」移転価格を求めて、価格設定メカニズムを数年ごとに改変するのは珍しいことではない。無論、経済理論は「正しい」移転価

表10.3｜代替的な移転価格システム

取引自立型	• 販売側と購入側の事業部がそれぞれ本社の介入を受けずに移転価格を交渉 • 移転価格を販売側事業部が外部顧客に提供している価格と同一に設定
全部原価強制型	• 移転価格を販売側事業部の実際原価と同一に設定 • 移転価格を販売側事業部の標準原価（つまり、販売側事業部の効率性が最大化された時の生産コスト）と同一に設定
市場ベース強制型	• 移転価格を販売側事業部の市場における市場価格と同一に設定
二重価格型	• 購入側事業部に対する移転価格は、販売側事業部の実際原価または標準原価と同一に設定 • 販売側事業部に対しては、外部顧客への販売価格、もしくは販売側事業部の市場における市場価格と同一に設定

出典：Eccles, R. (1985). *The transfer pricing problem: A theory for practice*. Lexington Books:Lexington, MA. ロウマン・アンド・リトルフィールド出版グループの許可の下引用。

表10.4｜移転価格設定システムの各代替案が持つ問題点

1. 販売側と購入側の事業部がそれぞれ本社の介入を受けずに移転価格を交渉
   - 交渉や値切りを行うのにかかるコストを考慮しなくてよいのか
   - 適切な移転価格で合意できなければ企業として範囲の経済を確保できなくなる
2. 移転価格を販売側事業部が外部顧客に提供している価格と同一に設定
   - どの顧客を基準にするか。販売側事業部によって顧客に提供している価格が異なる可能性がある
   - 購入側事業部が大量購入をした場合には、その分の値引きをすべきではないか
   - 販売側事業部は社内の他の事業部に販売する場合にはマーケティング支出が求められない。その分移転価格を値引きするべきではないか
3. 移転価格を販売側事業部の実際原価と同一に設定
   - 実際原価の定義は何か。またそれを決めるのは誰か
   - 販売側事業部の文字通りすべてのコストを考慮するか、もしくは購入側事業部が購入する製品に関連したコストのみを考慮するか
4. 移転価格を販売側事業部の標準原価と同一に設定
   - 標準原価は販売側事業部が効率性を最大化した時のコストである。このような前提に基づいた価格設定は購入側事業部を優遇する
5. 移転価格を市場価格と同一に設定
   - 移転される製品が差別化された製品である場合、画一的市場価格というのは存在しない
   - 購入側事業部が大量購入をした場合には、その分の値引きをするべきではないか
   - 販売側事業部は社内の他の事業部に販売する場合にはマーケティング支出が求められない。その分移転価格を値引きするべきではないか
6. 販売側事業部にとっては実際原価と同一で、購入側事業部にとっては市場価格と同一に移転価格を設定
   - 2つの価格設定システムを組み合わせたメカニズムは、それぞれの価格設定システムが持つ問題点が両方とも発生する

格とは何かを示している。それは機会コストである。だが、この理論的に正しい移転価格メカニズムは、ほとんどの企業では実行できない。断続的に移転価格メカニズムを変更する企業は、それぞれのメカニズムに何らかの弱点があることを経験する。どのシステムを選択するかにあたっては、企業は現実の問題として、理論的に「正しい」移転価格を追求するよりも、経営上の問題を最も引き起こしにくいシステムはどれか、もしくは、少なくとも自社が効果的に対処できる問題しか生じさせないシステムはどれか、ということに対してより大きな関心を持つほうが得策である。

たしかにある研究者は、移転価格システムを最適の移転価格を追求するメカニズムとして考えることはやめて、事業部間の利害衝突を調整するプロセスとして活用すべきだと説いている。このような視点に立てば、移転価格の設定プロセスは、事業部間の違いを明白にし、そのうえで対立する利害を互いの利益になるかたちで解決する端緒を与えてくれるものかもしれない。[注26]

以上に挙げた3つの経営管理システム(事業部のパフォーマンス評価、企業資本の配分、中間製品の移転)を全体的に見ると、多角化戦略の実行には十分な経営スキルや経験が求められることがわかる。同じく多角化企業においては、時の経過とともに全社戦略には整合しない事業を運営するようになることもわかる。そうなると、企業は第12章で取り上げる会社分割を行うことも考えられる。

◉——多角化の実行と報酬政策

到達目標 10.3

多角化戦略の実行において
経営幹部の報酬が果たす役割を説明できるようになる。

多角化を実行するための最後のツールは、報酬政策である。

伝統的に、多角化企業のトップ経営者に対する報酬は、企業の経済的パフォーマンスとの関連が希薄だった。トップ経営者と企業パフォーマンスの関係を検証したある重要な研究によると、CEOの現金報酬(給与+現金ボーナス)

は、企業パフォーマンスとはそう深く関連していないことを発見した。[注27]

特にこの研究では、株主価値を1年間に総計4億ドル失った企業のCEOは、平均で80万ドルの現金報酬を受け取り、逆に、株主価値を総計4億ドル増大させた企業のCEOは、平均104万ドルの現金報酬を得たことが明らかになった。すなわち、企業パフォーマンスにおける8億ドルの違いは、CEOの現金報酬に対し平均で24万ドルのインパクトしか持たなかったわけである。言い換えれば、企業パフォーマンスの増分100万ドルに対し、CEOの報酬は平均300ドルしか上昇していなかった。税引後で考えれば、企業のパフォーマンスを100万ドル増大させても、その価値はCEOにとって4つ星レストランでそこそこの夕食をとるのとほぼ同じ価値しかないことになる。

だがこの同じ研究は、CEOの報酬の大部分が株式やストック・オプションで与えられている場合には、報酬額の変動と企業パフォーマンスの変動は密接に関連することを示した。特に、たったいま言及した企業パフォーマンスにおける8億ドルの違いは、CEOの報酬が現金報酬に加えて株式とストック・オプションを含んでいると、CEOの年間報酬額にして120万ドルの違いを生み出すことが明らかになった。すなわち、企業パフォーマンスの向上分100万ドルは、CEOの報酬にして1500ドルの上昇をもたらしたのである。

上記の研究や類似した研究による同様の結果を受け、より多くの多角化企業が、CEOの報酬パッケージの一部として株式やストック・オプションを導入し始めた。重要なのは、多くの企業がいまやCEOにとどまらず、この非現金型の報酬を、事業部長など他の経営幹部にも適用し始めたことである。

たとえば、ゼネラル・ダイナミクス(General Dynamics)の上位1300人のマネジャーは、報酬の一部として株式とストック・オプションを受け取った。さらに、彼らが受け取る現金のボーナス部分も、同社の株式市場におけるパフォーマンスに連動してその水準を決定するようにしたのである。ジョンソン・エンド・ジョンソンでは、すべての事業部長が5つの要素からなる報酬を受け取っている。そのうちの1つの要素である月給のみが、事業部長が統括する自部門の経済的収益性に関係ない部分で、他の4つの要素、現金ボーナス、株式授与、ストック・オプション、そして繰延べ報酬パッケージの水準は、自身が統括する事業部の経済的パフォーマンスに応じて変動する。さらに、これら業績連動部分の報酬の一部は、同社の長期的なパフォーマンスにリンクしているという。[注28]

マネジャーの報酬は、株主の利害と一致した意思決定をするインセンティブとなる限りは、多角化の実行にとって重要な要素である。一方で、CEOに対して破格の報酬が支払われることが倫理上の問題を生む場合もある。こうした倫理上の問題については、コラム「企業倫理と戦略」で検討している。

企業倫理と戦略

CEOの報酬は高すぎるか

ビジネスにおいてCEOの報酬ほどメディアの悪評を受けるものはない。2016年で言うと、エクスペディア（Expedia）CEOのダラ・コスロシャヒ（Dara Khosrowshahi）は9460万ドル、CBSコーポレーションCEOのレスリー・ムーンベス（Leslie Moonves）は5640万ドル、バイアコム（Viacom）CEOのフィリップ・ドーマン（Phillipe Dauman）は5410万ドル、オラクル（Oracle）の共同CEOであるマーク・ハード（Mark Hurd）とサフラ・キャッツ（Safra Catz）はそれぞれ5320万ドルの報酬を得た。どれほど有能であったとしても、1人の人間にこれほどの報酬を支払うのは非常識ではないかと考える人は多いだろう。

2016年に米国で行われた調査では、「米国企業のCEOは報酬が高すぎると思うか」という質問に対し、74%の回答者が「イエス」と答えた。注目すべき点として、調査に回答した人は、米国のCEOが平均して年間100万ドルの報酬しか得ていないと信じていたのである。しかし、米国の公開企業のCEOが2016年に得た実際の平均報酬は、1030万ドルである。

とはいえ、実際のところ、CEOにどれほどの報酬を与えるべきかを判断するのは困難である。一部の企業は、CEOの報酬が、社内で最も低い賃金に一定の値を掛けた値を超えてはならないとする方針を採用している。ベン&ジェリーズ（Ben & Jerry's）は、CEOの報酬を定めるにあたってこのような方針を採用した。しかし、この方針を採用したことによって、ベン&ジェリーズの株主が何百万ドルもの価値を喪失した可能性がある。たとえば、ベン&ジェリーズのブランドを効果的に生かせるような企業が存在し、その企業との買収合意を取りつけることができるようなCEOが外部にいたものの、報酬政策が原因でそのCEOを招聘できなかったような場合である。

多くの企業では、CEOの報酬を決める権限が、取締役会の報酬委員会に委ねられている。報酬委員会は適切な報酬額を定めるにあたって、類似の企業(つまり、自社と同じ業界でおよそ同規模の企業)をいくつか集め、それらの企業のCEOの平均報酬を算出する。もちろん、どの企業も自社のCEOが類似企業の平均以下の報酬にしか値しないとは思いたくないので、平均以上の報酬を与えることが多い。こうした意思決定プロセスにより、CEOの報酬は恒常的に上昇し続ける構造となっている。

また、報酬形態の多様化が進んでいることも、適切なCEOの報酬を定める作業を複雑にしている。CEOの報酬を膨大な額にしているのは、通常は給料ではなく、現金ボーナス、株式、ストック・オプション、その他の特典である。こうした給与以外の報酬は、一般に企業のパフォーマンスと連動しており、CEOと株主の経済的利害を一致させることを目的としている。バークシャー・ハサウェイでもそのような利害の統一が行われており、ウォーレン・バフェットをはじめとする経営幹部の個人的な資産は、ほとんどがバークシャー・ハサウェイ株によって構成され、これが同社の重要な運営方針となっている。実際ある研究によれば、平均的に見て、CEO自身のビジネス経験から想定される水準を超える部分の報酬は、企業の全社的パフォーマンスと正の相関を持っていることがわかった。

もちろん、相関関係があるからと言って因果関係があるとは限らない。したがって、CEOの報酬に関する次の問いについては依然として議論の余地がある。すなわち、株主へのリターンを最大化するという仕事をCEOに全うさせるためには、一定期間にわたって何千万ドルもの巨額インセンティブを提供する必要があるのか、という問いである。また、こうした巨額のインセンティブ報酬は、その企業の従業員にどのような影響を与えるだろうか。「自分もいつかはこの企業の上級マネジャーになりたい」と、従業員のやる気を喚起するだろうか。それとも、自分の給料と比べてこれほど莫大な報酬を得ている姿を目の当たりにし、あきらめの気持ちやモチベーションの低下をもたらしてしまうだろうか。[注29]

本章の要約 Summary

多角化戦略が価値を持つためには、外部の投資家が低コストでは模倣できない価値ある範囲の経済を生かした戦略でなくてはならない。しかし、そうした範囲の経済の価値を実現するためには、適切な組織体制を築くことも不可欠である。組織構造、経営管理システム、報酬政策などは、いずれも多角化戦略の実行に関わる重要な要素である。

多角化を生かした戦略を実行するのに最も適した組織構造は、事業部制組織、あるいはM型組織と呼ばれるものである。M型組織には、取締役会、機関投資家、トップ経営者、コーポレート・スタッフ、事業部長、活動共有マネジャーなど、いくつかの欠かせない要素がある。

M型組織の組織構造はさまざまな経営管理システムによって下支えされている。多角化戦略を追求する企業にとってとりわけ重要な経営管理システムは、(1)事業部のパフォーマンス評価、(2)事業部への資本配分、(3)事業部間における中間製品の移転価格の設定、の3つである。多角化を追求している企業には範囲の経済が存在するので、こうしたシステムの管理がとりわけ難しくなる。

最後に、多角化戦略の実行においては報酬政策も重要である。従来は、幹部の報酬が企業の経済パフォーマンスとゆるやかなつながりしか持たないのが一般的だったが、最近では、株式付与やストック・オプションによる幹部報酬が増えている。こうした報酬形態には、経営幹部と外部投資家の利害対立を緩和するメリットがある一方、米国では依然としてCEOの報酬額がかなり高いという問題がある。

チャレンジ問題 Challenge Questions

10.1 エージェンシー理論に対する批判的見解によれば、エージェンシー理論の下では、「企業の経営者は自らの行動を制約する要因がなければ、必ず株主の利害に反した行動をとるようになる」という前提が存在する。しかし、実際には自らの管理下にある資産に対して「責任ある受託者(responsible stewards)」として行動する経営者がほとんどである。企業の経営者に対するこうした見方は、スチュワードシップ理論と呼ばれる。このようなエージェンシー理論への批判に賛同するならば、その理由は何か。

10.2 スチュワードシップ理論に妥当性があると仮定した場合、大多数の経営者はたいていの状況においては責任感を持ち、自らの管理下にある資産の現在価値を最大化させるような意思決定を行う。このような前提に立った場合、それは多角化戦略の実行に向けて組織体制を構築する際に、どのような影響力を持つだろうか(影響力がないという答えもあり得る)。

10.3 企業の多角化を進めるうえでのCEOの役割と責任を分析せよ。

10.4 機関投資家は、財務力を背景として公開会社に対してかなりの株式保有率を確保する場合がある。自らのビジョンが取締役会やCEOと大きく異なっていた場合、機関投資家は投資先企業の経営管理にどの程度の影響を及ぼすべきか。

10.5 多角化企業のなかに存在する、とりわけ規模の大きい事業部や戦略事業単位(SBU)は、大規模な市場シェアを背景に、あたかも1つの独立した企業のように経営されることがある。この種の部門トップには自立性を与えるのが適切であろうが、取締役会やCEOなどの全社レベルのスタッフは、どうすればこうした大規模な部門にも全社戦略を浸透させられるだろうか。

10.6 あるコングロマリットの事業部長には、事業単位の目標を達成する責任が課されている。その一方で、他の部門と協力することも期待されており、全社共通の利益に貢献することで他の部門のマネジャーに力を貸すことが求められている。事業部長が担う役割における上記のような矛盾について論ぜよ。

演習問題 Problem Set

10.7 多角化を目指すうえでは、多くの個人やチームが関与する必要がある。その関与が多くの部門に戦略的影響を与える場合は特にそうである。次に掲げる社員がある事業部(BU)の短期的事業活動に主な参画者として関与したとすると、どれが必要な関与であり、どれが不必要な関与か。必要に応じて簡潔な理由も述べよ。
(a) COOが事業単位の広告活動に関与する
(b) 人的資源管理チームがスタッフの能力育成のために訓練を行う
(c) 敵対国へ製品を販売するに際し、本社の法務部が関与する
(d) 膨大な赤字を生むプロジェクトを販売することに、本社の法務部が関与する
(e) BUの営業部長が新規のサプライヤー確保に関与する

(f) CEOが顧客の苦情対応に関与する

(g) 本社のエンジニアリング・デザイン部が、斬新なパッケージングに関わるビジネス上の問題を議論する会議に関与する

(h) 工場の設備保全課が、生産設備の定期的な点検に関与する

(i) 法務部が新規の小売店舗の購入に関与する

(j) 本社の研究開発機能がBUが業界における競争力向上に向けて根本的に製品を革新する活動に関与する

(k) 全事業部長が多角化企業の今後の戦略方針に関する話し合いに関与する

(l) 本社の会計部門がBUの予算コントロールに関与する

(m) BUの会計部門が人種上のマイノリティを採用する

10.8 次のような条件が存在したとする。事業Aは3200万ドルの専有資産を用い、2400万ドルの売上げと84万7000ドルの利益を確保した。事業Aが属する企業の資本コストは9%であり、この企業は事業Aに対して730万ドルを投資している。

(a) 事業Aの売上高利益率(ROS)と総資産利益率(ROA)を計算せよ。この企業で設定されているハードル・レートがROSについては6%、ROAについては4%だとすると、事業Aは優れたパフォーマンスをあげたと言えるか。

(b) 事業AのEVAを計算せよ(なお、上に挙げた利益額は修正済みであるとする)。EVAに基づいて考えると、事業Aは優れたパフォーマンスをあげたと言えるか。

(c) あなたがこの企業のCEOだとすると、事業Aの評価にROS・ROAを用いるべきかEVAを用いるべきかをどのように判断するか。

10.9 事業Aは事業Bに中間製品を販売しているとする。この章で取り上げた移転価格の設定方法をどれか1つ選び(ただし、移転価格を機会費用と同一に設定するアプローチは除く)、この価格設定メカニズムによって事業Aの事業部長が高い移転価格設定を主張し、同時に事業Bの事業部長が低い移転価格設定を主張できることを示せ。また、この章で取り上げたその他の移転価格設定メカニズムについても同じ作業を行え。

10.10 M型組織をうまく機能させるうえで、経営幹部と活動共有マネジャーとではどのような役割の違いがあるか。

10.11 コーポレート・スタッフが事業部の日常的業務に対して過干渉になった場合、M型組織にどのような影響があるか。

注

1 「まだアルファベットスープにはなっていない？」というこのタイトルは、米国で有名なアルファベット型の小さなパスタを入れたスープから転じて、アルファベットの略称がつけられたような組織の集まりを揶揄したもの。これとグーグルの新社名をかけている。アルファベットの2016年の10Kレポートについては、以下で参照できる。 databank.worldbank.org/data/download/GDP.PDF; money.cnn.com/2014/01/13/technology/google-nest; www.nest.com; www.verify.com; www.wamo.com. All accessed February 28, 2017.

2 事業部制組織の構造や機能を最初に解説した文献としては、Chandler, A. (1962). *Strategy and structure: Chapters in the history of the industrial enterprise.* Cambridge, MA: MIT Press（邦訳『組織は戦略に従う』有賀裕子訳、ダイヤモンド社、2004年）がある。事業部制組織の根底にある経済的ロジックを最初に解説した文献としては、Williamson, O. E. (1975). *Markets and hierarchies: Analysis and antitrust implications.* New York: Free Press（邦訳『市場と企業組織』浅沼萬里・岩崎晃訳、日本評論社、1980年）がある。M型組織を採用することの企業パフォーマンスへの影響を検証した実証研究としては、Armour, H. O., and D. J. Teece (1980). "Vertical integration and technological innovation." *Review of Economics and Statistics,* 60, pp. 470–474がある。M型組織の効率性については、依然として一定の議論が存在する。この点については、Freeland, R. F. (1966). "The myth of the M-form? Governance, consent, and organizational change." *American Journal of Sociology,* 102(2), pp. 483–626; およびShanley, M. (1996). "Straw men and M-form myths: Comment on Freeland." *American Journal of Sociology,* 102(2), pp. 527–536を参照。

3 Jensen, M. C., and W. H. Meckling (1976). "Theory of the firm: Managerial behavior, agency costs, and ownership structure." *Journal of Financial Economics,* 3, pp. 305–360; Useem, J. (2003). "The biggest show." *Fortune,* December 8, pp. 157+; Lambert, R. (1986). "Executive effort and selection of risky projects." *Rand Journal of Economics,* 13(2), pp. 369–378.

4 Finkelstein, S., and R. D'Aveni (1994). "CEO duality as a doubleedged sword: How boards of directors balance entrenchment avoidance and unity of command." *Academy of Management Journal,* 37, pp. 1079–1108を参照。

5 Kesner, I. F. (1988). "Director's characteristics and committee membership: An investigation of type, occupation, tenure and gender." *Academy of Management Journal,* 31, pp. 66–84; およびZahra, S. A., and J.A. Pearce II. (1989). "Boards of directors and corporate financial performance: A review and integrative model." *Journal of Management,* 15, pp. 291–334.

6 Zajac, E., and J. Westphal (1994). "The costs and benefits of managerial incentives and monitoring in large U.S. corporations: When is more not better?" *Strategic Management Journal,* 15, pp. 121–142; Rechner, P., and D. Dalton (1991). "CEO duality and organizational performance: A longitudinal analysis." *Strategic Management Journal,* 12, pp. 155–160; Finkelstein, S., and R. D'Aveni (1994). "CEO duality as a double-edged sword: How boards of directors balance entrenchment avoidance and unity of command." *Academy of Management Journal,* 37, pp. 1079–1108; Boyd, B. K. (1995). "CEO duality and firm performance: A contingency model." *Strategic Management Journal,* 16, pp.

301–312; Kesner, I. F., and R. B. Johnson (1990). “An investigation of the relationship between board composition and stockholder suits.” *Strategic Management Journal*, 11, pp. 327–336.

7 (著者不詳). Investor Relations Business (2000). “Reversal of fortune: Institutional ownership is declining.” *Investor Relations Business*, May 1, pp. 8–9; およびFederal Reserve Board (2006). “Flow of funds report.” www.corpgov.net.

8 Hansen, G. S., and C. W. L. Hill (1991). “Are institutional investors myopic? A time-series study of four technology-driven industries.” *Strategic Management Journal*, 12, pp. 1–16を参照。

9 Bergh, D. (1995). “Size and relatedness of units sold: An agency theory and resource-based perspective.” *Strategic Management Journal*, 16, pp. 221–239; およびBethel, J., and J. Liebeskind (1993). “The effects of ownership structure on corporate restructuring.” *Strategic Management Journal*, 14, pp. 15–31を参照。

10 こうした負担については、Westley, F., and H. Mintzberg (1989). “Visionary leadership and strategic management.” *Strategic Management Journal*, 10, pp. 17–32にて有益な解説がある。

11 Dumaine, B. (1992). “Is big still good?” *Fortune*, April 20, pp. 50–60を参照。

12 Golden, B. (1992). “SBU strategy and performance: The moderating effects of the corporate–SBU relationship.” *Strategic Management Journal*, 13, pp. 145–158; Berger, P., and E. Ofek (1995). “Diversification effect on firm value.” *Journal of Financial Economics*, 37, pp. 36–65; Lang, H. P., and R. M. Stulz (1994). “Tobin’s q, corporate diversification, and firm performance.” *Journal of Political Economy*, 102, pp. 1248–1280; およびRumelt, R. (1991). “How much does industry matter?” *Strategic Management Journal*, 12, pp. 167–185を参照。

13 Halal, W. (1994). “From hierarchy to enterprise: Internal markets are the new foundation of management.” *The Academy of Management Executive*, 8(4), pp. 69–83を参照。

14 Bartlett, C., and S. Ghoshal (1993). “Beyond the M-form: Toward a managerial theory of the firm.” *Strategic Management Journal*, 14, pp. 23–46.

15 Simons, R. (1994). “How new top managers use control systems as levers of strategic renewal.” *Strategic Management Journal*, 15, pp. 169–189を参照。

16 Bethel, J. E. (1990). “The capital allocation process and managerial mobility: A theoretical and empirical investigation.” 未刊行の博士論文, UCLA.

17 このような情報操作については、Duffy, M. (1989). “ZBB, MBO, PPB, and their effectiveness within the planning/marketing process.” *Strategic Management Journal*, 12, pp. 155–160に実例がある。

18 Stern, J., B. Stewart, and D. Chew (1995). “The EVA financial management system.” *Journal of Applied Corporate Finance*, 8, pp. 32–46; およびTully, S. (1993). “The real key to creating wealth.” *Fortune*, September 20, pp. 38–50を参照。

19 EVAの活用方法については、Tully, S. (1993). “The real key to creating wealth.” *Fortune*, September 20, pp. 38–50; Tully, S. (1995). “So, Mr. Bossidy, we know you can cut. Now show us how

to grow." *Fortune*, August 21, pp. 70–80; およびTully, S. (1995). "Can EVA deliver profits to the post office?" *Fortune*, July 10, p. 22にて解説されている。

20　この問題については、*Journal of Applied Corporate Finance*が1994年に刊行した特別号において取り上げている。

21　Priem, R. (1990). "Top management team group factors, consensus, and firm performance." *Strategic Management Journal*, 11, pp. 469–478; およびWooldridge, B., and S. Floyd (1990). "The strategy process, middle management involvement, and organizational performance." *Strategic Management Journal*, 11, pp. 231–241を参照。

22　この点を指摘した文献としては、Westley, F. (1900). "Middle managers and strategy: Microdynamics of inclusion." *Strategic Management Journal*, 11, pp. 337–351; Lamont, O. (1997). "Cash flow and investment: Evidence from internal capital markets." *The Journal of Finance*, 52(1), pp. 83–109; Shin, H. H., and R. M. Stulz (1998). "Are internal capital markets efficient?" *Quarterly Journal of Economics*, May, pp. 531–552; およびStein, J. C. (1997). "Internal capital markets and the competition for corporate resources." *The Journal of Finance*, 52(1), pp. 111–133がある。

23　Brickley, J., C. Smith, and J. Zimmerman (1996). *Organizational architecture and managerial economics approach*. Homewood, IL: Irwin; and Eccles, R. (1985). *The transfer pricing problem: A theory for practice*. Lexington, MA: Lexington Booksを参照。

24　Cyert, R., and J. G. March (1963). *A behavioral theory of the firm*. Upper Saddle River, NJ: Prentice Hall; Swieringa, R. J., and J. H. Waterhouse (1982). "Organizational views of transfer pricing." *Accounting, Organizations & Society*, 7(2), pp. 149–165; およびEccles, R. (1985). *The transfer pricing problem: A theory for practice*. Lexington, MA: Lexington Booksを参照。

25　Gupta, A. K., and V. Govindarajan (1986). "Resource sharing among SBUs: Strategic antecedents and administrative implications." *Academy of Management Journal*, 29, pp. 695–714.

26　この点を指摘した文献としては、Swieringa, R. J., and J. H. Waterhouse (1982). "Organizational views of transfer pricing." *Accounting, Organizations and Society*, 7(2), pp. 149–165がある。

27　Jensen, M. C., and K. J. Murphy (1990). "Performance pay and top management incentives." *Journal of Political Economy*, 98, pp. 225–264.

28　ゼネラル・ダイナミクスの報酬体系については、Dial, J., and K. J. Murphy (1995). "Incentive, downsizing, and value creation at General Dynamics." *Journal of Financial Economics*, 37, pp. 261–314を、ジョンソン・エンド・ジョンソンの報酬体系については、Aguilar, F. J., and A. Bhambri (1983). "Johnson & Johnson (A)." Harvard Business School Case No. 9-384-053を参照。

29　www.equilar.com/reports/38-new-york-times-200-highest-paid-CEOs-2006; www.gsb.stanford.edu/faculty/publications/americans-CEO-pay-2016-public-perception-survey-CEO-compensation. Both accessed March 2, 2017; A. Mackey (2006). "Dynamics in executive labor markets: CEO effects, executive-firm matching, and rent sharing." 博士論文, The Ohio State University.

第11章

戦略的提携

Strategic Alliances

LEARNING OBJECTIVES

到達目標

本章では、以下を習得する。

11.1 戦略的提携を定義し、戦略的提携の具体例を3つ挙げられるようになる。

11.2 戦略的提携がどのようにして企業に経済的価値をもたらすかを説明できるようになる。

11.3 逆選択、モラル・ハザード、ホールドアップが、提携の有する価値創出能力をいかに減退させ得るかを説明できるようになる。

11.4 戦略的提携が希少かつ模倣困難になる条件を説明できるようになる。

11.5 契約、株式投資、企業の評判、ジョイント・ベンチャー、信頼が、それぞれいかにして戦略的提携における裏切りの脅威を減らすかを説明できるようになる。

◉中国企業と米国企業の提携

2016年6月20日、ウォルマートは中国の消費者に向けてより良いオンラインショッピング体験を提供すべく、中国第2のeコマース企業であるJDドットコム(JD.com)との提携を発表した。この取り決めの一環として、ウォルマートは、1年前に買収を完了したばかりの通販サイト運営会社「1号店」をJDドットコムへ売却した。また、JDドットコムの発行済み株式の5%を取得し、ウォルマートやサムズ・クラブ(Sam's Club)で販売している商品の多くをJDドットコムの顧客に対しても提供することに同意したのである。ナスダック100指数に数えられるJDドットコムがこの提携にもたらしたのは、中国各地に点在する7つの配送センター、209の倉庫、5987の集配ステーションをはじめとする優れたフルフィルメント(受注から配送までの業務)上のケイパビリティ、同日配達サービス、中国市場において同社が持つインターネット上の存在感である。

大方の見解によれば、この提携によってウォルマートは、中国で独自にインターネット上の存在感を築き上げることに終止符を打った。この提携が結ばれた時、中国の2大eコマース企業の阿里巴巴(アリババ)集団(Alibaba)とJDドットコムは、インターネット小売市場で合わせて80%のシェアを確保していた。ウォルマートは、中国におけるeコマース子会社の1号店に多額の投資を行ってきていたが、結局、同国のインターネット小売市場で2%以上のシェアを確保することはなかった。単独で市場進出を果たすことの難しさから、ウォルマートによる中国の大手eコマース企業との提携は、多くの業界関係者にとって驚きではなかった。

ウォルマートがJDドットコムからのeコマース事業の外部調達に乗り出したのと同じころ、IBM、インテル(Intel)、デル、シスコシステムズ(Cisco Systems)、ヒューレット・パッカード(HP)をはじめとする米国国内のハイテク企業は、さまざまな中国企業と一連の提携を発表した。これらの企業が提携を通じて実現しようとしていたビジネス目標は、それぞれ異なっていた(たとえば、IBMが浪潮国際(Inspur International)と結んだ提携は新型サーバーシステムの開発が目的であり、インテルは中国国内のスマートフォンメーカーに向けてチップを製造する政府関連企業2社に対して15億ドルを投資した)が、いずれの提携も、中国政府による国内IT業界の「中国化」政策に対処する意図がある点で共通していた。中国のIT業界は、2015年には4656億ドルへと11.4%の成長を記録していた。米国企業が行った提携は、引き続きこの成長市場において利益をあげることを可能にした。

一方、業界関係者のなかには、中国政府の「中国ファースト」政策により、海外企業がそのハイテク市場において主要なプレーヤーになることは、今後難しくなるのではないかという懸念もあった。

さらに、こうした米国ハイテク企業が中国のテクノロジー市場で市場ポジションを保持するために提携を進めていたころ、米国国内のいくつかの法律事務所は、中国の法律事務所と提携を結んだ。中国には、中国人以外による法律業務を禁ずる法律がある。したがって、中国で事業展開するグローバル企業を顧客に持つ海外の法律事務所は、そうした顧客に対する重要な法律サービスを担える現地パートナーを探す必要があった。たとえば、世界最大の法律事務所であるベーカー&マッケンジー(Baker & McKenzie)は奮迅律師事務所(FenXun Partners)と提携し、上海自由貿易区における共同事業に乗り出した。同じく大手法律事務所であるマグワイアウッズ(McGuire Woods)は、小規模な事務所買収や商事など、いくつかのビジネス法務分野を専門とする富杰律師事務所(FuJae Partners)と提携した。こうした提携は、グローバル企業に対して網羅的に法律サービスを提供するうえでは重要な意味を持つが、国外から中国に参入した事務所にとっては依然として利益をもたらしていない、というのが大方の関係者の見解だ。

このように多くの企業は中国市場へ進出する際、戦略的提携という手段を選ぶ。しかし、提携の狙いは多種多様だ。ウォルマートがJDドットコムと結んだ提携のように、提携先が中国市場において保有する競争優位を生かすためのものもあれば、上に挙げた数々のハイテク企業の提携のように、中国の国内市場を中国化する政府の圧力に対処するためのものもある。はたまた法律事務所による提携のように、提携なくしては法律上、中国国内でそもそも業務を行えないことから結ばれた提携もある。(注1)

近年においては、経済的取引を管理するアプローチとして、戦略的提携を用いる企業がかなり増えている。1990年代初頭では、一握りの業界を除いて企業が戦略的提携を行うことは比較的稀だった。しかし1990年代末になると、多様な業界で提携がより普通に行われるようになった。実際のところ、2000

年から2001年にかけては世界中で実に2万件もの提携が組まれた。コンピュータ技術に関連する一連の業界だけでも、2001年から2005年にかけて2200件の提携が結ばれた。こうして、アップル(Apple)とサムスン電子(Samsung)の関係に見るような複雑な提携のネットワークは、ますます頻繁に観察されるようになった。(注2)

◉——戦略的提携とは何か

到達目標 11.1

戦略的提携を定義し、戦略的提携の具体例を
3つ挙げられるようになる。

戦略的提携(strategic alliance)とは、2つ以上の独立した企業が製品やサービスの開発、製造、販売において協力することである。オープニング・ケースで見たとおり、企業が提携を結ぶ理由はさまざまである。しかし構造的な側面から分類すると、**図11.1**で示すように、戦略的提携は、(1)業務提携(出資を伴わない)、(2)資本提携、(3)ジョイント・ベンチャー、という3つのカテゴリーに大別される。

図11.1｜戦略的提携の類型

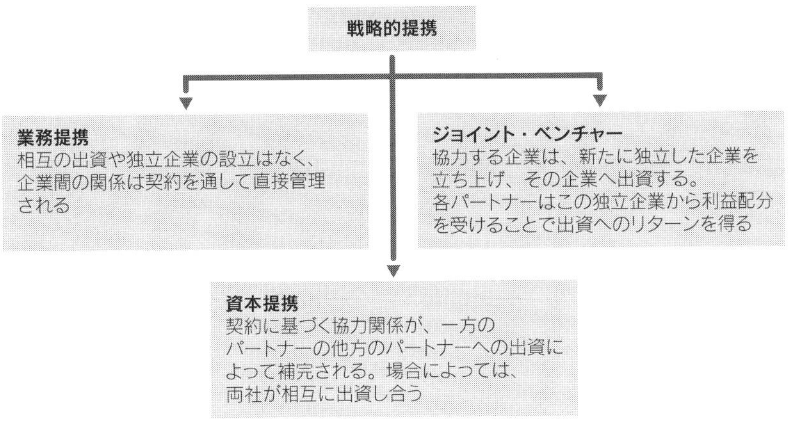

まず、**業務提携**（nonequity alliance）を締結した企業は、製品やサービスの開発、製造、販売においては協力関係を結ぶものの、互いに出資し合ったり、提携業務を管理するための独立組織を立ち上げたりはしない。その代わり、協力関係の管理はさまざまな種類の契約によって行われる。たとえば、一方の企業が他方の企業に自社のブランドネームの下で製品を販売することを許可する**ライセンス契約**（licensing agreements）、一方の企業が他方の企業に製品を供給する**供給契約**（supply agreements）、一方の企業が他方の企業の製品流通を担う**流通契約**（distribution agreements）は、いずれも業務提携の例である。IBMが中国の浪潮国際と結んだ提携は、業務提携に分類される。

資本提携（equity alliance）では、業務提携においてはもっぱら契約上の関係だった相手方との結びつきが、相手への出資によって強化される。たとえば、ゼネラルモーターズ（GM）がいすゞ自動車から小型車を輸入し始めた際には、供給契約を結ぶだけでなく、GMはいすゞ株の34.2%を買い取った。これと似た関係は、フォード（Ford）とマツダ、クライスラー（Chrysler）と三菱自動車工業（以下三菱自動車）の間でも築かれた。[注3] 資本提携は、バイオテクノロジー業界においても頻繁に行われる。ファイザー（Pfizer）やメルク（Merck）などの大手製薬会社は、いくつかのバイオテクノロジー関連のスタートアップ企業の株主である。ウォルマートがJDドットコムと結んだ提携も資本提携の一例である。

ジョイント・ベンチャー（joint venture）では、協力する企業が独立した法人を立ち上げ、その企業へ共同で出資し、創出された利益を分け合う。ジョイント・ベンチャーはかなりの規模になることもある。たとえば、ダウ・ケミカル（Dow Chemical）とコーニング（Corning）が立ち上げたダウコーニング（Dow-Corning、訳注：現在は100%ダウ・ケミカルの子会社ダウ・シリコーンズ）は、それ自体もフォーチュン500企業である。また、ゼネラル・エレクトリック（GE）とフランスの航空宇宙関連会社のスネクマ（SNECMA）が立ち上げたCFMインターナショナルは、商用航空機のジェットエンジンの製造における世界的リーダーである。CFMは事実上すべてのボーイング737型機のエンジンを製造しているので、ボーイング737に乗ったことのある読者なら、このジョイント・ベンチャーに命をゆだねた経験があることになる。

◉——戦略的提携はいかにして経済的価値を生むのか

到達目標 11.2

戦略的提携がどのようにして企業に経済的価値をもたらすかを説明できるようになる。

本書で取り上げた他の戦略と同様、戦略的提携は、企業が直面する機会を活用し、脅威を無力化することによって経済的価値を生む。**表11.1**には、戦略的提携によって活用できる機会のうち最も重要なものをリストアップした。戦略的提携に対する脅威については後述する。

◉戦略的提携による機会

戦略的提携によって得られる機会には3つの大きなカテゴリーがある。第1に、企業は提携によって、既存事業のパフォーマンスを向上できる。第2に、企業は提携によって、優れた企業パフォーマンスにつながる競争環境を生み出すことができる。第3に、企業は提携を行うことで、新たな市場や業界への参入や撤退をより容易にすることができる。

表11.1｜戦略的提携が経済的価値を生み出すパターン

既存事業のパフォーマンス向上
1. 規模の経済の活用
2. 競合からの学習
3. リスク管理とコスト分担

優れたパフォーマンスの確保に有利な競争環境の創出
1. 技術規格の成立を促進
2. 暗黙的共謀の促進

業界や業界セグメントへの低コストの参入または撤退の促進
1. 業界や業界セグメントからの低コストの撤退
2. 不確実性への対処
3. 新たな市場への低コストの参入

[既存事業のパフォーマンス向上]

企業が提携によって既存事業のパフォーマンスを向上させる方法は、（1）規模の経済の活用、（2）競合からの学習、（3）リスク管理とコスト分担（コストとリスクの共有）の3通りである。

規模の経済の活用

戦略的提携によって既存事業のパフォーマンスを向上させる1つの方法は、提携がもたらす規模の経済を活用することである。規模の経済の概念については第2章（上巻）で最初に紹介した。**規模の経済**（economies of scale）とは、製品1単位当たりの生産コストが、生産量の増加に伴って低下することである。たとえば、BICがボールペンを1本だけ製造した場合の生産コストはかなり高いが、5000万本製造した場合の1本当たりの生産コストはかなり低くなる。

規模の経済を実現するためには、非常に大きな生産規模を実現するか、少なくとも規模に関連したコスト優位を享受できる程度の生産規模を確保する必要がある。第2章や第4章（中巻）で取り上げたように、企業が自力で規模の経済を実現できるケースもあるが、それができないケースもある。自力でそれが実現できない場合、企業は他社と戦略的提携を結ぶことがある。それによって他社と合わせた生産規模が、規模の経済によるコスト優位を享受するのに十分な水準に達する可能性がある。

しかし、企業が自力では規模の経済を確保できない理由とはそもそも何なのか。企業が規模の経済を確保するために戦略的提携に頼らざるを得なくなる理由はいくつかある。たとえば、規模の経済を実現するために必要な生産規模が非常に大きい場合、1社で業界全体の支配を目指さなければならない可能性がある。しかし、1社が業界においてそれほど支配的な地位を確保することは、多くの場合、非常に困難である。そして仮にその地位を確保できたとしても、今度は政府による独占禁止規制にさらされる可能性がある。また、数社の企業にとってある部品や技術が非常に重要である一方、その部品や技術の開発・生産において、単独1社だけでは規模の経済を達成できるほどの需要規模に達しない場合もある。このような場合、互いに独立した複数企業が提携することにより、その部品や技術の開発・生産における規模の経済の実現を目指すことがある。

競合からの学習

企業が提携によって既存事業のパフォーマンスを向上させる方法としては、競合からの学習もある。第3章(上巻)で述べたとおり、同じ業界で活動する企業同士であっても、保有する経営資源やケイパビリティは異なる。こうした経営資源の異質性により、業界内の一部の企業は他社に対して競争優位を確保することになる。この場合、競争劣位に置かれた企業は、競争優位を確保した企業の経営資源やケイパビリティについて学ぶために、その企業と提携を追求する可能性がある。

GMはトヨタ自動車(以下トヨタ)とこのような提携を結んだ。1990年代初頭、GMとトヨタは、当時閉鎖していたカリフォルニア州フリーモントのGM工場へ共同出資した。NUMMI(ヌーミ)という名のこのジョイント・ベンチャーは、コンパクトカーを製造し、それをGMの流通ネットワークを通じて販売する目的で設立された。では、GMがコンパクトカーの製造でトヨタと提携したのはなぜなのか。GMは社内でコンパクトカーを製造することもできたはずだ。しかしGMは、トヨタが高品質な小型車の製造においていかにして利益を確保しているのかを学ぶことに、非常に強い関心を持っていた。実際NUMMIの工場では、製造工程に関しては全面的にトヨタが主導することで両社が合意し、トヨタはGMの元従業員を使い、自社を小型車セグメントにおける品質リーダーにならしめたリーン生産方式を導入・運用した。一方トヨタは、GMのマネジャーに対しても、製造現場に立ち会うことでリーン生産方式の管理プロセスを観察することを認めた。工場の稼働以来、GMは何千人ものマネジャーを他のGM工場からNUMMI工場へローテーションさせ、トヨタのリーン生産方式を体感させた。

このような提携がGMにとってメリットをもたらすのは明らかだろう。しかし、トヨタにとってGMとこのような提携を結ぶことのメリットは何なのだろうか。当然トヨタの目的は、リーン生産方式そのものについて理解を深めることではない。しかし、トヨタは当時、将来自ら生産施設を建てて米国市場に進出することを狙っていたので、リーン生産方式を米国の地で米国の従業員を使って実行する術を学ぶ必要があった。このように、この提携はトヨタにとっても学びをもたらしたのである。

提携の両当事者がその提携から学ぼうとする場合、2社の間では**学習レース**(learning race)という興味深い関係が形成される。この関係についてはコラム「より詳細な検討」で詳しく述べる。もちろん、ある提携が単独または複数の当事者の持つ学習ニーズに起因していて、すべての当事者が提携から学べることをすべて学び切った時、その提携は役目を終える。したがって、たとえばGMとトヨタのNUMMIプロジェクトは、2010年に打ち切られた。興味深いことにその際、NUMMIプロジェクトで使用されていたカリフォルニア州フリーモントの工場を買い受けたのは、テスラ(Tesla)だった。

より詳細な検討

学習レースに勝つには

戦略的提携において学習レースが発生するのは、提携の両当事者が一方のパートナーからの学習を追求しているものの、学習のペースが両社で異なる場合である。そのような状況では、相手よりも先に狙い通りの学習を果たした企業は、提携への投資水準を低下させるか、提携自体を解消するという選択肢を手に入れる。こうして相手よりも学びの早い企業は、学びの遅い企業が提携から学びたいことをすべて学習する機会を奪うことができる。この両社が提携の外では競合関係にある場合、学びの早い企業は学習レースに勝つことで、学びの遅い企業に対して持続的競争優位を確保できる可能性がある。

提携関係にある企業に学習ペースの差が存在する要因にはさまざまなものが考えられる。第1に、企業間で学びたいことが異なっており、それら学びたいことの学習難易度もそれぞれ異なる場合が考えられる。GMとトヨタの例で言えば、GMが学びたかったのはリーン生産方式を活用し、高品質な小型車の製造によって利益を確保する方法である。トヨタは、すでに保有していたリーン生産スキルを米国で活用する術を学ぼうとしていた。リーン生産方式を学ぶことと、リーン生産方式を米国で活用する方法を学ぶこととでは、どちらのほうが容易に学習できるだろうか。

おそらくGMが目指した学びのほうが、トヨタよりもはるかに複雑であったと言えるだろう。GMはトヨタから学んだリーン生産方式の知識を実用化するにあたって、少なくとも既存工場のいくつかにその知識を移植する必要があった。既存工場がこの知識を活用するためには、現行の操業方針を変更するという困難かつ時間のかかるプロセスを経なければならない。一方トヨタは、米国においてリーン生産を行うための知識を、提携時にはまだ建設されていなかった米国国内の他工場へゼロベースで移植すれば済む。GMの目指していた学びがトヨタに比べて複雑だったことから、トヨタの学習ペースはGMを上回っていた可能性がかなり高い。

第2に、企業の間で学習能力に差があると考えられる。このような企業の能力は、**知識吸収能力**(absorptive capacity)と呼ぶ場合がある。知識吸収能力の高い企業は、提携パートナーと同じことを学ぼうとしていても、知識吸収能力の低い企業よりも速いペースで学習できる。研究によれば、知識吸収能力とは、さまざまな場面で効果を発揮する重要な組織ケイパビリティであることが示されている。

第3に、企業が提携パートナーの学習ペースを落とすためにさまざまな行動をとる場合がある。たとえば、企業は、提携パートナーと自社技術を共有することで契約上の義務は果たしつつ、技術を活用するために必要なノウハウを、すべては開示しない可能性がある。このような行動をとった場合、提携パートナーの学習ペースは低下する。また、企業は、重要人材を共同事業へ配属しないことで、提携パートナーの学習ペースを低下させる場合もある。これらの行動が、提携パートナーに対しては学習ペースを低下させる効果を持ちつつ、自らの学習ペースには影響を与えない限り、そのような行動をとった企業は学習レースにおいて有利になる。

これまでさまざまな状況における学習レースが研究されてきたが、なかでもベンチャー企業と大企業の間では、学習レースが特に発生しやすい。このような提携では、ベンチャー企業のほうは、製造、営業、流通など、製品を市場に出すまでに求められるあらゆる管理機能について学ぼうとしているケースが多い。これらをすべて学ぶことは非常に困難である。一方大企業のほうは、ベンチャー企業の技術のみに関心を持っている場合が多い。相手の技術のみを学ぼうとすることは相対的に容易である。したがって、このような提携における大企業は、ベンチャー企業に比べて、目指している学びの難易度が低いことから、学習レースに勝つことが多い。学習レースに勝った大企業は、提携パートナーから学びたいことを学んだ時点で、提携への投資を減少あるいは撤収させることができる。こうした背景から、ある調査によれば、大企業と提携経験のあるベンチャー企業の経営者の80%は、提携パートナーに不当に利用されたと感じているという結果が出ている。[注4]

コストとリスクの共有

企業が提携によって既存事業のパフォーマンスを改善させる最後の方法は、コストとリスクの共有である。たとえばHBOは、オリジナル制作番組のほとんどを独立系制作会社と提携して制作している。こうした提携はたいていの場合、コストとリスクを分担することを目的として行われる。新番組の立ち上げには膨大な制作費がかかる。特に『ゲーム・オブ・スローンズ』のような複雑な長編シリーズともなると、企画や制作にかかる費用は何億ドル規模である。また、試写会や入念な市場調査を行ったとしても、新シリーズの制作はかなりリスクが高い。実績のあるスターや名監督が作品に参画したとしても、映画がヒットする保証はない。ブラッド・ピットは2016年に公開された『マリアンヌ』という映画に主演したが、ほとんどの読者は聞いたこともないだろう。同作は7500万ドルから9000万ドルの赤字を出したと言われている。マーク・ウォールバーグは『バーニング・オーシャン』に主演したが、こちらは6000万ドルの赤字だった。スティーヴン・スピルバーグは『BFG：ビッグ・フレンドリー・ジャイアント』の監督を務めたが、この作品の赤字は9000万ドルから1億ドルにのぼったと言われる。(注5)

こうした状況を踏まえると、HBOが単独での番組制作を避けるのも無理はない。HBOが仮にオリジナル番組を単独で制作した場合、制作費すべてを負担しなければならないのはもちろん、番組がヒットしなかった場合のリスクもすべて1社で抱え込むことになる。もちろん、番組制作に他社を関与させれば、その番組が生み出した利益も分割しなければならなくなる。しかし、HBOの経営を見ると、番組制作のコストとリスクを分担することには、獲得利益を分割するだけの価値が十分あると判断していることがわかる。

[有利な競争環境の創出]

企業は戦略的提携を利用して、自社にとって有利な競争環境を生み出すこともできる。これを果たすには、技術標準の確立と暗黙的共謀の促進という少なくとも2つの方法がある。

技術標準の確立

技術標準は多くの業界において重要である。ある製品の技術標準が確立されていないうちは、長期的に生産され続けるかどうかが不確かなため、顧客は特定技術へのコミットを避け、製品を購入しない可能性がある。

技術標準がとりわけ重要になるのは、第2章で取り上げた**ネットワーク業界**(network industries)である。ネットワーク業界の特徴は、**規模に関する収穫逓増**(increasing returns to scale)が存在する点である。たとえば、ファックス機を考えてみてほしい。ファックス機が1台だけ存在していた場合の価値はどれぐらいか。もちろん、この場合の価値はほとんどない。しかし、2台のファックス機が互いにやりとりできれば価値は高まる。また、3台でファックスをやりとりできればさらに価値が高まる。すなわち、ファックス機1台分の価値は、互いにやりとりできるファックス機の総数によって決まる。ここには規模に関する収穫逓増が存在する。つまり、1つの製品の価値(言い換えれば「収穫」)が、製品の数(言い換えれば「規模」)に伴って増大する状況である。

しかし、1億台のファックス機が存在したとしても、それらが互いに通信できなければどのファックス機にも価値はなく、せいぜい巨大な文鎮としての価値しかない。ファックス機が本来の価値を発揮するためには、他のファックス機と通信できなければならない。そしてファックス機が互いに通信するためには、すべてのファックス機が同じ通信規格か、少なくとも互換性のある通信規格を使用していなければならない。こうした構造から、ネットワーク業界においては、技術標準を確立することが非常に重要になってくる。

技術標準の確立には2通りある。1つ目は、各企業が異なる規格を導入し、顧客に好みの標準を選ばせるパターンである。HD画質のDVD規格はこのように確立された。当初は2つのフォーマットが競合していた。東芝が推進していたHD DVD形式と、50ほどのエレクトロニクス企業とコンテンツ制作者からなるブルーレイディスク・アソシエーション(Blu-ray Disc Association)が推進していたブルーレイDVD形式である。いずれのフォーマットも相手に勝る点があったが、互いのプレーヤーで再生することはできなかった。2つのフォーマットの競合はしばらくの間続いたが、2004年にはパナソニック、2005年にはサムスン、2004年にはディズニー、2005年にはパラマウント(Paramount)が、それぞれブルーレイ形式にコミットした。2008年になると、ついに東芝もブルーレイの勝利を認め、2009年には、独自のブルーレイディスク・プレーヤーを発売した。(注6)

当然ながら、技術標準の確立を顧客の好みや企業間競争に委ねることの一番の問題は、業界内で最終的に確立した技術標準とは互換性のない技術を、顧客が購入してしまっている可能性が十分ある点である。実際ブルーレイが勝利した後、HD DVD形式の製品をすでに購入していた大勢の消費者は困った状況に置かれた。こうした理由から、新技術が誕生しても、技術標準が確立するまでは、顧客がその技術に投資しようと思わない可能性がある。

そこで有効なのが、戦略的提携である。企業は、もっぱら技術標準の評価と選択のために戦略的提携を組む場合がある。いったん技術標準が確定すれば、顧客は少なくともしばらくの間はその規格が業界標準であり続けると期待できるため、その技術に基づいて開発された製品を購入してもよいと思うようになる。したがって、企業がこの状況において戦略的提携を行うことは、より望ましい競争環境を生み出すことにつながる。

暗黙的共謀の促進

戦略的提携を通じて他社と協調することへのもう1つのインセンティブは、他社との協調活動を通じて暗黙的共謀の形成が促進されることである。第7章(中巻)で説明したとおり、**共謀**(collusion)とは、業界内の複数企業が戦略上の意思決定を調整し、業界の競合度を低下させることである。通常は競合度を下げることによって、共謀した企業はパフォーマンスを向上させることができる。共謀の一般的な例としては、協調行動によって業界内で生産される製品量を減らし、価格を上昇させる場合が挙げられる。企業が生産量や価格などを直接的やりとりによって調整することは**明示的共謀**(explicit collusion)と呼ばれる。明示的共謀(＝談合)は、多くの国では法的に禁じられている。

企業のマネジャーは、明示的共謀を行えば刑務所行きになってしまうので、ほとんどの共謀は暗黙的に行われる必要がある。**暗黙的共謀**(tacit collusion)が存在するのは、企業が直接的コミュニケーションではなく、協調の意思を表明するシグナルの交換を通して生産量や価格を調整する場合である。企業が交換するシグナルの例としては、値上げをすること、生産規模を縮小させること、新技術の開発に取り組まないこと、などに関する公の発表が挙げられる。

共謀の意思を表明するシグナルは、解釈が難しい場合がある。たとえば、需要が低下したにもかかわらず業界内の企業が値下げを行わない場合、共謀の意思があるというシグナルを発信している可能性もあるが、差別化による優位を生かして利益マージンを維持しようとしている可能性もある。あるいは、調達コストが低下したにもかかわらず企業が値下げを行わない場合、これも、共謀の意思があるというシグナルを発信している可能性はあるが、それがたまたまその企業にとって利益を最大化する選択である可能性もある。上記いずれのケースにおいても、企業行動から読み取れる共謀への意思の有無は、とても明確とは言いがたい。

この場合、戦略的提携を行えば暗黙的共謀が行いやすくなる可能性がある。戦略的提携は、同じ業界に属する企業同士であっても、複数の独立した企業間であれば形成できる。提携を結んだ企業は法律上、提携関係の外で生産している両社の製品やサービスの価格、コストについては情報交換を禁じられるが、それ以外の面でコミュニケーションをとることは可能であり、それが暗黙的共謀を行いやすくする交流環境をつくり出す。[注7]コラム「関連する学術研究」で示すとおり、戦略的提携に関する初期の研究は、主に提携が暗黙的共謀の形成にもたらす影響について検証したものだった。一方最近では、提携は通常、暗黙的共謀を促進しない、という研究結果も出ている。

関連する学術研究

戦略的提携は暗黙的共謀を促進するか

一部の研究者によれば、提携の類型のなかでもジョイント・ベンチャーは、実際にある業界において、暗黙的共謀を発生させる可能性を高める。たとえば、シアラー（Scherer）やバーニーの著書においてレビューされているある研究によれば、1900年代初頭の米国鉄鋼業界では、ジョイント・ベンチャーによってUSスチール（U.S. Steel）と並ぶ2つの産業グループが形成されたという。この製鉄業界におけるジョイント・ベンチャーは、USスチールが行っていた垂直統合に対する代替であり、本来ならば（つまり、ジョイント・ベンチャーがなければ）より競合度が高かったであろう製鉄業界を寡占状態にした。別の研究では、ジョイント・ベンチャーの親会社は50％以上が同じ業界に属していることが示された。また、石油や天然ガスの採掘リース権へのジョイント・ベンチャーによる入札を885件調査した研究では、提携パートナー同士が他の取引で競合しているケースはたった16件しかなかった。これらの結果は、ジョイント・ベンチャーによって、同一業界の企業間で暗黙的共謀が促進される効果があることを示している。

フェッファー(Pfeffer)とノワク(Nowak)が行った研究では、企業がジョイント・ベンチャーを組む可能性が最も高いのは、市場集中度が中程度の業界であることが示され、この結果は大いに注目された。彼らによれば、市場集中度が高い業界(すなわち、競合している企業数が少数の場合)では、ジョイント・ベンチャーによらなくても共謀しやすい環境をつくり出すことができる。一方、市場分散度が非常に高い業界では、ジョイント・ベンチャーによっても暗黙的共謀に必要な市場集中度が生み出せない。ジョイント・ベンチャーが頻繁に組まれる唯一の状況は、ジョイント・ベンチャーによって市場集中度を高められる場合、すなわち、市場集中度が中程度の場合である。

シアラーとバーニーは、以上のような研究結果に反する、より新しい研究の文献レビューを行っている。これらの研究によれば、同業界の企業同士のジョイント・ベンチャーは、共謀とはほぼ無関係の理由から価値を生み出す場合がある。さらに他の研究によって、ジョイント・ベンチャーは市場集中度が中程度の業界で最も組まれやすいという研究結果に対しても、業界カテゴリーをさらに細分化して分析することにより、反証が示されている。たとえば過去の研究では、「エレクトロニクス業界」や「自動車業界」など、非常に大きなカテゴリーで「業界」が定義されていた。しかしその後の研究では、「消費者向けエレクトロニクス業界」や「自動車部品製造業界」というように業界の定義を狭めたところ、73%のジョイント・ベンチャーは、親企業同士が異なる業界に属していることが示された。すなわち、ジョイント・ベンチャーの親企業が同じ業界に属していること(細分化された定義に基づいて業界を考えた場合)は、共謀と関係する可能性があるものの、その後の研究に基づけば、この種のジョイント・ベンチャーは比較的稀だということになる。[(注8)]

[参入と撤退の促進]

最後に戦略的提携は、新たな市場や業界への参入や、ある市場または業界からの撤退を行いやすくすることにより、企業に経済的価値をもたらす。特に、市場参入や撤退がもたらす価値に不確実性が存在する場合、戦略的提携の価値はとりわけ高くなる。

参入の促進

業界に参入する際、潜在的参入者自身が備えていないスキル、能力、製品が求められることがある。しかし戦略的提携を組めば、こうしたスキル、能力、製品の獲得にかかる高いコストを回避でき、業界への新規参入が容易になる。

たとえば、デュポン(DuPont)はある時、エレクトロニクス業界への参入を狙っていた。しかし、エレクトロニクス業界は、競争力ある製品の開発に必要なスキルや能力を身につけることが非常に困難で、高コストな業界である。こうしたコストを自ら負担する代わりに、デュポンはフィリップス(Philips)という盤石なエレクトロニクス企業と戦略的提携を結び(デュポン/フィリップスオプティカル(DuPont/Philips Optical))、一部のフィリップス製品の米国市場での流通を担うことにした。こうしてデュポンは、エレクトロニクスの生産に必要な経営資源やケイパビリティを一から構築するコストを負担することなく、エレクトロニクス業界という新たな業界に参入できた。

もちろん、フィリップス側にもデュポンに協力するインセンティブがない限り、このジョイント・ベンチャーは成功しなかっただろう。デュポンの狙いは、新たな業界への参入コストを下げることだったが、フィリップスの狙いは、従来から進めていた米国という新たな地理的市場に参入するコストを下げることだった。フィリップスはデュポンとの提携を生かし、すでに欧州で販売していたコンパクト・ディスクを米国で販売した。[注9] 新たな地理的市場への参入を促進する提携の効果については、後に詳しく述べる。

業界への新規参入を促進する提携は、エレクトロニクス業界ほど複雑で学習困難なスキルが求められない業界であっても、依然として価値を持ち得る。たとえば、ウェルチフーズ(Welch Foods)とリーフ(Leaf、スナックバー「ヒース(Heath)」の製造会社)は、自ら冷凍菓子をつくる代わりに、エスキモー・パイ(Eskimo Pie)に冷凍菓子業界に参入するための製品開発を依頼した。その結果、エスキモー・パイは、ウェルチにはグレープジュース・アイスバーを開発し、リーフには「ヒース(Heath)」ブランドのトフィーアイスバーを開発した。これらの製品売上げは、依頼主の2社とエスキモー・パイの間で分配された。[注10] 新たな業界に参入するために提携を組むことは、自らスキルやケイパビリティを身につけることと比べてコストが低い限り、有益な戦略的機会となる。

撤退の促進

企業は、業界またはその特定セグメントから低コストで撤退するメカニズムとして、戦略的提携を用いる場合がある。企業が業界やそのセグメントから撤退するインセンティブを持つのは、その事業のパフォーマンスが期待を下回り、改善する見込みが薄い場合である。企業は業界やそのセグメントから撤退する時、そこで競争するために獲得してきた資産を処分しなければならないことが多い。こうした資産には、工場、配送センター、製品技術など、有形の経営資源やケイパビリティもあれば、ブランドネーム、サプライヤーや顧客との関係、忠誠心やコミットメントの高い従業員など、無形の経営資源やケイパビリティが含まれることもある。

企業は、業界やそのセグメントから撤退するためにこうした有形・無形の資源を処分する際、それらの持つ経済的価値を目減りさせることなく回収することはなかなかできない。これは、そうした資源を所有する企業と、それを購入しようとする企業の間に存在する情報の非対称性が原因となっている。その際、企業は購入を検討している企業と提携を組むことによって、提携相手にその資源に実際どれほどの価値があるのかを、直接観察する機会を与えられる。その資源が本当に価値あるものならば、こうした「お試し期間」により、資源の価値をより正確に反映した価格設定が可能となり、売る側の企業は撤退がしやすくなる。この問題については、第12章で合併・買収を取り上げる際に詳しく論じる。

業界やそのセグメントからの撤退に戦略的提携を利用した企業の例としては、コーニングが挙げられる。1980年代末、同社は医療診断業界へ参入した。しかし、数年にわたって医療診断事業を展開した結果、コーニングは、他の事業で自社の経営資源やケイパビリティを活用したほうが高い生産性を確保できるという決定にいたった。こうして同社は、医療診断業界からの撤退を開始した。

ただし、医療診断事業で築き上げてきた資産を処分するにあたって価値を満額回収するため、同社はチバガイギーというスイスの特殊化学品会社と戦略的提携を結んだ。提携の際、チバガイギーは7500万ドルでコーニングの医療診断事業の半分を買収した。数年後、コーニングは残りの資源をすべてチバガイギーに売却し、医療診断事業からの完全な撤退を果たした。しかし、その際の売却価格は、最初の半分を売却した価格7500万ドルの2倍となる1.5

億ドルだった。両社の提携により、チバガイギーはコーニングの医療診断事業に関連したケイパビリティの価値を、より完全に評価することができたのだ。つまり、提携前に存在していた情報の非対称性が改善されたことにより、コーニングは医療診断業界からの撤退に際して、より完全な価値に近い価格で資源を処分することができたのである。(注11)

不確実性への対処

最後に、企業は**不確実性**(uncertainty)に対処するために、戦略的提携を用いることができる。第6章(中巻)で説明したとおり、不確実性が高い状況では、企業はその時点では複数の戦略のうちどれを追求すべきか判断できない可能性がある。このような場合、企業は柔軟性を維持することにより、ある市場または業界に参入する価値の全容が明らかになった時点で、迅速に参入できる選択肢を確保しておくインセンティブを持つ。その点、戦略的提携を形成しておけば、ある市場または業界に新規に本格参入する場合に負担すべきコストを回避しつつ、参入の足がかりを確保しておくことができる。

このロジックに基づいて、戦略的提携は**リアルオプション**(real option)の一種として研究されてきた。(注12)すなわち、戦略的提携の一形態であるジョイント・ベンチャーは、不確実な状況において企業が購入するオプションととらえることができる。これにより、その後価値ある機会が浮上した際に、素早く市場や業界に参入する可能性を保持しておくことができる。企業がいざ迅速に市場に参入しようとする際には、このジョイント・ベンチャーにおける提携パートナーの持ち分(株式)をすべて買い取ればよい。また、ジョイント・ベンチャーに参画することにより、企業は、ある市場に本格参入すべきかどうかを判断するための情報にアクセスできる。この観点から戦略的提携を分析すると、リアルオプションとしてジョイント・ベンチャーに出資した企業が提携パートナーの持ち分買収に動くのは、ジョイント・ベンチャーの価値が期待以上に上昇する傾向が示された時である。言い換えれば、不確実性が解消され、市場参入が真に正の価値を持つことが明らかになった時点である。実証研究では、このような理論的予測と整合する結果が導かれている。(注13)

上記の観察を前提とすれば、新規性と不確実性に満ちた環境に身を置く企業が、頻繁に戦略的提携を結ぶ傾向にあることは驚くにあたらない。バイオテクノロジー業界において戦略的提携が多いのも、このためである。バイオテクノロジーを活用して開発された医薬品の少なくとも一部が、最終的に高い価値を実現することは比較的確実だと言えるが、具体的にどの医薬品が最も高い価値を持つかは、かなり不確実である。よって、多くの製薬会社は、自ら少数のバイオ医薬品を開発する代わりに、数多くの小規模なバイオテクノロジー企業と戦略的提携を行う。製薬会社が投資した1つひとつの小企業は、特定種類の医薬品に活用されたバイオテクノロジーが生み出す価値への「賭け(bet)」と見ることができる。そのうちのどれか1つに価値があると判明した時、その企業に投資をしておいた大規模製薬企業は、残りの株式を購入する権利を有する(義務は負わない)。その意味で、製薬会社の視点に立てば、大規模な製薬会社と小規模なバイオテクノロジー企業の間で結ばれる提携は、リアルオプションと言える。

◉――提携における脅威:
提携パートナーを裏切るインセンティブ

到達目標 11.3

逆選択、モラル・ハザード、ホールドアップが、
提携の有する価値創出能力をいかに減退させ得るかを
説明できるようになる。

戦略的提携を行った企業は、提携パートナーと協力するインセンティブを持つ一方、提携パートナーを裏切るインセンティブも持つ。研究によれば、実際に約3分の1のケースでは、少なくとも1社の提携パートナーが提携に不満を持つという[注14]。こうした失敗事例は、そもそも価値をもたらすポテンシャルのない提携を結んだことにも原因があろうが、提携の当事者が相手を裏切ったこと、つまり、提携の価値を最大化させることに対して一方が相手と協力しなかったことも原因となり得る。裏切りの形態としては、**表11.2**で示したとおり、(1)逆選択、(2)モラル・ハザード、(3)ホールドアップ、の少なくとも3種類がある[注15]。

表11.2｜戦略的提携における裏切りの形態

- 逆選択：潜在的な提携パートナーが提携に持ち寄るスキルや能力の価値を偽って表明する場合（たとえば、実際には保有していないのに保有しているふりをする、など）
- モラル・ハザード：提携パートナーが約束よりも低いスキルや能力を提携に持ち寄る場合
- ホールドアップ：提携パートナーが相手の行った取引特殊投資に乗じて相手を搾取する場合

◉逆選択

企業は潜在的提携パートナーに対して、提携に際して相手に提供するスキル、能力、その他経営資源の水準を偽って示すことがある。この種の裏切りは**逆選択**（adverse selection）と言い、ある提携パートナーが提携活動に提供すると約束した経営資源を実際には保有していないか、獲得する手段がない場合に発生する。たとえば、ある地域の企業が提携相手に対してその地域における流通ネットワークを提供すると約束したものの、実際にはそのような流通ネットワークが存在しない場合、その地域企業は逆選択を行ったと言える。逆選択を行う企業は、無論提携パートナーとしてふさわしくない。

戦略的提携において逆選択が起きやすいのは、提携パートナーが提携に際して、どのような経営資源やケイパビリティを持ち寄るかをもう一方の相手が簡単には確認できず、あるいは、確認するコストが高い場合である。逆に、企業は、潜在的提携パートナーがその保有する経営資源やケイパビリティを偽っていることが明らかな場合、戦略的提携を追求しない。相手の偽りを知った企業は、他の提携パートナーを探すか、必要なスキルや経営資源を社内で開発するか、あるいは、そのビジネス機会自体を断念するだろう。

しかし、潜在的提携パートナーの主張の真偽を見極めることは容易ではない。企業が相手の主張の真偽を見極めるためには、自ら保有していない情報が求められるからである。たとえば、潜在的提携パートナーが政治的コネを持っていると主張する場合、こちらも政治的コネを保有していなければ真偽は判断できない。また、潜在的提携パートナーが膨大な市場知識を保有していると主張する場合、自らも十分な市場知識を持っていなければ真偽はわからない。潜在的提携パートナーの経営資源やケイパビリティを低コストで完全に評価できるのなら、そもそもその提携パートナーと提携を結ぶ必要がない可能性もある。企業が提携先を探しているということ自体が、潜在的提携パートナーを評価する能力に制約があることを示している。
　一般に、戦略的提携に持ち寄られる経営資源やケイパビリティの無形性が高いほど、提携に先駆けてその価値を推定するコストは高く、逆選択は起きやすくなる。したがって、「地域の事情に対する理解」や「政府の要人との人脈」などといった無形の経営資源を持ち寄るパートナーとの提携を検討している企業は、この種の裏切りには特に注意する必要がある。

◉モラル・ハザード

　提携当事者は、実際に十分な価値を持った高品質な経営資源やケイパビリティを保有しているにもかかわらず、それを提携パートナーに提供しないことがある。この種の裏切りは**モラル・ハザード**（moral hazard）と呼ばれる。たとえば、提携パートナーは技術開発分野の戦略的提携において、その共同事業に対して最も有能で経験豊富な技術者を送り込むと約束し、かつその種の技術者を保有していながら、実際にはあまり能力が高くなく経験も乏しい技術者を送り込むことがある。この能力の低い技術者は、共同事業の成功にはあまり貢献しないと予想されるが、もう一方の提携パートナーが送り込んだ能力の高い技術者からは多くのことを学べる。こうして能力の低い技術者は、提携相手から自社に資源を移転することができる。[(注16)]
　しかし、ある提携においてモラル・ハザードが発生した場合であっても、それが提携当事者の悪意や不誠実によるものとは限らない。実際にモラル・ハザードが発生するケースのほとんどは、提携を結んだ後に市場環境が変化し、その結果、1社または複数の提携パートナーが戦略の見直しを強いられた場合である。
　たとえば、パーソナルコンピュータ（パソコン）業界の草創期において、コンパック・コンピュータ（Compaq Computer Corporation、以下コンパック、訳注：2002年にHPに買収された）は独立した流通業者のチャネルネットワークを通じて販売を行っていた。しかし、その後パソコン業界の競争は激化し、インターネット、通販、あるいは「コンピュータ・スーパーストア」を通じた製品流通の重要性が高まり、コンパックがそれまで長らく維持していた従来の流通業者との関係はこじれた。従来の流通業者にとっては、コンパックが要求するペースで在庫を確保することが、次第に難しくなっていったのである。

実際、大型の注文に対処するため、近くのコンピュータ・スーパーストアからコンパックのコンピュータを購入し、それを顧客へ配送する流通業者すらいた。独立の流通業者にとっては、コンパックが独立系の代理店チャネルから代替的な配送チャネルへ移行したことはモラル・ハザードのように思えた。しかし、コンパックの視点から言えば、こうした方針変更は、パソコン業界に起きた経済情勢の変化に対応したにすぎない。(注17)

◉ホールドアップ

提携当事者が逆選択やモラル・ハザードを行わなかったとしても、提携において発生し得る裏切りはもう1つ存在する。提携当事者はいったん戦略的提携を組むと、その提携でしか価値を持たず、他の経済的取引では価値を持たない投資をする場合がある。これは、第8章で紹介した取引特殊投資である。たとえば、一方の提携パートナーのマネジャーは他方の提携パートナーのマネジャーと密接な信頼関係を築く場合がある。こうした密接な人間関係は、その提携の文脈においては非常に価値あるものだが、他の経済的取引での経済的価値はほとんどない。また提携当事者は、提携パートナーとの協力を可能にするために、製造設備や流通ネットワークなどに関する重要な事業運営方針をカスタマイズする必要が出てくることもある。こうした改変は、その提携の文脈においてはかなり価値を持つが、提携の外ではその企業のためにならず、損失を生じさせる可能性すらある。第8章で述べたように、ある投資の最適な活用法(この場合は提携内での活用)の価値が、それに次いで適切な活用法(この場合は提携外での活用)の価値を大きく上回る場合、その投資は**取引特殊**(transaction specific)であると言う。(注18)

一方の企業がもう一方の提携相手に比べ、その提携に対してより大きな取引特殊投資をした場合、その企業は提携相手による**ホールドアップ**(hold up)という裏切りにさらされる可能性がある。ホールドアップが生じるのは、取引特殊投資を行わなかった側が、あらかじめ合意した水準よりも高いリターンを要求する場合である。

たとえば2社の提携パートナーが、提携に伴って発生するコストと利益をいずれも折半することで合意していたとする。提携を成功させるために、企業Aは製造プロセスのカスタマイズが求められる。一方、企業Bは企業Aとの協力を実現するために自らの事業を変更する必要がない。企業Aのカスタマイズされた製造プロセスは、提携業務に使用した場合の価値は5000ドルである。しかし、提携外での価値はたった200ドルである(スクラップ金属としての価値)。

当然ながら、この提携に対して企業Aは取引特殊投資を行っており、企業Bは行っていない。したがって、企業Aは企業Bによるホールドアップの脅威にさらされる可能性がある。具体的に言うと、企業Bは企業Aに対し、企業Aが提携向けに改変した製造プロセスを提携業務に用いることで獲得する5000ドルの価値のうち、一部を自分たちに譲らなければ提携を解消するぞ、と脅すことができる。企業Aとしては、この投資によって将来的に獲得し得る価値をすべて失い、200ドルしか獲得できない状況に陥るぐらいなら、5000ドルの一部を企業Bに分与したほうがまだましだと思うだろう。実際のところ、企業Bが企業Aから価値を搾取した結果、企業Aの手元に残る価値が、2番目に適切な方法で製造プロセスを用いた場合の価値(この例では200ドル)を少しでも上回る限り、企業Aとしては提携を解消しないほうが得である。こうして、企業Aと企業Bは提携時にはその利益を折半することで合意していたものの、一方の提携当事者(企業A)が大きな取引特殊投資を行ったことにより、相手方(企業B)による条件変更が可能になったのである。国際的合弁事業に関する研究では、合弁事業に際して行われる取引特殊投資が、頻繁にホールドアップ問題を招く傾向にあることが示されている。(注19)

ホールドアップは戦略的提携における裏切りの形態だが、ホールドアップの脅威は、戦略的提携を行う動機にもなる。アルミニウム製錬会社は、ボーキサイトの採掘において規模の経済を確保するために、採掘会社とジョイント・ベンチャーを組むことが多い。しかし、製錬会社にはもう1つ別の選択肢がある。それは大規模で効率的な採掘場を自ら操業し、余ったボーキサイト(つまり、自社でアルミニウムを製錬するのに必要な量を超えた分)を市場で販売するという選択肢である。しかし、ボーキサイトは均質なコモディティではないという問題がある。また、ボーキサイトの種類によって求められる製錬技術も異なる。ある企業が余剰のボーキサイトを市場で販売するとしたら、他の製錬会社は、その企業から獲得したボーキサイトを精製するためだけに巨額の投資をしなければならない。こうした投資は取引特殊であり、その他の製錬会社はホールドアップ問題にさらされることになる。

上記のケースにおいて戦略的提携を結ぶことは、ホールドアップ問題を解決するための明示的な管理の枠組みを構築することになり、結果としてホールドアップの脅威を減殺できる方法になる。言い換えれば、その戦略的提携においても依然としてホールドアップ問題は存在するものの、市場での取引相手という遠い関係でホールドアップに対処するよりは、提携の枠組みのほうが企業にとって望ましい対処方法だと考えられる。逆選択、モラル・ハザード、ホールドアップにまつわる倫理的問題については、以下のコラム「企業倫理と戦略」で検討している。

企業倫理と戦略

戦略的提携において「不正を働くものはけっして繁栄しない」という原則は成り立つか

戦略的提携を結んだ企業が提携パートナーを裏切るかたちとしては、逆選択、モラル・ハザード、ホールドアップの3つがある。この3つの裏切りのかたちにはある共通点がある。それは、いずれの裏切りも、一方の提携当事者による提携相手への「嘘」が関わっていることだ。そしてこうした嘘は、提携から正当な取り分を超えた価値を獲得することにつながるので、嘘をついた企業にとって大きな利益となる。そう考えると、提携は、「不正を働くものはけっして繁栄しない」という古い格言が、唯一妥当しない経済的場面のように思える。

たしかに、提携パートナーを裏切った企業が短期的に有利になるのは間違いない。しかし研究によれば、裏切りに長期的なメリットはない。なぜならば、提携パートナーを裏切った企業は、将来的に他社と提携を結ぶことが難しくなり、有望な取引機会を失うことになるからだ。

戦略的提携の「裏切り常習者」が長期において獲得するリターンを検証した研究のなかには、「囚人のジレンマ」というシンプルなゲームを用いて提携を分析したものがある。「囚人のジレンマ」ゲームでは、企業は2つの選択肢を持つ。提携パートナーとの協力を続けるか、逆選択、モラル・ハザード、ホールドアップのいずれかの手段で提携パートナーを裏切るかである。

このゲームにおいて企業が獲得する利益は、両社が行う意思決定が左右する。第7章（中巻）でも解説したとおり、両社は協力をすることを選べば提携からそれなりの利益を獲得できる(ここでは3000ドルとしよう)。両社とも提携相手を裏切れば、両企業とも少額の利益しか獲得できない(ここでは1000ドルとしよう)。さらに、一方の企業が裏切ることを選び、もう一方の企業が協力することを選べば、裏切った企業は非常に大きな利益(5000ドルとする)を獲得するが、協力した企業は非常に小さな利益(0ドルとする)しか獲得できない。

この場合、企業1と企業2の提携が一度限りの関係であれば、両社とも裏切りへの非常に強いインセンティブを持つ。なぜなら、最低でも1000ドルの利益を期待でき、うまくいけば5000ドルの利益を獲得できるからだ。しかし研究によれば、長期にわたって複数の提携を結ぶことを見込んでいるのならば、企業にとって最善の戦略は、すべての提携において相手と協調することである。複数の提携におけるパートナーがすべて異なったとしても、結果は同様である。

囚人のジレンマゲームを繰り返し行う場合に勝つための戦略は、ティット・フォー・タット戦略(tit-for-tat strategy、「しっぺ返し戦略」)と呼ばれる。「しっぺ返し」とは、つまり、企業1は企業2が提携に協力する限り自らも協力し、企業2が裏切った際には自らもすぐに裏切ることを意味する。この状況下でしっぺ返し戦略が有効なのは、基本的スタンスとして提携に協力的な姿勢を保っていれば、大方のケースではそれなりの利益(3000ドル)を獲得できるからである。同時に、裏切られたらすぐ裏切り返すという方針を持つことで、しっぺ返し戦略を採用した企業は、利益マトリクス表で最も小さな利益(0ドル)しか獲得できないケースを最小限に抑えることができる。したがって、しっぺ返し戦略は提携による利益拡大のポテンシャルを最大化し、利益減少の可能性を最小化するのである。

以上の分析を考慮すると、提携相手を裏切ることは、短中期においては企業に競争優位をもたらすかもしれないが、長期においては、「不正を働くものはけっして繁栄しない」という原則が依然として成り立つと言える。(注20)

◉――戦略的提携と持続的競争優位

到達目標 11.4

戦略的提携が希少かつ模倣困難になる条件を
説明できるようになる。

ある戦略的提携が企業に持続的競争優位をもたらすかどうかは、本書で取り上げた他のすべての戦略と同様、第3章(上巻)で解説したVRIOフレームワークを用いて分析できる。戦略的提携は、表11.1で挙げたいずれかの機会を活用しつつ、表11.2で挙げた脅威を回避できる場合には経済的価値を持つ。その提携が持続的競争優位の源泉になるためには、それに加え、希少性と模倣困難性が成立する必要がある。

◉戦略的提携の希少性

戦略的提携の希少性を左右するのは、すでに提携を行っている競合他社の数だけではない。提携によって得られる効果が、業界内の多くの企業で共通しているかどうかも戦略的提携の希少性に影響する。

たとえば、米国の自動車業界を考えてみてほしい。この業界では近年、特に日本の自動車メーカーと戦略的提携を行う企業が非常に多くなった。すでに見てきたように、GMはトヨタと提携した。フォードもマツダを買収するのに先立って提携を行った。さらに、クライスラーは三菱自動車と提携した。この業界において頻繁に提携が行われていることからすれば、一見戦略的提携には希少性がなく、持続的競争優位の源泉にはならないようにも思える。

しかしより詳細な分析を行えば、これらの提携が、それぞれ異なる狙いを持って結ばれた可能性が浮かび上がってくる。たとえば、GMとトヨタが行った提携は、シボレー・ノヴァという1車種の開発のみを目的としていた。GMはトヨタから設計技術そのものよりも、高品質な小型車の製造において収益性を確保する方法を学びたかったのだ。対照的にフォードとマツダは、新車の設計において緊密な連携をとり、共同生産施設を築いた。実際フォードはマツダとかなり密接な関係を築いたことから、ある時マツダ株の33%を取得するまでにいたった。その一方で、2008年以降はマツダへの投資額を大きく減少させている。また、三菱自動車がクライスラーと結んだ提携は、主にサプライヤーとしての関係にとどまった。また、最近では日産自動車が三菱自動車を買収している。このように、上記の米国自動車メーカー3社はいずれも戦略的提携を結んでいるが、すべて目的が異なるため、いずれも希少性を持っている可能性がある。(注21)

戦略的提携によって得られる効果が希少性を持つ原因の1つは、提携に適切かつ必要な経営資源や能力を備えている企業が比較的少数しか存在しないことである。このような状況が頻繁に起こるのは、提携の目的が新規市場、なかでも海外の新規市場へ参入する場合である。多くの開発途上国では、その市場へ参入するために必要な地域特有の知識や人脈、流通ネットワークを備えている地元企業が、1社またはごく少数しか存在しない。また、現地政府がそのような能力を備えた企業の数を意図的に制限する場合もある。この種の市場への参入を目指す国外企業が複数存在したとしても、実際にそうした有力地元企業と提携を組める企業は、ごく少数にとどまることが予想される。そうなれば、提携を組んだ企業にもたらされる効果は、おそらく希少性を持つだろう。

◉戦略的提携の模倣困難性

第3章で述べたとおり、価値ある戦略の立案や実行を可能にする経営資源やケイパビリティは、直接的複製と代替という2つの形式で模倣される可能性がある。戦略的提携の模倣困難性を分析するにあたっては、その双方を考慮する必要がある。

[戦略的提携の直接的複製]

研究によれば、成功度の高い戦略的提携は、提携パートナー間に存在する**社会的複雑性(social complexity)**を帯びた関係に基づく場合が多い。(注22) その意味で、成功度の高い戦略的提携は、単なる契約上の関係を超え、提携パートナー間の信頼関係、友情、そして場合によっては提携相手と長期的な関係を維持するために短期的な自己利益を捨てる意欲を持つことなど、社会的複雑性を帯びたさまざまな現象によって特徴づけられる。

ある一群の研究によれば、提携パートナー間で信頼関係を構築することは、困難であると同時に、戦略的提携の成功には欠かせない要素である。そのなかの1つの研究によれば、提携当事者が提携に満足できなかった理由として最も一般的なのは、提携相手を信頼できなかったことだという。提携パートナー間の信頼度を左右する要素としては、個人間のコミュニケーション、カルチャーの違いへの寛容さ、辛抱強さ、長期的成功を実現するために短期的利益を捨てることへの意欲が重要である。[注23]

当然ながら、戦略的提携の成功に必要な組織的スキルや関係構築スキルを業界内のすべての企業が備えている可能性は低い。このようなスキルや能力が競合企業間で希少であり、それを身につけるためのコストが高い場合、そうした能力を生かして戦略的提携を組んだ企業は、競争優位を確保できる可能性がある。こうした関係構築に特化したスキルを身につけた企業の例としては、それぞれ数百社もの企業と戦略的提携を行っているコーニングやシスコシステムズが挙げられる。[注24]

[戦略的提携の代替]

ある戦略的提携の目的や目標に価値があり希少であっても、また、その提携が社会的複雑性を有し模倣コストの高い関係性に基づくものであっても、低コストの代替が存在する場合は、持続的競争優位にはつながらない。戦略的提携の代替としては、単独行動と買収の少なくとも2つがある。[注25]

単独行動

単独行動とは、市場において存在する機会の活用や脅威の無力化に必要な経営資源やケイパビリティを、すべて1社で築き上げることである。場合によっては、単独行動による機会の活用や脅威の無力化は、提携によってそれを行うことと同じ価値、または、それを上回る価値を生み出す。この場合、単独行動は戦略的提携に対する代替となる。しかし、提携を利用したほうが単独行動よりもはるかに高い価値を生み出せる状況もある。この場合、単独行動は戦略的提携に対する代替とはならない。

では、企業が単独行動よりも提携を好むのはどのような場合なのか。予想

表11.3｜単独行動よりも提携が企業にとって望ましい戦略となるための条件

単独行動よりも提携が望ましい戦略となるのは次のような場合である。

1. 取引を完了するために求められる取引特殊投資の水準が中程度である場合
2. 取引相手が価値を有し、希少で、模倣コストの高い経営資源やケイパビリティを所有する場合
3. 取引の将来的な価値にかなりの不確実性が存在する場合

されるとおり、第8章で取り上げた垂直統合の3つの理論的説明はここでも重要になってくる。3つの理論的説明の焦点はそれぞれ、機会主義の脅威、企業の経営資源やケイパビリティがもたらすインパクト、不確実性の影響である。これらの理論的説明の復習が必要な読者は、第8章に詳細な解説があるので、そちらを参照してほしい。これらの理論がここでの話題に関連性を持つのは、戦略的提携に対する潜在的な代替としての単独行動は、垂直統合の一種だからである。**表11.3**には、3つの理論的観点から見た時に、単独行動よりも戦略的提携が望ましい戦略となる条件をまとめてある。表11.3にリストアップした条件が1つでも存在すれば、単独行動は戦略的提携に対する代替とはならなくなる。

第8章で述べたとおり、機会主義に基づく垂直統合理論によれば、企業が経済的取引を垂直統合するインセンティブを持つのは、その取引に対して多額の取引特殊投資を行っている場合である。この章で定義した概念を用いて言い換えると、企業は提携によって取引を統治しようとしても、ホールドアップの脅威にさらされる場合に垂直統合するインセンティブを持つ。このロジックを戦略的提携へと拡張すれば、戦略的提携が単独行動をはじめとする代替的戦略に対して魅力を持つのは、取引を完了するのに求められる取引特殊投資の水準が中程度の場合である。すなわち、取引特殊投資の水準が低い場合は市場を介した取引が選好され、取引特殊投資の水準が高い場合は垂直統合を通した単独行動が選好される。そして取引特殊投資の水準が中程度の場合は何らかの戦略的提携が望ましい。したがって、ある取引に求められる取引特殊投資が中程度の場合、単独行動は戦略的提携に対する代替とはならない。

次にケイパビリティに基づく理論的説明によれば、提携が単独行動に対して望ましい選択になるのは、取引相手が、価値を有し、希少で、模倣コストの高い経営資源やケイパビリティを持っている場合である。こうしたケイパ

ビリティを持たない企業にとっては、それを自ら身につけようとしてもコストが高すぎる可能性がある。自ら身につけることができないケイパビリティへのアクセスを必要とする企業は、そのケイパビリティにアクセスするために提携を用いるしかなくなる。このような状況において、単独行動は戦略的提携に対する代替とはなり得ない。(注26)

最後に、以前述べたように、不確実な状況に置かれた企業は、取引を社内に取り込んで特定の行動にコミットすることには後ろ向きである。この場合企業は、戦略的柔軟性を確保できる提携を選ぶ可能性がある。本章の冒頭で述べたように、戦略的提携は、ある取引に価値があることが将来的に明らかになった際に、その取引に対して追加的投資をする(たとえば、取引を社内に取り込むことへの)権利(義務は伴わない)をもたらすリアルオプションととらえることができる。したがって、不確実な状況においては、単独行動は戦略的提携に対する代替とはならない。

買収

他社を買収することも提携の代替となり得る。この場合、企業は表11.1にリストアップした機会の活用を目指すにあたって、戦略的提携を結んだり、単独行動を通して必要な経営資源を開発・活用しようとはせず、必要な経営資源やケイパビリティを備えている企業を単純に買収する。しかし、買収が戦略的提携の代替として機能する程度は、買収が持つ4つの特徴によって制約される。**表11.4**には、これらの特徴についてまとめた。(注27)

第1に、買収には法律上の制約が存在し得る。このような制約が存在する可能性が特に高いのは、企業が同じ業界内の他企業と合併してメリットを得ようとする場合である。たとえば、アルミニウム業界の企業が、戦略的提携の代替として他社を買収する戦略を追求した場合、結果として市場集中度がかなり高まるため、深刻な独占禁止規制上の罰則を受けることになる。よっ

表11.4｜ある取引機会を活用するのに買収よりも戦略的提携が望まれる理由

次の場合には、買収よりも提携が望まれる。

1. 買収に法的制約がある場合
2. 不確実性の高い状況で、買収によっては柔軟性が確保できない場合
3. 買収先企業に「余計なお荷物(unwanted organizational baggage)」が多い場合
4. 経営資源やケイパビリティの価値が自社の独立に依存している場合

てアルミニウム業界の企業にとって買収は選択肢にならず、競合との協力で得られるメリットは他の手段で追求するしかない。

第2に、すでに見てきたとおり、戦略的提携を行った企業は、新規事業に参入するかしないかの柔軟性を保持できる。一方買収を行った企業は、特定の事業活動に強くコミットすることになり、そのような柔軟性は低下する。結果的に、不確実性が高い状況においては、企業は提携による柔軟性のメリットを享受しつつ機会を活用できるよう、買収ではなく戦略的提携を選ぶ可能性がある。

第3に、買収は組織の不必要な肥大化につながることが多い。この不要な肥大化を避けたい企業は、買収ではなく戦略的提携を選ぶ可能性がある。複数企業を一体化することで生まれる価値は、特定の機能分野、事業部、その他の経営資源を自社と他社が一体化させることによって生まれる。戦略的提携の場合、こうした他社との一体化は、最も大きな価値が生み出される要素のみを選んで行える。それに対して買収は、一般に組織全体の合併を伴うので、価値を生み出す可能性があまりない要素も含め、すべてを内部化してしまう。

買収をする側の企業にとっては、買収対象企業に含まれている価値を生まない部分は事実上「余計なお荷物」である。無駄な経営資源は、買収後に売り払われる可能性がある。しかし、その売却作業には多くのコストと時間を要する。一体化せざるを得ない無駄な経営資源があまりにも多ければ、企業は買収対象企業との間に生み出される経済的価値のポテンシャルが大きいとしても、買収は理にかなわないと判断する可能性がある。したがって企業は、価値の実現を目指すにあたって戦略的提携という代替的手段を選ぶかもしれない。こうした論点については第12章でさらに詳しく検討する。

最後に、企業は独立しているからこそ、その経営資源やケイパビリティが価値を有する場合がある。この場合、他社を買収することは自社に価値をもたらすどころか、価値を減少させることすらある。そのような状況では、他社と力を合わせて価値を生み出す方法として、買収でなく提携を選択するのが適切である。たとえば1980年代には、マーケティングを重視する企業が世界中で増えたことにより、国際的マーケティング能力を築き上げることが広告代理店の急務となった。1990年代を通じて、それまで国内のみで活動していた広告会社の多くが他国の代理店を買収し、いくつかの大規模なグローバル広告会社へと再編成された。しかし、フランスを拠点とする広告代理店のピュブリシス(Publicis)だけは、買収によって国際的広告代理店ネットワークに組み入れられることに抵抗を見せた。ピュブリシスが独立したフランス企業のままでいることに強いこだわりを見せたのは、会社の支配権を維持することへの株主の個人的利害よりも、ルノー(Renault)やネスレなど、フランス語を公用語とするフランス発祥の企業を顧客として維持することが主な動機だった。これらの企業は、フランス国内の代理店が広告業務を担当することに強いこだわりを持っており、ピュブリシスが外国の代理店によって買収されれば、他の国内代理店に乗り換える意思を明らかにしていた。国外の広告代理店にとってピュブリシスを買収することの主なメリットは、同社の顧客を獲得できる点だった。しかしピュブリシスを買収すれば、そのこと自体が買収の一番の魅力を破壊してしまうのである。こうした背景から、ピュブリシスは海外の競合による買収オファーを受け入れず、その代わりにフット・コーン・アンド・ベルディング(Foote, Cone, and Belding)という米国の広告代理店と複雑な資本提携とジョイント・ベンチャーの設立をデザインした。この提携は最終的にいずれの代理店にとっても国際的なネットワークの構築にはつながらず、成功とは言いがたい結果だった。しかし、フット・コーン・アンド・ベルディングが仮にピュブリシスを買収していたら、ピュブリシスが独立企業として享受していた経済的価値は、間違いないなく破壊されていただろう。

◉——戦略的提携の実行に向けた組織体制の構築

到達目標 11.5

契約、株式投資、企業の評判、ジョイント・ベンチャー、信頼が、
それぞれいかにして戦略的提携における裏切りの脅威を減らすかを
説明できるようになる。

戦略的提携の成功を左右する最も大事な要素の1つは、提携の組織体制である。その組織体制が持つべき最大の目的は、各提携パートナーが協力のメリットを完全に享受できるようにしつつ、提携関係に裏切りが発生する可能

性を最小限に抑えることである。提携を管理する際に求められる組織構築のスキルは、多くの点で特異なものである。提携を組んだ企業がこうしたスキルを学び、提携のポテンシャルを完全に実現するまでにはある程度時間がかかる。したがって、提携を効果的に管理することができた企業は、競合に対して競争優位を獲得する可能性がある。実際、提携を組織し管理するスキルの不足から、本来ならば提携がより望ましい選択であるにもかかわらず、単独行動や買収などの代替的戦略を追求しなければならない企業もある。

提携の価値を実現し、裏切りの脅威を最小限に抑えるうえで企業が活用できるツールやメカニズムにはさまざまなものがある。具体的には、契約、出資、企業の評判、ジョイント・ベンチャー、信頼である。

◉明示的契約と法的制裁

戦略的提携における裏切りを抑える手段の1つは、提携の当事者が、発生し得る裏切りの形態(逆選択、モラル・ハザード、ホールドアップなど)をあらかじめ予測し、それを行ったパートナー企業に法的責任を科すことを定めた明示的契約を締結することである。こうした契約は、契約遵守の厳格なモニタリングや法的制裁の脅しと並んで、裏切りの発生を抑える効果を持つ。本章の冒頭では、このような提携のことを業務提携と呼んだ。

しかし、こうした契約を締結したとしても、提携において起こり得るあらゆる裏切りを網羅的に予測することは困難である。契約条項に基づくだけでは裏切りだと認識しづらい微妙な方法で、提携パートナーが合意を破る場合もあり得る。たとえば、戦略的提携の一方の当事者が、専有する技術やビジネスプロセスを提携相手と共有すると契約で約束していても、それらを細部まですべて伝えきることはきわめて困難である。不完全なコミュニケーションが明らかな契約違反にあたるのか、契約上の努力義務を果たしたことになるのかは、必ずしも判然としない。また、提携パートナーの保有する情報をすべて把握しない限り、相手がある技術やビジネスプロセスについて重要な情報をすべて提供しているかどうかは判断できない。したがって、契約は多くの戦略的提携において重要な要素ではあるが、契約のみによって裏切りの発生を完全に防ぐことはできない。

戦略的提携に際して締結される契約は、その提携に合わせてカスタマイズされるのが通常だが、すべての提携契約に共通する要素もある。こうした共通の要素については**表11.5**で詳しく述べた。一般に、少なくとも部分的に契約によって提携を管理する場合は、表11.5に挙げた事項に関わる条項を契約に含めておく必要がある。

表11.5｜戦略的提携のガバナンス（統治）に一般的に用いられる契約条項

設立に関わる事項
保有割合：各提携パートナーのジョイント・ベンチャーへの株式保有率
議決権：各提携パートナーの議決権の数
配当割合：利益をどのように配分するか
少数株主保護：少数株主の利害をいかにして保護するか
取締役会：当初の取締役会構成、および構成変更にまつわるルールの設定
基本定款：意思決定プロセス
設立登記の場所
会計、法務、その他の監査役
事業運営に関わる事項
期待パフォーマンス
競業避止義務
勧誘禁止条項：提携パートナーは互いの従業員の引き抜きをしてはならない
機密条項
知的財産権のライセンス：ジョイント・ベンチャーを通じて生み出された知的財産は誰のものになるか
提携の法的責任と提携パートナーの法的責任
契約内容の変更手続き
紛争解決の手続き
提携終結に関わる事項
先買権：一方のパートナーが自らの保有株の売却を望む場合、まずもう一方のパートナーに対して購入のオファーを提示しなければならない
一方のパートナーが他方のパートナーに自己に保有株を売ることを強制できる条件
一方のパートナーが他方のパートナーに自己の保有株の購入を強制できる条件
道連れの権利：提携外の企業とジョイント・ベンチャー売却の合意を結んだ時に、他のパートナーにも保有株の売却を強制できる権利
追随の権利：提携外企業が自己の保有株も購入しない限り、パートナーによる提携外企業への株式売却を阻止できる権利
新規株式公開（IPO）を追求する条件
終結：ジョイント・ベンチャーを終結させることができる条件

出典：Campbell, E., and J. Reuer (2001). "Note on the legal negotiation of strategic alliance agreements." Copyright © 2000 INSEADに基づいて作成。

◉出資

提携パートナーは、互いに出資することで契約締結の効果を補強することができる。企業Aがパートナー企業Bに対する主要株主となった場合、企業Aの企業価値は部分的に提携パートナーの経済パフォーマンスに依存することになる。企業Aが企業Bを裏切れば企業Bの経済パフォーマンスは低下し、結果的に自らが企業Bに行った投資の価値も低下するので、企業Aが提携パートナーを裏切るインセンティブは低下する。この種の戦略的提携は資本提携と呼ばれる。

企業が戦略的提携を強化するために株式の持ち合いをするケースは頻繁にある。特に日本ではこうした取り決めがよくあり、多くの日本企業では主な取引銀行を含め、重要なサプライヤーのいくつかが主要株主になっている。こうした出資は、サプライヤーとの戦略的提携において裏切りが発生する可能性を低下させるため、企業の調達コストを低下させる効果がある。また、サプライヤーが企業の株主となるだけでなく、企業がサプライヤーの主要株主になることもある。(注28)

◉企業の評判

提携パートナーを裏切るインセンティブを制約する3つ目の要因は、「裏切り常習者」としての評判が、企業の将来的な取引機会に与える悪影響である。提携パートナーがとり得るあらゆる裏切りの手段をあらかじめ予測することは困難だが、事後的に提携パートナーの裏切りを特定することは相対的に容易である。提携パートナーが行った裏切りに関する情報は、広く拡散する可能性が高い。「裏切り常習者」としての評判を築いた企業は、潜在的提携パートナーに提供できる特殊な経営資源やケイパビリティを保有していたとしても、新たな提携を結ぶことが難しくなるだろう。このように、現在の提携における裏切りが、将来的に価値ある他の提携を結ぶ機会を失うことにつながる。企業はこうした理由から、現在の提携において裏切らないことを選ぶ可能性がある。(注29)

これまで蓄積されてきた多くの証拠により、企業の評判は将来的な事業機会に重大な影響を与えることが示されている。企業は、ネガティブな評判を築かないよう細心の注意を払う。しかし、企業が自身の提携パートナーとしての評判をコントロールしようとすることには、いくつかの制約がある。[注30]

第1に、一方の提携パートナーが微妙なかたちで裏切りを行った場合、その種の裏切りについては広く知れ渡らず、知れ渡ったとしても提携が失敗に終わった責任が誰にあるのかがあいまいになる可能性がある。設計の優れた発電タービンの開発を目的に行われたあるジョイント・ベンチャーでは、一方のパートナーが経営難に陥ったことによって焦りを覚え、もう一方のパートナーに比べて製品の完成をかなり急ぐという事態が発生した。経営状態が良好で余裕を持ったもう一方のパートナーは、もしこの提携に追加的資金を投入すべき状況になれば、経営難に陥ったパートナーは提携から去らざるを得ず、彼らの保有株を通常よりも低価格で売り払うだろうと見込んだ。そこで余裕のあるパートナーは、共同事業へ出向している自社の技術者に対し、「技術のポテンシャルを十分に探究する」という名目で開発作業をゆっくりと丁寧に進めるよう指示した。経営難で余裕のないパートナーのほうは、自社の出向社員に対してなるべく早く作業するよう指示し、製品をいち早く完成させるためであれば、多少品質が犠牲になることを厭わなかった。最終的に余裕のないパートナーは資金が底をつき、共同事業の保有株を割り引かれた価格で余裕のあるパートナーへ売却せざるを得なかった。そして、余裕のあるパートナーが迅速な技術開発に協力することへの契約上の努力義務に違反したと主張した。それに対して余裕のあるパートナーは、余裕のないパートナーこそ、開発を急ぐあまり品質を犠牲にし、従業員の安全を脅かしたと主張した。ある意味で、いずれの企業も「新技術の開発に向けて協力する」という合意を破ったのだ。しかし、そうした裏切りは微妙で、認識しづらいかたちで行われたため、いずれの企業も評判を失うことはなく、その後も他の提携を結びにくくなるようなことはなかった。この事例を観察した人の多くは単純に、余裕のあるパートナーが余裕のないパートナーの不運によって棚ぼた的に得をしたと結論づけただろう。[注31]

第2に、一方の提携パートナーが明らかな裏切りを行った場合であっても、一方または双方の企業が他の企業間ネットワークと十分につながっていない場合は、裏切りのニュースがあまり拡散しない。裏切りに関する情報が内輪にとどまった場合、裏切った企業の公の評判は傷つかず、将来的な取引機会を失うこともない。このような事態は、特に一方または双方の提携パートナーが開発途上国において活動している場合に起きやすい。開発途上国では、こうしたパートナーの行いに関する情報が、他企業や他国へ拡散しにくいからだ。

最後に、提携において裏切りがあったことが明らかであり、それが広く知れ渡った場合には、裏切った企業の評判は傷つき、将来的な取引機会は減る。しかしその機会の減少は、裏切られた企業の当期損失を補填するわけではない。それどころか、先に述べた裏切りの形態(逆選択、モラル・ハザード、ホールドアップ)は、その期において裏切られた企業に莫大な損失をもたらす場合さえある。逆に言えば、裏切る企業としては、当期の提携における裏切りで得られる利益がきわめて大きく、それが将来の機会損失をはるかに超えることもある。その場合、裏切ったことによって評判が傷つくことは、それほど大きな痛手とはならない。(注32)

◉ジョイント・ベンチャー

裏切りの脅威を減らす4つ目の方法は、戦略的提携のパートナーが互いにジョイント・ベンチャーに出資することである。提携パートナー同士が共同事業からリターンを得るべく共に出資し、独立した法人を設立することには、戦略的提携において裏切りが発生するリスクを抑える効果がある。ジョイント・ベンチャーを設立した場合、各々の提携パートナーが自身の投資に対して高いリターンを得られるかどうかは、ジョイント・ベンチャーの経済的成功に依存する。よってジョイント・ベンチャーのパフォーマンスを低下させるような行動は、いずれのパートナーにとっても不利になるので、お互いにそうした行動を控えるようになる。また、裏切った企業が悪評を得る場合とは異なり、ジョイント・ベンチャーにおいて裏切りを行った企業は、将来における戦略的提携の機会を失うだけでなく、当期においても損失をこうむる。

ジョイント・ベンチャーが裏切りの抑制に効果的であることから、裏切りが発生する可能性が最も高い状況においては、協力の形態としてジョイント・ベンチャーが選ばれる傾向が強いことは驚くにあたらない。たとえば、アルミニウムの製錬企業から見て、原材料であるボーキサイトの採掘には明らかな規模の経済が存在する。しかし、ボーキサイトの製錬には膨大な取引特殊投資が求められるため、ホールドアップ問題への懸念から社外の買い手がつきづらく、余剰のボーキサイトを一般市場で他の製錬企業に販売することは難しい。とはいえ法律上の制約から、他の製錬企業を買収することもできず、余ったボーキサイトに対する社内需要を生み出すこともできない。こうしたホールドアップ問題は、ボーキサイトの採掘をどのような戦略的提携によって管理したとしても依然として発生する。いったん製錬側で取引特殊投資が行われれば、ホールドアップによって得られる利益はかなり大きくなるので、業務提携、資本提携、評判への影響によっても裏切りを抑制することはできない。こうした理由から、ボーキサイト採掘を目的とする複数の製錬企業による戦略的提携のほとんどは、ジョイント・ベンチャーのかたちをとる。裏切りの発生を実質的に抑制できるほどの強いインセンティブを生み出せる戦略的提携の形態は、ジョイント・ベンチャーしかないからだ。(注33)

ジョイント・ベンチャーにはこうした強みがあるが、あらゆる場面で何の代償もなく裏切りを防げるわけではない。場合によっては、裏切ることの価値があまりにも高いことから、ジョイント・ベンチャーのパフォーマンスが傷つき、将来における機会喪失を招くとしても企業が裏切ることはある。たとえば、企業はジョイント・ベンチャーを通じて自社の他事業にとって価値のある技術を入手できるかもしれない。この企業は、その他事業にそこで得た技術を移転しないことを約束していて、移転することでジョイント・ベンチャーのパフォーマンスが低下するとしても、その技術を他事業に生かす誘惑にかられるだろう。この他事業で獲得できる利益が、ジョイント・ベンチャーから得られるリターンや、将来的に他の戦略的提携から期待できるリターンよりも高ければ、裏切りは起きるだろう。

◉信頼

企業は、契約主義的(法的)かつ純粋に経済的アプローチで提携を維持する場合もある。しかし最近の研究は、提携において成功する企業は、法的・経済的インセンティブによる裏切りの抑制もけっして軽視はしないものの、この種の狭い枠内での提携パートナーとの結びつきを、豊富な人間関係や信頼によって補強することを示している。信頼は、契約と組み合わされた場合、裏切りの脅威を減らす効果がある。また、より重要な点として、信頼関係を構築した提携パートナーは、法的・経済的な組織メカニズムのみに頼った場合

には、追求し得ない取引機会が得られる。[(注34)]

一見するとこうした主張は非現実的に思えるかもしれない。しかし、一部の研究によれば、戦略的提携に成功する企業は、契約において協力関係の条件や内容を細かく定めたり、あらゆる裏切りの形態やそれに対する制裁を定めたりしない傾向にある。これは、信頼に基づいて提携を維持するアプローチの有効性を裏づける研究結果である。また、提携に成功する企業はジョイント・ベンチャーを設立する際に、必ずしも保有株式や利益配分を均等に分けることを強く要求しないこともわかっている。成功する提携は信頼に基づいており、提携パートナーは柔軟性を維持したり、学習したりすることに意欲的で、予期しないかたちで提携が発展することを許容する。[(注35)]

提携においては、コミットメント、**調整**(coordination)、**信頼**(trust)が重要な成功要因である。言い換えれば、戦略的提携は、時間とともに進化する関係である。弁護士や経済学者に、そうした進化し得る関係の範囲を事前に厳格に定めることを許してしまえば、提携関係が本来の発展を見せなかったり、発展が遅れたりする可能性がある。[(注36)]

こうした信頼の観点から提携をとらえるアプローチは、提携がどれほど持続的競争優位につながるかという分析にも影響を及ぼす。信頼感を持って提携に臨めることは、長期的に見れば企業にかなりの価値をもたらす可能性がある。なぜならば、これから提携する相手を信頼する能力は、提携を目指す企業のなかでも一部の企業に偏在すると考えられ(希少性)、また、歴史的条件に依存し、社会的複雑性をも持つことから、模倣困難性を有する能力でもある。したがって、このようなスキルを持った企業は、提携を通じて持続的競争優位を確保できる可能性がある。また、提携関係をうまく管理する能力が、価値を有し、希少で、模倣コストの高いものであるという分析は、継続的に提携を成功させてきたことで有名な企業が、コーニングやシスコシステムズなど一部の企業に限られているという観察とも整合する。

本章の要約 Summary

戦略的提携とは、2つ以上の組織が、製品やサービスの開発、製造、または販売において協力することである。戦略的提携は、業務提携、資本提携、ジョイント・ベンチャーという3つのカテゴリーに大別できる。

企業が戦略的提携を行う動機は大きく分けて3つある。(1)既存事業のパフォーマンスを向上させること、(2)活動する競争環境の条件を改善すること、(3)市場や業界への参入やそこからの撤退をしやすくすること、である。戦略的提携においては、協力するインセンティブが存在するのと同様に、裏切るインセンティブも存在する。戦略的提携における裏切りは一般的に、逆選択、モラル・ハザード、ホールドアップという3つの形態の1つまたは複数の組み合わせによって行われる。

戦略的提携は、持続的競争優位の源泉となり得る。提携の希少性は提携を行っている企業数だけでなく、提携を通じて企業が獲得する効果そのものの希少性にも依存する。

提携は社会的複雑性を有する関係によって下支えされているので、直接的複製による模倣コストは高い。一方、代替による模倣は相対的に発生しやすい。提携の代替は、必要な経営資源やケイパビリティを自ら築き上げる単独行動、または買収である。単独行動が戦略的提携に代替し得るか否かを左右するのは、機会主義、ケイパビリティ、不確実性である。買収が戦略的提携の代替となるのは、法的制約がなく、戦略的柔軟性への考慮が重要でなく、買収先企業の「余計なお荷物」が比較的少量であり、自社の経営資源やケイパビリティの価値が独立を保つことに依存していない場合である。一方、こうした条件がそろっていない場合、買収は提携に対する代替にはならない。

提携を組織する際の中心的課題は、協力を促進しつつ裏切りの脅威を減らすことである。契約、出資、企業の評判、ジョイント・ベンチャー、信頼は、さまざまな文脈において裏切りの脅威を減らす要因となる。

チャレンジ問題 Challenge Questions

11.1 企業は戦略的提携を行うにあたって、資本提携以外にも、ジョイント・ベンチャーやさまざまな種類の形態をオプションとして持つ。そのなかでパートナー企業に出資し、資本提携を行うインセンティブはどこにあるのか。

11.2 21世紀においては多くの企業が、特に国際的な場面で他社と連携して事業を拡大することに積極的である。たとえば知的財産を輸出・ライセンスすることで、ロイヤルティを通して低リスクで高い利益マージンを確保するという選択肢がある。あるいはフランチャイズ事業においては、フランチャイジーの売上げの一定割合を継続的に確保するという非常に魅力的なキャッシュフロー獲得機会がある。このように、出資を伴わないかたちで事業拡大を実現する方法にはさまざまなものが存在する。そのなかで企業がジョイント・ベンチャーを選ぶ理由は何か。

11.3 製造業者(principal、依頼人)が特定企業と結ぶ排他的流通契約は、戦略的提携の一種である。一方、開放的流通という形態の下で多数のパートナーと販売代理契約を結び、製品を流通させる企業も存在する。多くの流通業者を持っているほうがより手広く製品を販売できるように思えるが、企業が特定のパートナーにしぼるインセンティブはどこにあるのか。

11.4 業務提携、資本提携、ジョイント・ベンチャー、それぞれの違いについて論ぜよ。

11.5 パートナーシップの形態としては簡素な依頼人・代理店関係からジョイント・ベンチャーまでさまざまなものがある。後者の場合、各パートナーはプロジェクトに対し、現実的かつ長期的な経済的利害を持つことが多い。これら両極端の間には、フランチャイズや商標ライセンス契約などの形態もある。この種の中間的形態の提携は、どのようなかたちで失敗に陥る可能性があるか。

11.6 資本提携においては各当事者がどれほどの株式を保有するかという持ち分の範囲を画定する必要があり、必ず契約が締結される。業務提携に契約締結は必要か。業務提携において契約を締結する主な理由は何か。

11.7 企業も人間と同じく「孤島のようには生きられない」という古い格言に従い、誰にでも仲間が必要だと信じているのか、戦略的提携を追求する企業が多い。戦略的提携を目指している企業にとって、提携を結ぶことはどのような価値を持つのか。

11.8 企業は売上げや市場シェアの拡大などを目指して戦略的提携を結ぶ場合が多い。では企業が業界から撤退するために、戦略的に他社とパートナーシップを結ぶのはどのような状況か。

11.9 ある企業が、最大のライバルが他社と提携を結んだからという理由で自らも提携パートナーを模索するというのは十分あり得ることだ。しかし、戦略的提携は時として模倣不可能である。それはなぜか。

演習問題 Problem Set

11.10 以下の提携において、裏切られるリスクがより高いのはどちらの企業か。

(a) 企業Iと企業IIは戦略的提携を結んだ。提携の一環として、企業Iは企業IIの主要施設に隣接して新工場を建てることを約束した。その見返りとして企業IIはこの新工場で生産された製品の大部分を購入することを約束した。企業Iと企業IIではどちらがより大きなリスクにさらされるか。

(b) 企業Aと企業Bは戦略的提携を結んだ。提携の一環として、企業Aはすでに世界各地で販売している自社製品を企業Bの母国においても販売し始めることを約束した。その見返りとして企業Bは企業Aを母国政府の重要人物につなぐことを約束した。企業Aが企業Bの母国で製品を販売するためにはこうした政府要人とのコネが不可欠だからだ。企業Aと企業Bではどちらがより大きなリスクにさらされるか。

(c) 企業1と企業2は戦略的提携を結んだ。提携の一環として、企業1は企業2に対し、企業2の製品開発に役立つ、未実証の新技術へのアクセスを約束した。その見返りとして企業2は売上げの一部を企業1に分与することを約束した。企業1と企業2ではどちらがより大きなリスクにさらされるか。

11.11 市場参入には、あらゆる形態の戦略的提携が利用されている。実例とともに説明せよ。

11.12 次の共同事業のウェブサイトを参考にし、表11.1に挙げた経済的価値の源泉のうちどれを享受しているかを特定せよ。

(a) CFMインターナショナル(ゼネラル・エレクトリックとスネクマの提携)

(b) 全米大学体育協会(NCAA、米国における複数のカレッジや総合大学の提携)

(c) ビザ(米国における複数の銀行の提携)

(d) エールフランス航空(Air France)、デルタ航空、シンガポール航空(Singapore Airlines)、アエロメヒコ航空(AeroMéxico)、アリタリア・イタリア航空(Alitalia-Compagnia Aerea Italiana)、大韓航空(Korean Air)の間の提携

11.13 企業の評判はいかにして戦略的提携における裏切りの脅威を減らすか。

11.14 ホールドアップが戦略的提携における裏切りの一形態でありながら、提携を組むインセンティブにもなり得るのはなぜか。

注

1　news.Wal-Mart.com/2016/06/20/Wal-Mart-and-JDcomannounce-strategic-alliance-to-serve-consummers-across-china; www.businessinser.com/r-in-china-us-teach-firms-turn-to-domesticrivals-for-survival-2015-1; https://bol.bna.com/mcguirewoodsjoins-those-creating-alliances-with-chinese-firms; http://techcrunch.com/2016/06/20/Wal-Mart-sells-yihaodian-its-chinese-e-commercemarketplace-to-alibaba-rival-jd-com. All accessed March 6, 2017を参照。

2　www.pwc.com/extweb/exccps.nsf/docid; www.addme.com/issue208; McCracken, J. (2006). "Ford doubles reported loss for second quarter." *The Wall Street Journal,* August 3, p. A3; および www.msnbc.msn.com/id/13753688を参照。

3　Badaracco, J. L., and N. Hasegawa (1988). "General Motors' Asian alliances." Harvard Business School Case No. 9-388-094.

4　Alvarez, S. A., and J. B. Barney (2001). "How entrepreneurial firms can benefit from alliances with large partners." *Academy of Management Executive,* 15, pp. 139–148; Hamel, G. (1991). "Competition for competence and inter-partner learning within international alliances." *Strategic Management Journal,* 12, pp. 83–103; Cohen, W., and D. Levinthal (1990). "Absorptive capacity: A new perspective on learning and innovation." *Administrative Science Quarterly,* 35, pp. 128–152.

5　www.HollywoodReporter.com/lists/2016s-biggest-box-office-bombs. Accessed March 6, 2017.

6　www.blu-ray.comを参照。

7　Burgers, W. P., C. W. L. Hill, and W. C. Kim (1993). "A theory of global strategic alliances: The case of the global auto industry." *Strategic Management Journal,* 14, pp. 419–432を参照。

8　Scherer, F. M. (1980). *Industrial market structure and economic performance.* Boston: Houghton Mifflin; Barney, J. B. (2006). *Gaining and sustaining competitive advantage,* 3rd ed. Upper Saddle River, NJ: Prentice Hall（邦訳『企業戦略論』岡田正大訳、ダイヤモンド社、2003年）; Pfeffer, J., and P. Nowak (1976). "Patterns of joint venture activity: Implications for anti-trust research." *Antitrust Bulletin,* 21, pp. 315–339.

9　Freeman, A., and R. Hudson (1980). "DuPont and Philips plan joint venture to make, market laser disc products." *The Wall Street Journal,* December 22, p. 10を参照。

10　Teitelbaum, R. S. (1992). "Eskimo pie." *Fortune,* June 15, p. 123.

11　Nanda, A., and C. A. Bartlett (1990). "Corning Incorporated: A network of alliances." Harvard Business School Case No. 9-391-102.

12　不確実性については、Knight, F. H. (1965). *Risk, uncertainty, and profit.* New York: John Wiley & Sons, Inc.（邦訳『リスク、不確実性、利潤』桂木隆夫ほか訳、筑摩書房、2021年）を参照; Kogut, B. (1991). "Joint ventures and the option to expand and acquire." *Management Science,* 37, pp. 19–33; Burgers, W. P., C. W. L. Hill, and W. C. Kim (1993). "A theory of global strategic alliances: The case of the global auto industry." *Strategic Management Journal,* 14, pp. 419–432; Noldeke, G., and K. M. Schmidt (1998). "Sequential investments and options to own." *Rand Journal of Economics,* 29(4), pp. 633–653; およびFolta, T. B. (1998). "Governance and uncertainty: The tradeoff between administrative control and commitment." *Strategic Management Journal,* 19, pp. 1007–1028.

13　Kogut, B. (1991). "Joint ventures and the option to expand and acquire." *Management Science,* 37, pp. 19–33; およびBalakrishnan, S., and M. Koza (1993). "Information asymmetry, adverse selection and jointventures." *Journal of Economic Behavior & Organization,* 20, pp. 99–117を参照。

14　例として、Ernst, D., and J. Bleeke (1993). *Collaborating to compete: Using strategic alliances and acquisition in the global marketplace.* New York: John Wiley & Sons, Inc.を参照。

15　これらの概念については、Barney, J. B., and W. G. Ouchi (1986). *Organizational economics.* San Francisco: Jossey-Bass; およびHolmstrom, B. (1979). "Moral hazard and observability." *Bell Journal of Economics,* 10(1), pp. 74–91にて定義されている。経済取引一般における裏切りの問題、および提携という具体的状況における裏切りの問題については、Gulati, R., and H. Singh (1998). "The architecture of cooperation: Managing coordination costs and appropriation concerns in strategic alliances." *Administrative Science Quarterly,* 43, pp. 781–814; Williamson, O. E. (1991). "Comparative economic organization: The analysis of discrete structural alternatives." *Administrative Science Quarterly,* 36, pp. 269–296; Osborn, R. N., and C. C. Baughn (1990). "Forms of interorganizational governance for multinational alliances." *Academy of Management Journal,* 33(3), pp. 503–519; Hagedoorn, J., and R. Narula (1996). "Choosing organizational modes of strategic technology partnering: International and sectoral differences." *Journal of International Business Studies,* second quarter, pp. 265–284; Hagedorn, J. (1996). "Trends and patterns in strategic technology partnering since the early seventies." *Review of Industrial Organization,* 11, pp. 601–616; Kent, D. H. (1991). "Joint ventures vs. non-joint ventures: An empirical investigation." *Strategic Management Journal,* 12, pp. 387–393; およびShane, S. A. (1998). "Making new franchise systems work." *Strategic Management Journal,* 19, pp. 697–707にて論考が行われている。

16　提携において発生するこのような問題については、Ouchi, W. G. (1984). *The M-form society: How American teamwork can capture the competitive edge.* Reading, MA: Addison-Wesley（邦訳『M型社会の時代』小林薫訳、日本放送出版協会、1984年）およびBresser, R. K. (1988). "Cooperative strategy." *Strategic Management Journal,* 9, pp. 475–492にて解説されている。

17　Pope, K. (1993). "Dealers accuse Compaq of jilting them." *The Wall Street Journal,* February 26, pp. 8, B1＋.

18　Williamson, O. E. (1975). *Markets and hierarchies: Analysis and antitrust implications.* New York: Free Press（邦訳『市場と企業組織』浅沼萬里・岩崎晃訳、日本評論社、1980年）; Klein, B., R. Crawford, and A. Alchian (1978). "Vertical integration, appropriable rents, and the competitive contracting process." *Journal of Law and Economics,* 21, pp. 297–326.

19　たとえば、Yan, A., and B. Gray (1994). "Bargaining power, management control, and performance in United States–China joint ventures: A comparative case study." *Academy of Management Journal,* 37, pp. 1478–1517を参照。

20　Axelrod, R. M. (1984). *The evolution of cooperation.* New York: Basic Books（邦訳『対立と協調の科学』寺野隆雄監訳、ダイヤモンド社、2003年）; Ernst, D., and J. Bleeke (1993). *Collaborating to compete.* New York: Wiley.

21　GMとトヨタの提携については、Badaracco, J. L., and N. Hasegawa (1988). "General Motors' Asian alliances." Harvard Business School Case No. 9-388-094を、フォードとマツダの提携については、Patterson, G. A. (1991). "Mazda hopes to crack Japan's top tier." *The Wall Street Journal,* September 20, pp. B1+; およびWilliams, M., and M. Kanabayashi (1993). "Mazda and Ford drop proposal to build cars together in Europe." *The Wall Street Journal,* March 4, p. A14を、ダイムラーと三菱自動車の提携については、Ennis, P. (1991). "Mitsubishi group wary of deeper ties to Chrysler." *Tokyo Business Today,* 59, July, p. 10を参照。また、www.reuters.com/article/US-mitsubishimotors-nissan-idUSKCN12K0DX accessed March 3, 2017も参照のこと。

22　たとえば、Ernst, D., and J. Bleeke (1993). *Collaborating to compete: Using strategic alliances and acquisition in the global marketplace.* New York: John Wiley & Sons, Inc.; およびBarney, J. B., and M. H. Hansen (1994). "Trustworthiness as a source of competitive advantage." *Strategic Management Journal,* 15, winter (special issue), pp. 175–190を参照。

23　Ernst, D., and J. Bleeke (1993). *Collaborating to compete: Using strategic alliances and acquisition in the global marketplace.* New York: John Wiley & Sons, Inc.

24　Bartlett, C., and S. Ghoshal (1993). "Beyond the M-form: Toward a managerial theory of the firm." *Strategic Management Journal,* 14, pp. 23–46.

25　提携に対する代替については、Nagarajan, A., and W. Mitchell (1998). "Evolutionary diffusion: Internal and external methods used to acquire encompassing, complementary, and incremental technological changes in the lithotripsy industry." *Strategic Management Journal,* 19, pp. 1063–1077; Hagedoorn, J., and B. Sadowski (1999). "The transition from strategic technology alliances to mergers and acquisitions: An exploratory study." *Journal of Management Studies,* 36(1), pp. 87–107; およびNewburry, W., and Y. Zeira (1997). "Generic differences between equity international joint ventures (EIJVs), international acquisitions (IAs) and International Greenfield investments (IGIs): Implications for parent companies." *Journal of World Business,* 32(2), pp. 87–102を参照。

26　Barney, J. B. (1999). "How a firm's capabilities affect boundary decisions." *Sloan Management Review,* 40(3), pp. 137–145.

27　こうした制約については、Hennart, J. F. (1988). "A transaction cost theory of equity joint ventures." *Strategic Management Journal,* 9, pp. 361–374; Kogut, B. (1988). "Joint ventures: Theoretical and empirical perspectives." *Strategic Management Journal,* 9, pp. 319–332; and Barney, J. B. (1999). "How a firm's capabilities affect boundary decisions." *Sloan Management Review,* 40(3), pp. 137–145を参照。

28　Ouchi, W. G. (1984). *The M-form society: How American teamwork can capture the competitive edge.* Reading, MA: Addison-Wesley（邦訳『M型社会の時代』小林薫訳、日本放送出版協会、1984年）およびBarney, J. B. (1990). "Profit sharing bonuses and the cost of debt: Business finance and compensation policy in Japanese electronics firms." *Asia Pacific Journal of Management,* 7, pp. 49–64 を参照。

29　このような考察は、Barney, J. B., and M. H. Hansen (1994). "Trustworthiness as a source of competitive advantage." *Strategic Management Journal,* 15, winter (special issue), pp. 175–190; Weigelt, K., and C. Camerer (1988). "Reputation and corporate strategy: A review of recent theory and applications." *Strategic Management Journal,* 9, pp. 443–454; およびGranovetter, M. (1985). "Economic action and social structure: The problem of embeddedness." *American Journal of Sociology,* 3, pp. 481–510において提起された。

30　たとえば、Eichenseher, J., and D. Shields (1985). "Reputation and corporate strategy: A review of recent theory and applications." *Strategic Management Journal,* 9, pp. 443–454; Beatty, R., and R. Ritter (1986). "Investment banking, reputation, and the underpricing of initial public offerings." *Journal of Financial Economics,* 15, pp. 213–232; Kalleberg, A. L., and T. Reve (1992). "Contracts and commitment: Economic and Sociological Perspectives on Employment Relations." *Human Relations,* 45(9), pp. 1103–1132; Larson, A. (1992). "Network dyads in entrepreneurial settings: A study of the governance of exchange relationships." *Administrative Science Quarterly,* March, pp. 76–104; Stuart, T. E., H. Hoang, and R. C. Hybels (1999). "Interorganizational endorsements and the performance of entrepreneurial ventures." *Administrative Science Quarterly,* 44, pp. 315–349; Stuart, T. E. (1998). "Network positions and propensities to collaborate: An investigation of strategic alliance formation in a high-technology industry." *Administrative Science Quarterly,* 43(3), pp. 668–698; およびGulati, R. (1998). "Alliances and networks." *Strategic Management Journal,* 19, pp. 293–317を参照。

31　個人的なコミュニケーションによる, April 8, 1986.

32　企業の評判に対する同じような理論的アプローチは、Tirole, J. (1988). *The theory of industrial organization.* Cambridge, MA: MIT Pressにおいて論じられている。

33　Scherer, F. M. (1980). *Industrial market structure and economic performance.* Boston: Houghton Mifflin.

34　ここでもErnst, D., and J. Bleeke (1993). *Collaborating to compete: Using strategic alliances and acquisition in the global marketplace.* New York: John Wiley & Sons, Inc.; およびBarney, J. B., and M. H. Hansen (1994). "Trustworthiness as a source of competitive advantage." *Strategic Management Journal,* 15, winter (special issue), pp. 175–190を参照。実際、戦略的提携において信頼が果たす役割については多くの文献が存在する。なかでも特に興味深い研究としては、Holm, D. B., K. Eriksson, and J. Johanson (1999). "Creating value through mutual commitment to business network relationships." *Strategic Management Journal,* 20, pp. 467–486; Lorenzoni, G., and A. Lipparini (1999). "The leveraging of interfirm relationships as a distinctive organizational capability: A longitudinal study." *Strategic Management Journal,* 20(4), pp. 317–338; Blois, K. J. (1999). "Trust in business to business relationships: An evaluation of its status." *Journal of Management Studies,* 36(2), pp. 197–215; Chiles, T. H., and J. F. McMackin (1996). "Integrating variable risk preferences, trust, and transaction cost economics." *Academy of Management Review,* 21(1), pp. 73–99; Larzelere, R. E., and T. L. Huston (1980). "The dyadic trust scale: Toward understanding interpersonal trust in close relationships." *Journal of Marriage and the Family,* August, pp. 595–604; Butler, J. K., Jr. (1983). "Reciprocity of trust between professionals and their secretaries." *Psychological Reports,* 53, pp. 411–416; Zaheer, A., and N. Venkatraman (1995). "Relational governance as an interorganizational strategy: An empirical test of the role of trust in economic exchange." *Strategic Management Journal,* 16, pp. 373–392; Butler, J. K., Jr., and R. S. Cantrell (1984). "A behavioral decision theory approach to modeling dyadic trust in superiors and subordinates." *Psychological Reports,* 55, pp. 19–28; Carney, M. (1998). "The competitiveness of networked production: The role of trust and asset specificity." *Journal of Management Studies,* 35(4), pp. 457–479がある。

35 Ernst, D., and J. Bleeke (1993). *Collaborating to compete: Using strategic alliances and acquisition in the global marketplace.* New York: John Wiley & Sons, Inc.

36 Mohr, J., and R. Spekman (1994). "Characteristics of partnership success: Partnership attributes, communication behavior, and conflict resolution techniques." *Strategic Management Journal,* 15, pp. 135–152; およびZaheer, A., and N. Venkatraman (1995). "Relational governance as an interorganizational strategy: An empirical test of the role of trust in economic exchange." *Strategic Management Journal,* 16, pp. 373–392を参照。

第12章

合併・買収

Mergers and Acquisitions

LEARNING OBJECTIVES
到達目標

本章では、以下を習得する。

12.1 それぞれの種類の合併・買収について説明できるようになる。

12.2 合併・買収がいかにして経済的価値を生み出すかを説明できるようになる。

a. 入札企業とターゲット企業が範囲の経済を共有しない場合
b. 入札企業とターゲット企業が範囲の経済を共有する場合
c. 入札企業が、平均して合併・買収により利益を獲得しないにもかかわらず合併・買収戦略を追求する理由

12.3 入札企業が合併・買収戦略の実行によって経済的利益を獲得し得る方法を3つ説明できるようになる。

12.4 企業が自社と買収先を統合する時に直面する課題について説明できるようになる。

◉テクノロジー企業の買収における困難

現代の消費者向けエレクトロニクス業界の誕生には、信じられない大成功を収めた、ある買収案件が大きく寄与した。

1980年、IBMは、当時開発を進めていた新型のパーソナルコンピュータ(以下パソコン)で使用するプログラミング言語(BASIC、FORTRAN、COBAL、Pascalなど)の開発をマイクロソフト(Microsoft)に依頼した。その際IBMの幹部は、パソコン用のオペレーティングシステム(OS)も供給できないかと尋ねた。マイクロソフトは自社ではOSを保有していなかったので、代わりにデジタルリサーチ(Digital Research、DRI)に掛け合ってみてはどうかと奨めた。DRIは当時、パソコン用OSとしてデファクト・スタンダードであったCP/M(Control Program for Microcomputers)を販売していた。原因については諸説あるが、IBMとDRIが合意にいたることはなかった。

そこでふたたびマイクロソフトに掛け合ったところ、今度はシアトル・コンピュータ・プロダクツ(Seattle Computer Products)のティム・パターソン(Tim Patterson)によって開発されたOSを紹介された。マイクロソフトはこのOS(Quick and Dirty Operating System(簡易で粗削りなオペレーティングシステム)の頭文字をとってQDOSと呼ばれた)の事業権を取得した。その買収価格は、1万ドルの一時金に加え、QDOSの使用権を購入する企業1社当たり1万5000ドルのロイヤルティだった。たとえば、20社のパソコン製造会社がQDOSのライセンス権を取得したら、シアトル・コンピュータ・プロダクツの収入は31万ドル(10000＋20×15000＝31万)となる。

多くの人が知っているとおり、QDOSはMS-DOS(Microsoft Disc Operating System)の開発につながり、MS-DOSはWindowsの開発につながり、Windowsの開発によってMicrosoft Officeの開発が可能となった。これらの事業がそれ以来あげてきた成果については言うまでもない。2010年の時点でMicrosoft Windowsフランチャイズの価値は1100億ドル、Microsoft Officeフランチャイズの価値は860億ドルに及んだ。さらに、いまではこれをはるかに上回る額に及んでいる。当初の投資リスクが1万ドルであったことを考慮すれば十分すぎるリターンだ。

しかし、マイクロソフトがそれ以降行ってきた買収の成功度にはむらがある。現在にいたるまで行ってきた買収はゆうに150件を超える。なかにはスカイプの取得など、依然としてポテンシャルを秘めているものもあるが、株主価値に大きな減少をもたらしたものも多い。たとえば、1997年にはテレビベースの電子メールを提供するウェブTV（Web TV）を4.25億ドルで買収したが、2013年にはマイクロソフトのテレビ部門は閉鎖された。2007年にはオンライン広告会社のaクオンティテイティブ（a Quantitative）を60億ドルで買収したが、数年後には同社の幹部がほぼ全員会社を去り、マイクロソフトはほどなくして、aクオンティテイティブの技術を放棄した。

2005年にはレイ・オジー（Ray Ozzie）の能力を借りようと、オジーの所有するグルーブネットワークス（Groove Networks）を1.71億ドルで買収したが、2010年にはオジーがマイクロソフトを去り、それに伴ってマイクロソフトは、グルーブネットワークスのファイル共有技術を放棄した。そして2013年には携帯電話メーカーのノキア（Nokia）を79億ドルで買収したが、2年以内に買収で取得した資産のうち76億ドル分を損失計上した。

もちろん、買収戦略の失敗によって株主価値を消滅させてしまったIT企業はマイクロソフトに限らない。ヤフー（Yahoo）はジオシティーズ（Geocities）に40億ドルを費やしたが、その数年後にはこのソフトウエアを放棄した。ヒューレット・パッカード（HP）はPalm（パーム）の取得に12億ドル支払ったが、Palmがアップル iPadの競合製品になるという目論みは外れた。シスコシステムズはピュアデジタル（Pure Digital）を5.9億ドルで買収したが、2年後には同部門を閉鎖した。

2000年にはテラ・ネットワークス（Terra Networks）が検索エンジン運営会社のライコス（Lycos）を125億ドルで買収したが、2004年にはライコスの価値が9500万ドルまで減少した。そして、ニューズ・コーポレーション（Newscorporation）は2005年に5.8億ドルでフェイスブック（Facebook）の競合であるマイスペース（MySpace）を買収したが、2011年には同社を（スペシフィック・メディア（Specific Media Group）とジャスティン・ティンバーレイク（Jastin Timberlake）へ）3500万ドルで売却した。

見てのとおり散々な結果である。この章で見ていくとおり、買収を通して利益を生み出すことは不可能とまでは言わないが、きわめて困難である。買収をする企業は、経済的価値を生み出すポテンシャルを持った買収先を選定するだけでなく、見込んだ価値を少しでも確保したいのであれば高い買収額を支払わなければならず、買収してからは実際にそのポテンシャルを実現しなければならない。

なかでもIT業界においては、市場需要に関する不確実性、急速な技術的変化、「勝者総取り」の技術競争、企業価値の激しい変動などの要因もあり、買収によって利益をあげることが特に難しくなっている。

その反面、買収には、QDOSレベルの成功を収めることができれば、多くの失敗をまかなう高いポテンシャルもある。(注1)

もちろん、買収が起きるのはIT業界だけではない。2016年にIT業界以外で行われた大型買収としては、バイエル(Bayer)によるモンサント(Monsanto)買収(660億ドル、農業製品業界)、ブリティッシュ・アメリカン・タバコ(British American Tobacco)によるレイノルズ・アメリカン(Reynolds American)買収(580億ドル、たばこ業界)、スノコ・ロジスティクス・パートナーズ(Sunoco Logistics Partners)によるエナジー・トランスファー・パートナーズ(Energy Transfer Partners)の買収(520億ドル、石油・天然ガス輸送業界)、シャイアー(Shire)によるバクスアルタ(Baxalta)買収(320億ドル、特殊医薬品業界)、アボット・ラボラトリーズ(Abbott Laboratories)によるセント・ジュード・メディカル(St. Jude Medical)の買収(306億ドル、医療技術業界)、ジョンソンコントロールズ(Johnson Controls)によるタイコ・インターナショナルの買収(166億ドル)がある。実際のところ、合併・買収(M&A)は、垂直統合や多角化する際の目標達成手段としてきわめて頻繁に用いられる。

しかし、垂直統合や多角化するうえでの目標を達成できたとしても、M&Aによって実質的な経済的利益を生み出すことは難しい。企業戦略理論や企業財務理論の分野においては、「M&Aは平均して、買収対象企業の株主には利益になるが、入札企業の株主は損失も利益もない『とんとん』で終わる」というのが、最も有力な実証的結論である。

ただし、M&Aが買収元の企業にとって利益にならないという事実は、M&A戦略が論争の的になる唯一の理由ではない。M&Aはおそらく、本書で取り上げたどの戦略よりも倫理的課題の多い戦略である。以下のコラム「企業倫理と戦略」では、これらの課題について検討している。

企業倫理と戦略

欲は善か

1987年に公開され、現在でも経営学を学ぶ者ならば必見の映画である『ウォール街』では、企業乗っ取り屋のゴードン・ゲッコー(マイケル・ダグラスが名演した)が、ある企業の株主総会で敵対的買収の倫理性について演説するシーンがある。自らの投資アプローチを正当化すべく彼が口にしたのは、いまや有名な「欲は善である(Greed is good)」という言葉だ。ゲッコーの言葉の真意は、「パフォーマンスが期待される水準に達しない企業を買収することによって金儲けを追求することは、企業に可能な限り効果的かつ効率的に顧客ニーズを満たそうとする強い動機づけを与える」ということである。その意味で彼の主張は、「企業乗っ取り屋(corporate raiders)」は製品市場での激しい競争を助長し、それが経済学の理論に基づいて考えれば社会的厚生の最大化につながる、ということなのだ。言い方にトゲがあるにせよ、ゲッコーの言葉の根底にあるメッセージは経済学と整合的なのである。

しかし、本当にそうだと言えるだろうか。

劇中では、ゲッコーはインサイダー情報を利用して金儲けをしている。これは米国やその他多くの先進国では違法であり、最終的にゲッコーは刑務所行きになる。しかし、インサイダー取引は本当に違法であるべきなのか。一部の見解によれば、主流の投資家たち(つまり、株式取引を唯一の収入源とはしない一般の投資家)が最も求めているのは、企業価値を知るのに役立つ情報がすべて市場に公開されることである。したがって、こうした投資家にとっては、一握りの投資家が特別に入手した情報を保有していて、それを公にすることで利益を得ようとする場合、一般の投資家たちもその恩恵を受けないとは限らない。この点から見れば、インサイダー取引は合法であるに違いない(訳注:米国ではインサイダーとされる上級管理者が自社株の売買を行う際には、取引日から2営業日以内に証券取引委員会に対してForm4による報告が義務づけられている。そしてその内容は公開される。その情報をもとに売買することで、一般投資家も利益を増やす機会が生じる)。

あるいは、やはり違法なのかもしれない。

劇中でゲッコーがとったもう1つの金儲けの手段は、買収した企業を分割し、各事業を最高入札者に売るというものだ。これには買収対象企業の雇用の安定を損なうという悪影響がある。現実世界においても、買収は頻繁に一時解雇や人員削減をもたらす。この分野の初期の研究によれば、実はこうした人員削減が行われた後、通常は企業の雇用水準は復活し、以前よりも成長する。必ずとまでは言えないが、こうした企業行動は株主の富を増やす。今日では、企業乗っ取り屋ではなく、プライベート・エクイティ・ファンド(未公開株式へ投資する会社)がこのような経済機能を果たしている。こうして考えると、そもそも企業は、株主の富を最大化することに集中し、無駄に雇用人数を増やさないことによって、敵対的買収の標的にならずにすむと言えるだろう。

しかし、そうとは言えないかもしれない。

最後に、買収に伴って発生する手数料や報酬の額からして、企業がそうした金を支払うことの倫理性も考慮しなければならない。特に、取引を仲介する弁護士や投資銀行家(インベストメント・バンカー)、もしくは、会社の規模が拡大するにつれ収入が増える経営陣に関わる倫理問題は、考慮が必要である。実際、取引仲介者や経営陣は買収から多額の報酬を得ることができる。たとえば、米国では買収に際して投資銀行が獲得する手数料は、買収額の2.3~2.4%である。しかし、依然として買収によって生み出される価値の大部分を確保するのは株主である。そして、その株主は誰かというと、近年においては投資信託や年金基金などの機関投資家が占める割合が高くなっている(第10章を参照)。こうした機関投資家が投資しているのは世界中から集めた小規模な投資家の資金である。したがって、その意味では、買収戦略を通して株主に価値を生み出すことは、非常に民主主義にかなった資本主義へのアプローチと言える。

しかし、そうとは言えないかもしれない。

M&Aに関わる倫理問題は複雑かつ微妙である。十把ひとからげにすべての買収戦略が非倫理的であると決めつけることは、買収があらゆる状況において倫理的に正当化されると主張することと同じぐらい問題がある。「欲は善である」というフレーズは、多くの人にとって聞き心地の良い言葉ではないが、M&Aの倫理性について深く考える機会を提供するという意味では有益である。(注2)

◉――合併・買収とは何か

到達目標 12.1

それぞれの種類の合併・買収について
説明できるようになる。

「合併」と「買収」は同義語として使われることが多いが、厳密に言えばその定義は異なる。

買収(acquisition)とは、ある企業が他の企業を買い取ることである。買い取りの方法はさまざまである。たとえば、買収額をまかなう方法にも、既存事業によって獲得した現金、負債、新株発行、あるいはこれら複数のメカニズムを組み合わせる場合がある。また、取得比率に関しても、ターゲット企業の資産100%、資産の過半数(51%以上)、あるいは**実質的支配権**(controlling share、ターゲット企業において経営・戦略上の意思決定権をすべて握る程度の資産)を取得する場合がある。

買収を分類する方法は他にもある。たとえば、ターゲット企業の経営陣が買収されたいと思っている時に行われる買収は、**友好的買収**(friendly acquisition)であり、買収されたくないと思っている時に行われる買収は、**非友好的買収**(unfriendly acquisition)である。そのなかには、**敵対的買収**(hostile takeover)がある。また、買収のなかには、買収元の経営陣とターゲット企業の経営陣の直接的交渉を通じて実現されるものがある。この種の買収は特に、ターゲット企業が**非公開会社**(privately held)、または**閉鎖的保有会社**(closely held、株式市場に多くの株式を公開していない企業)である場合に多い。

それに対して、ターゲット企業の発行済み株式を購入する意欲を公に発表し、買収価格を提示して買収が実現する場合もある。その際の提示額は通常、ターゲット企業の時価総額を上回る。ターゲット企業の時価総額と買収を狙う企業が提示した買収価格の差は、**買収プレミアム**(acquisition premium)と呼ばれる。このかたちで企業を買収することを**株式公開買い付け**(tender offer)と呼ぶ。株式公開買い付けは、ターゲット企業の経営陣の支持があって行われる場合もあれば、支持がなくて行われる場合もある。当然ながら、経営陣の支持があって行われる公開買い付けは一般に友好的であり、経営陣の支持なく行われる公開買い付けは一般に非友好的である。

買収は、売上高や資産額の面で規模の大きい企業が規模の小さい企業を買い取るのが一般的である。たとえば、グーグルがこれまで行ってきた買収は、モトローラ・モビリティ（Motorola Mobile）を含め、すべて自社より規模が小さい企業が対象である。

それに対して、規模が同等の2社が資産を一体化する場合、その取引は**合併**（merger）と呼ばれる。合併の実行方法は、他社資産の一部を現金や新株発行によって買い取るなど、多くの面で買収と共通している。一方、合併が非友好的であることは稀だ。合併は、一方の企業が他方の企業の資産の一部を買い取るのと同時に、相手企業も当該企業の一部の資産を買い取るかたちで行われる。

たとえば、ダイムラー・クライスラー（Daimler Chrysler）は、ダイムラー・ベンツ（Daimler-Benz、メルセデス・ベンツ（Mercedes-Benz）の製造者）とクライスラーの合併によって誕生した。その際、ダイムラー・ベンツは資本の一部をクライスラーに出資し、クライスラーは資本の一部をダイムラー・ベンツに出資した。最近になってこの合併は解消され、ダイムラー・ベンツとクライスラーはふたたび2社に分かれた。2007年の金融危機後には、クライスラーはフィアット（Fiat）と合併した。

合併は一般的に、肩を並べる企業同士（つまり、規模や収益性の面で同等な企業同士）の取引としてスタートするが、合併後にはその関係が変化し、一方の企業がもう一方の企業に対して新企業の経営主導権を握るケースが多い。

たとえば、関係者の間では、ダイムラー・クライスラーにおいては、ダイムラー（同社のドイツ企業が元となる部分）がクライスラー（同社の米国企業が元となる部分）に対して経営の主導権を握っていたとする見方が多い。また、現在は、フィアットがクライスラーに対して主導権を握っているという見解が有力である。[注3] 言い換えれば、合併は出だしの時点では買収と異なる性質を持っているが、最終的には合併よりも買収に近いかたちに変化することが多い。

◉——合併・買収の経済的価値

到達目標 12.2

合併・買収がいかにして経済的価値を生み出すかを説明できるようになる。
a. 入札企業とターゲット企業が範囲の経済を共有しない場合
b. 入札企業とターゲット企業が範囲の経済を共有する場合
c. 入札企業が、平均して合併・買収により利益を獲得しないにもかかわらず合併・買収戦略を追求する理由

M&Aが多角化や垂直統合を追求する企業にとって重要な戦略オプションである点については議論の余地がない。近年では、膨大な数の企業がM&Aを通じて多角化を実現している。2015年には世界で4万5000件のM&Aが行われ、2016年には世界の総買収額が4.5兆ドルを超えた。(注4)

M&Aが頻繁に行われているのは明らかだ。しかし、M&Aを行うことが実際に企業にとって経済的価値を生むか否かは微妙なところである。ここでは2つのケースを検討する。範囲の経済が存在しない場合のM&Aと、範囲の経済が存在する場合のM&Aである。

◉合併・買収:範囲の経済が存在しない場合

次のシナリオを考えてみてほしい。ある企業(ターゲット企業)を標的として10社(入札企業)が買収を追求している。ターゲット企業の**時価総額**(current market value)は1万ドルである。つまり、この企業の株価と発行済み株式数を掛け合わせると1万ドルになる。また、入札企業の時価総額はいずれも1万5000ドルである。(注5)最後に、どの入札企業もターゲット企業との間に範囲の経済を持たない。つまり、どの入札企業も、ターゲット企業と一体になった時の企業価値は、両社の独立状態での価値を単純に合算した値である。

この例では、ターゲット企業は1万ドルで、入札企業は1万5000ドルであるから、ターゲット企業はいずれの入札企業と一体になった時も、企業価値は2万5000ドル(10000 + 15000 = 25000)になる。以上を考慮すると、ターゲット企業の適切な買収価格はいくらか。また、この価格において予想される入札企業とターゲット企業の経済パフォーマンスはいかなる水準になるか。

この事例を含むどの買収案件においても、入札企業がターゲット企業の取得に支払ってもよいと考える最大額は、買収後においてターゲット企業がもたらす追加的価値と同等の金額である。この価格は、単純に両社が一体となった時の企業価値(この例では、2万5000ドル)から入札者自身の企業価値(この例では、1万5000ドル)を差し引いた値となる。

注目すべきは、この価格を左右するのは、ターゲット企業の独立状態での価値ではなく、ターゲット企業が買収後にもたらす追加的価値である。この価値を下回る買収価格(本事例では、1万ドル未満の買収価格)は入札企業の利益になり、この価値と同等な買収価格(1万ドルの買収価格)はどちらの企業の利益にもならず、この価値を上回る買収価格(1万ドルより大きい買収価格)は入札企業の損失になる。

容易に想像できるように、この場合の買収価格は急速に1万ドルまで上昇し、入札企業が買収によって得る利益はゼロになる。買収価格が急速に1万ドルまで上昇する理由は、1万ドルを下回る価格で買収が成立すれば、入札企業の利益になり、その利益獲得の機会が買収競争への参加を促すからである。買収競争に参加する企業数が大きく増えれば、買収価格は急速にターゲット企業の価値と同等の水準まで上昇し、利益獲得の機会は消える。

また、買収価格が1万ドルになった場合、ターゲット企業の株主が獲得する利益もゼロになる。実際、ターゲット企業の株主から見れば、入札企業による買収価格の支払いによって自社の企業価値が現金化されただけで、特に経済状況の変化はない。つまり、ターゲット企業の価値は1万ドルであり、株主が受け取る額もそれとまったく同等になる。

◉合併・買収:範囲の経済が存在する場合

範囲の経済が存在しない場合、入札企業もターゲット企業も利益がゼロになることは驚くべき結論ではない。この結論は、第9章で行った多角化の経済的影響に関する考察とまさに一致している。そこでの主張は、「自社が展開する複数事業の間で範囲の経済を確保しない限り、経営多角化戦略を追求する経済的メリットは存在しない」というものだった。したがって、自社とターゲット企業の間に何らかの範囲の経済が存在しない限り、入札企業がM&Aを通じて優れたパフォーマンスを実現する可能性はない。

[買収によって実現し得る範囲の経済の種類]

もちろん、入札企業とターゲット企業の間に存在し得る範囲の経済には多種多様なものがある。ここでは、企業と企業の結合のパターンを示す重要な類型方法を3つ紹介する[注6]（表12.1, 表12.2, 表12.3）。

連邦取引委員会（FTC）による類型

M&Aは業界の集中度を上昇（あるいは低下）させる効果を持つため、連邦取引委員会（FTC）は、提案がなされたM&Aがその業界にもたらす競争上の影響を評価することを責務としている。FTCは、米国に本拠を置く企業が関わる買収案件について、業界における独占的（あるいは寡占的）利益を生み出す可能性があるものは、原則として禁止している。この規制活動の一助として、FTCは独自の分類法でM&Aを類型化している（**表12.1**）。この分類法の各カテゴリーは、M&Aの入札企業とターゲット企業がどのような関係にあるかを分類している。

FTCによって特定された第1の類型である**垂直型合併**（vertical merger）とは、M&Aを通じて前方または後方の垂直統合を果たすケースである。垂直型合併の例としては、主要な原材料サプライヤーを買収する場合（後方垂直統合）、顧客や流通ネットワークを買収する場合（前方垂直統合）がある。たとえば、ディズニーによるキャピタル・シティーズ/ABC（Capital Cities/ABC）の買収は、エンターテインメント流通業界への前方垂直統合を図ったものと言えるし、同社によるESPNの買収は、エンターテインメント制作事業への後方垂直統合を意図したものである[注7]。

FTCによって特定された第2の類型は、**水平型合併**（horizontal merger）と呼ばれ、企業が競合を買収するケースである。アディダス（Adidas）によるリーボック（Reebok）の買収は、世界第2位と第3位のスニーカー製造業者が1つに

表12.1 | 連邦取引委員会（FTC）のM&A類型

• 垂直型合併	サプライヤーや顧客を買収する場合
• 水平型合併	競合を買収する場合
• 製品拡張型合併	買収によって補完製品へのアクセスを確保する場合
• 市場拡張型合併	買収によって補完的な地理的市場へのアクセスを確保する場合
• コングロマリット型合併	入札企業とターゲット企業の間に戦略的関連性が存在しない場合

なった水平型合併の一例である。想像できるように、水平型合併は業界に最も直接的かつ明確な反競争的影響をもたらすM&Aの類型であり、FTCは、この種のM&Aが持つ競争上の効果には特に目を光らせる傾向にある。たとえば、オラクル(Oracle)とピープルソフト(PeopleSoft)の間で行われた100億ドル規模の合併の際には、両社のシェアを合わせると、企業向けソフトウエア市場において支配的地位が確立されるため、FTCは独占禁止法上の懸念を表明した。FTCは、シェブロンテキサコ(Chevron Texaco)とユノカル(Unocal)の間で行われた164億ドル規模の合併の際や、モービル(Mobil)とエクソン(Exxon)の合併の際にも同様の懸念を表明した。

FTCによって特定された第3の類型は、**製品拡張型合併**(product extension merger)である。製品拡張型合併を行う企業は、M&Aによって補完製品を取得する。たとえば、グーグルがモトローラ・モビリティを買収したのはその例である。

FTCによって特定された第4の類型は、**市場拡張型合併**(market extension merger)である。主な目的は、新たな地理的市場を開拓することである。たとえば、SABミラー(SABMiller)が南米コロンビアの醸造会社であるババリア(Bavaria Brewery Company)を買収したのはその例である。

FTCによって特定された第5の類型は、**コングロマリット型合併**(conglomerate merger)である。この類型は、FTCとしては「残り物」のカテゴリーである。FTCは、M&Aに関わる企業の間に垂直型、水平型、製品拡張型、市場拡張型のいずれの結びつきも見られない場合、そのM&A活動を、コングロマリット型に分類する。

その他の戦略的関連性の類型

FTCが提唱したM&Aの類型は、この全社戦略の背景にある動機をある程度明示しているが、入札企業とターゲット企業の間に存在する関係の複雑さを完全にはとらえきれていない。何人かの研究者は、入札企業とターゲット企業の間に存在し得る範囲の経済の、より網羅的リストの作成に挑戦している。そのうちの1つは**表12.2**にまとめられた、マイケル・ルバトキン(Michael Lubatkin)が作成した類型方法である。このリストには、入札企業とターゲット企業の間に存在し得る戦略的関連性として、**技術の経済性**(technical economies、マーケティング、製造、その他の戦略的関連性)、**金銭上の経済性**

表12.2｜入札企業と対象企業の間に存在し得るルバトキンによる範囲の経済の源泉リスト

技術の経済性	社内の物理的プロセスの変革により、同量の生産要素の投入でより多くの生産ができるようになる規模の経済。技術の経済性の源泉としては、マーケティング、製造、経験、スケジューリング、銀行取引、報酬などがある
金銭上の経済性	市場支配力を行使し価格水準に影響を与えることによって得られる経済性
多角化の経済性	同一リスク水準に対してパフォーマンスを向上させるか、同一パフォーマンスに対してリスク水準を低下させることによって得られる経済性。多角化の経済性の源泉としては、ポートフォリオ・マネジメントによるリスク低減がある

出典：Lubatkin, M. (1983). "Mergers and the performance of the acquiring firm." *Academy of Management Review*, 8, pp. 218–225. © 1983 by the Academy of Managementより許可を得て再現。

表12.3｜入札企業がM&A戦略を追求する動機に関するジェンセンとルーバックによるリスト

生産または流通コストの低減
1. 規模の経済によるコスト低減
2. 垂直統合によるコスト低減
3. より効率的な生産技術または組織的技術の採用によるコスト低減
4. 入札企業の経営陣による管理を強めることによるコスト低減
5. 組織特殊な資産の共有によるエージェンシー・コストの低減

財務上の動機
1. 未活用の税効果の実現
2. 破産コストの回避
3. レバレッジ（負債活用）機会の拡張
4. その他の税制上の優遇確保
5. 製品市場における市場支配力の確保
6. ターゲット企業における非効率な経営手法の排除

出典：Jensen, M. C., and R. S. Ruback (1983). "The Market for Corporate Control: The Scientific Evidence." *Journal of Financial Economics*, 11, pp. 5–50. Vol. II. よりCopyright © Elsevierの許可の下再掲載。

（pecuniary economies、市場の支配力）、**多角化の経済性**（diversification economies、ポートフォリオ・マネジメントによるリスク低減）が含まれる。

入札企業とターゲット企業の間に存在する範囲の経済のリストとして次に重要なものは、マイケル・ジェンセン（Michael Jensen）とリチャード・ルーバック（Richard Ruback）がM&Aの経済的リターンに関する実証研究の包括的文献レビューを経て作成した類型方法である（**表12.3**）。これがM&Aを通じて企業が経済的利益を獲得する要因として挙げているのは、生産または流通コストの低減（規模の経済、垂直統合、エージェンシー・コストの低減など）、財務上の機会の活用（未活用の税効果の実現、破産コストの回避など）、市場支配力の創出、ターゲット企業における経営合理化（非効率性の除去）の達成である。

入札企業とターゲット企業の結びつきが経済的価値を持つためには、多角化戦略と同じ条件を満たす必要がある(第9章参照)。第1に、これらの結びつきは、入札企業とターゲット企業の間に実在する範囲の経済に基づかねばならない。この範囲の経済は、企業の結合によって生じるコスト削減か売上増大のどちらにつながるものであってもよい。第2に、範囲の経済が存在するだけでなく、範囲の経済を実現するコストが、それを外部投資家自らが確保する場合よりも低くなければならない。多角化戦略の場合と同じように、M&Aによって実現される範囲の経済の多くは、外部投資家が分散ポートフォリオを組成することで再現可能である。また、これらの範囲の経済のなかには、外部投資家がほぼコストを負担せずに確保できるものもある。このような状況では、投資家が企業の経営陣を「雇い」、M&Aを通じて範囲の経済を確保させるメリットはほとんどない。したがって企業は、外部投資家自身が実現するにはコストがかかりすぎる範囲の経済を確保するためにのみ、M&A戦略を追求すべきである。

[戦略的関連性のあるM&Aの経済的利益]

入札企業とターゲット企業が範囲の経済によって結びつく場合、この2社が一体になった時の経済的価値は、それぞれが独立していた時の経済的価値の合計よりも大きくなる。範囲の経済の存在がM&A戦略のリターンにどのような変化をもたらすかを理解するため、次のシナリオを考えてみよう。先の例と同様、ターゲット企業は1社で、入札企業は10社とする。

ターゲット企業の独立事業体としての時価総額は1万ドルで、入札企業の独立事業体としての時価総額はいずれも1万5000ドルである。しかし、先ほどのシナリオとは異なり、入札企業とターゲット企業は範囲の経済によって結びつく。この範囲の経済の源泉としては、表12.1、表12.2、表12.3に挙げたいずれの結びつき方も考えられる。これらの範囲の経済の価値に基づいて考えると、合併後の企業価値は3万2000ドルになる。この3万2000ドルという額は、1万5000ドルと1万ドルの単純合計を上回っている点に注目してほしい。このターゲット企業はいくらで買収され、また、その価格で得られる入札企業とターゲット企業にとっての経済的成果はいくらになるだろうか。

先の例と同様、入札企業がターゲット企業の取得に支払ってもよいと思う最高額は、ターゲット企業が買収後にもたらす価値と同等の価格である。したがって、その最高額は、このシナリオにおいても合併後の企業の価値(この場合、3万2000ドル)と入札企業単体の価値(この場合、1万5000ドル)の差であり、1万7000ドルになる。

範囲の経済が存在しない買収と同じく、1万7000ドルを下回る価格での入札は入札企業にとって利益になる可能性があるので、ターゲット企業の実際の買収価格は急速に1万7000ドルまで上昇するだろう。たとえば、入札企業の1つがターゲット企業の買収価格として1万3000ドルを提示したとする。もしもこの価格で買収が成立すれば、1万7000ドルの価値を持つターゲット企業を1万3000ドルで獲得したことになる。すなわち1万7000ドルと1万3000ドルの差額4000ドルは入札企業の利益となる。もちろん、こうした潜在的利益は他社の入札競争への参入を促す。参入は、ターゲット企業の買収価格が1万7000ドルになるまで続くだろう。なお、買収価格が1万7000ドルを上回れば、入札企業はこの買収によって損失をこうむることになる。(注8)

当然ながら、1万7000ドルで入札に成功した企業が獲得する利益はゼロである。一方、ターゲット企業の株主は7000ドルの利益を獲得する。独立事業体としての自社の価値は1万ドルであるのに対し、入札企業と一体になった時の価値は1万7000ドルになる。このように、ターゲット企業の株主が獲得する利益は、独立状態での自社の価値と、入札企業と一体になった時の自社の価値の差に等しい。

以上を考慮すると、入札企業の株主にとって、入札企業とターゲット企業の間に範囲の経済が存在することは、彼らが買収戦略を通じて利益を獲得する十分条件とは言えない。もしも、特定のターゲット企業を取得することで得られる潜在的価値が広く知られており、かつ、そのターゲット企業を買収することでその潜在的価値を顕在化できる入札企業が複数ある場合、入札企業の株主が買収戦略の追求によって獲得できる利益は良くてゼロである。この場合、そのM&A自体は経済的価値を生むが、創出された価値はもっぱらターゲット企業の株主の利益となる。

◉合併・買収のリターン:実証研究の結果

M&Aが入札企業やターゲット企業にもたらすリターンに関しては、さまざまな学術文献で実証研究が行われている。財務分野の文献レビューによって40以上のM&Aの実証研究を検証したある研究によれば、ターゲット企業の企業価値は買収によって平均25%増大し、入札企業のそれには変化がないことがわかった。同研究の著者は次のように検証結果を総括している。「企業買収はプラスの価値を生む。(中略)買収対象企業の株主はこの価値を享受し、(中略)入札企業の株主は少なくとも損失をこうむることはない[(注9)]」。こうした一連の研究が買収戦略のリターンを測定するにあたってどのような手法を用いたかについては、コラム「より詳細な検討」で詳しく述べている。

より詳細な検討

買収がもたらすパフォーマンス効果の測定

買収が入札企業のパフォーマンスに与える影響を評価する方法として、圧倒的に頻繁に用いられるのは**イベント・スタディー分析**(event study analysis)である。金融経済学の分野に理論的根拠を持つイベント・スタディー分析は、買収発表後における株式の実際のパフォーマンスと、買収の発表がなかった場合の株式の期待パフォーマンスを比較する手法である。この分析手法では、買収が発表された直前または直後の時期において株価が期待を上回る(または下回る)パフォーマンスを見せた場合、そのパフォーマンス増大(または減少)は買収と関連づけて評価される。こうしたパフォーマンスの増減幅は**累積異常リターン**(CAR:cumulative abnormal return)と呼ばれ、買収がなかった場合に比べてその株式のパフォーマンスが改善したか悪化したかによって、プラスになる場合もあればマイナスになる場合もある。

ある買収を通して生み出されたCARの水準は、いくつかの段階に分けて算出される。まず、買収がなかった場合の株式の期待パフォーマンスが、次の回帰関数によって推定される。

$$E(R_{j,t}) = a_j + b_j R_{m,t} + e_{j,t}$$

なお、$E(R_{j,t})$は時点tにおける株式jの期待リターンをあらわし、a_jはリスクフリー金利とおおよそ同等の定数であり、b_jは経験的観測に基づくパラメータβの期待値であり(なお、βは一定期間にわたる特定企業の株式リターンと株式市場全体の平均リターンの共分散である)、$R_{m,t}$は一定期間にわたる株式市場全体の実際の平均リターンであり、$e_{j,t}$は誤差項である。

この公式の構造は、企業金融論における資本資産評価モデル(CAPM)に由来する。このモデルにおいて$E(R_{j,t})$は、ある株式と株式市場全体のパフォーマンスとの歴史的関係を考慮したうえで推定される、ある株式の期待パフォーマンスである。

ある株式が見せたパフォーマンスのうち想定外の部分を算出するためには、その株式の実際のパフォーマンスから上記の期待パフォーマンス水準を差し引けばよい。数式であらわすと次のとおりである。

$$XR_{j,t} = R_{j,t} - (a_j + b_j R_{m,t})$$

なお、$R_{j,t}$は時点tにおける株式jの実際のパフォーマンスをあらわし、$XR_{j,t}$は時点tにおける株式jの想定外のパフォーマンスをあらわす。

特定の買収案件のCAR値を算出するためには、株式市場がその買収の知らせに反応している期間にわたるすべての時点tについて想定外のリターン($XR_{j,t}$)を算出し、それらを加算する必要がある。買収案件の分析を行う際は、通常、買収が正式に発表された1日前から発表後3日にわたる市場の反応を考慮する。この期間に見られた想定外のリターンの合計が、この買収案件と関連づけて評価できるCARの水準である。

この分析法は、文字どおり何千件もの買収案件に適用されてきた。たとえば、マニュライフ・ファイナンシャル(Manulife Financial)がジョン・ハンコック・ファイナンシャル(John Hancock Financial)を買収した案件では、マニュライフのCARが－10%で、ジョン・ハンコックのCARが+6%だった。アンセム(Anthem)がウェルポイント(Wellpoint)を買収した案件では、アンセムのCARが－10%で、ウェルポイントのCARが+7%だった。バンク・オブ・アメリカがフリートボストン・ファイナンシャル(FleetBoston Financial)を買収した案件では、バンク・オブ・アメリカのCARが－9%で、フリートボストンのCARが+24%だった。そして、ユナイテッドヘルス・グループ(UnitedHealth Group)がミッド・アトランティック・メディカル(Mid Atlantic Medical)を買収した案件では、ユナイテッドヘルスのCARが－4%で、ミッド・アトランティックのCARが+11%だった。

イベント・スタディーの分析手法は広く用いられてきたが、いくつかの重大な制約もある。第1に、イベント・スタディー分析は全面的に資本資産評価モデル(CAPM)をベースとしているが、このモデルによる株価予測にはその正確性に疑問を呈する見解もある。第2に、イベント・スタディー分析の下では、企業の株主は買収時点でその買収によって得られるベネフィットをすべて予測できると想定されている。だが一部の研究者は、買収の取引当事者たちは、買収が発表された後でもかなりの期間にわたって事前に予測できなかった価値創出機会を発見し、価値を創出し続けると指摘している。(注10)

また企業戦略の研究者も、M&Aにおける価値創出の源泉について、より詳細な分析を行った。すなわち、どの価値創出の源泉を追求したかによって、入札企業やターゲット企業が価値を獲得できる可能性がどう影響を受けるかという検証である。たとえばある有名な2つの研究は、戦略的関連性の種類と度合い(表12.1にまとめたFTCの分類法に基づいて定義した戦略的関連性)が、M&A戦略によって創出される経済的価値にどのように影響するかを検証した。(注11)これらの研究によれば、入札企業とターゲット企業の間に存在する範囲の経済が大きいほど、M&Aによって生み出される経済的価値も大きくなる。

一方、この経済的価値を享受するのは、入札企業とターゲット企業の間に存在する範囲の経済の種類や程度にかかわらず、常にターゲット企業の株主であることが示され、この点においては企業金融論の研究と同様の結果があらわれた。すなわち、入札企業は、自社と価値ある範囲の経済を共有するターゲット企業を買収先に選んだとしても、M&A戦略から得られる経済的利益は平均してゼロなのである。

◉合併・買収がこれほど多いのはなぜか

M&Aを通じて生み出される経済的価値の大部分が、ほとんどの場合、ターゲット企業の株主によって獲得されるという経験的証拠が圧倒的に多いことを考慮すると、次のような重要な疑問が浮上する。「入札企業がM&A戦略に取り組み続けるのはなぜか」である。**表12.4**にはその理由として考えられるものをいくつかまとめた。以下ではこれらの理由について検討した。

[生き残り]

実証研究で見たように、平均的に見れば、M&Aは入札企業に経済的利益

表12.4 入札企業が通常は利益を獲得できないにもかかわらずM&Aに取り組む動機

1. 生き残り
2. フリー・キャッシュフロー
3. エージェンシー問題
4. 経営陣の傲慢
5. 経済的利益のポテンシャル

をもたらさない。しかし、入札企業は生き残りのためにM&Aをせざるを得ない場合がある。特に、自社の競合がいずれも何らかの買収を行うことにより、経営の効果や効率性の改善を実現してしまった場合、同様の買収を行わないと自社が競争劣位に置かれてしまう。この場合、M&Aを行うことの目的は競争優位を獲得することではなく、競争均衡を確保することである。

米国の銀行が近年行ってきた合併の多くも、おそらく競争均衡や標準的パフォーマンスの確保を目的として行われたものである。米国の銀行の経営陣の多くは、銀行を取り巻く規制環境の変化、ノンバンクの金融機関による競争圧力、低調な需要という要因により、今後銀行業界の合従連衡が進むことを予想している。業界統合が進むなかで生き残るためには、多くの銀行は合併を実行しなければならない。M&Aをする銀行が増えれば、この戦略を通じて標準を上回る利益を獲得できる可能性は低下する。実際のところ、銀行業界におけるM&Aの経済的リターンの低下は、買収に最も積極的な一部銀行の企業価値をすでに低下させている。しかし、こうしたリターンの低下があるにせよ、多くの銀行が生き残りの機会を模索するなかで、同業界における買収は当分続くと予想される。(注12)

[フリー・キャッシュフロー]

企業がM&A戦略に投資し続けるもう1つの理由は、M&Aに投資をすれば、平均して少なくとも競争均衡を期待できるからである。企業によってはこのプラスマイナスゼロの投資が他の戦略に投資するよりも魅力的な場合がある。特にフリー・キャッシュフローを有する企業は、そのような状況に置かれている可能性が高い。(注13)

フリー・キャッシュフロー(free cash flow)とは、単純に、プラスの正味現在価値を持つ投資をすべて行った後に残る投資資金である。フリー・キャッシュフローが生み出されるのは、既存事業に高い収益性があるものの、追加的投資機会がほとんど存在しない場合である。ここ数年、特に多額のフリー・キャッシュフローを生み出してきた企業にフィリップモリス(Philip Morris)がある。フィリップモリスの小売たばこ事業は非常に高い収益性を持つが、たばこ業界においては、規制の強化、健康上の懸念、ゆっくりとした需要拡大により、投資機会が限られている。したがって、フィリップモリスが既存のたばこ事業から生み出しているキャッシュフローは、同社がたばこ事業に対して行っているプラスの正味現在価値を持った投資の合計額を、おそらく上回っていると思われる。この差額がフィリップモリスのフリー・キャッシュフローである。(注14)

フリー・キャッシュフローをたくさん生み出す企業は、その資金をどう使うかを決めなければならない。投資に代わる支出方法としては、もちろん配当金や自社株買いのかたちで株主に分配する選択肢がある。しかし状況によっては(たとえば、株主の限界税率が高くなっている場合)、株主は自分たちに分配するよりも企業がキャッシュフローを保持し、何らかの投資に使うことを望むことがある。このような場合、企業は何に対してそのキャッシュフローを投資すべきか。

この場合、企業は(定義として)既存事業においてプラスの正味現在価値を持つ投資機会を保有しないので、フリー・キャッシュフローの投資先としては2つのオプションしかない。競争均衡をもたらす戦略への投資か、競争劣位をもたらす戦略への投資である。この状況ではM&A戦略を追求することが有効な選択肢となる。なぜなら、入札企業は平均的に少なくとも競争均衡を期待できるからだ。言い換えれば、M&Aは標準を上回る利益にはつながらないかもしれないが、フリー・キャッシュフローの使い道としては比較的ましな戦略であり、もっとパフォーマンスを押し下げる悪手が存在する。

[エージェンシー問題]

結果として競争均衡しかもたらさないにもかかわらず、企業がM&Aに取り組み続けるもう1つの要因は、それが入札企業の株主に価値をもたらすか否かによらず、入札企業の経営陣には直接メリットをもたらすからである。第10章で紹介したように、こうした利害の衝突は、企業の経営陣と株主の間に存在するエージェンシー問題が発現したものである。

M&Aが、入札企業の株主には直接メリットにならないにもかかわらず、経営陣にメリットをもたらすパターンには、少なくとも2つある。

第1に、経営陣はM&Aによって人的資本投資を分散できる。第9章で述べたとおり、企業が狭い範囲の事業しか展開していない場合、その企業の経営陣は企業特殊な人的資本投資を分散しがたい。既存事業とは完全に相関しないキャッシュフローを持つ他社を獲得することにより、経営陣は自社が破綻する確率を低下させることができ、自らが行ってきた企業特殊な人的資本投資のリスクを一定程度低減させられる。

第2に、経営陣はM&Aを利用し、売上高と資産額の双方において企業規模を急速に拡大できる。経営陣の報酬が企業規模と密接にリンクしている場合、経営陣は企業規模を拡大させることで報酬を増やせる。急速に企業規模を拡大させる方法のなかで、おそらく最も簡単なのはM&Aである。入札企業とターゲット企業の間に範囲の経済が存在しないとしても、買収をすれば間違いなくターゲット企業の分だけ入札企業の規模は拡大する(企業規模の尺度は売上高と資産額のどちらでもよい)。入札企業とターゲット企業の間に範囲の経済が存在すれば、入札企業はさらに速く規模成長を果たすことができる。入札企業の株主は、平均してM&Aによって利益を獲得できないにもかかわらず、経営陣は報酬を増やすことができるのである。

[経営陣の傲慢]

経営陣が、平均的に利益を生まないにもかかわらずM&Aに投資し続けるもう1つの要因は、**経営陣の傲慢**(managerial hubris)という現象である[(注15)]。経営陣の傲慢とは、入札企業の経営陣が、ターゲット企業の資産を既存の経営陣よりも効果的に管理できると誤って信じていることである。この現象により入札企業は、経済的利益を得る見込みがないにもかかわらず、買収戦略を追求する場合がある。

入札企業の経営陣には傲慢が存在するという前提に立つと、M&A戦略の発表は企業価値の減少をもたらすだろう。なぜならば、入札企業の経営陣はターゲット企業の資産を、ターゲット企業の経営陣より効果的に管理できると心から信じているかもしれないが、資本市場の投資家がこうした過大な自己評価を信じる可能性は低いからである。この場合、入札企業によるM&A戦略へのコミットメントは、入札企業の経営陣がターゲット企業の資産を管理する自らの能力について、幻想に陥っているという強いシグナルを送ることになる。こうした幻想は、必然的に入札企業の企業価値を減少させる。

もちろん、本章の冒頭で紹介したM&Aに関する一連の実証研究によれば、平均的に入札企業はM&A戦略から利益は得られないものの、M&A戦略を追求したからといって、経済的価値の減退に見舞われることはない。これは「経営陣の傲慢」仮説とは整合しない結論である。しかし、平均して経済的価値の減退に見舞われないからといって、経済的価値の減退に見舞われる入札企業がまったく存在しないというわけではない。したがって、企業がM&A戦略を追求する動機が、常に経営陣の傲慢だとは言えないが、少なくとも一部のケースにおいては、経営陣の傲慢によってM&A戦略が追求されている可能性は依然としてある。(注16)

[経済的利益のポテンシャル]

経営陣がM&A戦略を追求し続ける最後の理由は、一部の入札企業がM&A戦略から得られる経済的利益のポテンシャルである。M&Aが入札企業にもたらすリターンに関しては、強固な実証的裏づけが存在する。平均して、入札企業はM&A戦略から利益を得ない。しかし、入札企業が平均して利益を獲得しないからといって、M&A戦略から利益を獲得できる入札企業がまったく存在しないわけではない。特定の状況下では、M&A戦略によって競争優位を獲得することが可能である。次の節では、こうした特定の状況について論じる。

◉——合併・買収と持続的競争優位

到達目標 12.3

入札企業が合併・買収戦略の実行によって
経済的利益を獲得し得る方法を3つ説明できるようになる。

ターゲット企業と戦略的に関連する入札企業がM&Aを追求する動機である範囲の経済が、経済的価値を持ち得ることについては既述のとおりである。しかし、こうした範囲の経済が入札企業に利益や競争優位をもたらすかどうかを左右するのは、経済的価値の有無だけでなく、範囲の経済を入手する場となる「企業支配をめぐる市場」の競合度の問題がある。**企業支配をめぐる市場**(market for corporate control)とは、複数企業が特定の企業または特定の企業群の買収を、積極的に追求する際に形成される市場である。入札企業がM&A戦略の追求によって利益を獲得し得るのは、企業支配をめぐる市場が完全競争でない時である。そこで、その市場の競合度がM&A戦略のリターンに与える影響を検証するため、以下では入札企業とターゲット企業に関する3つのシナリオを検討する。そのうえで、入札企業やターゲット企業の経営陣が、どのような意思決定をすべきかを考察する。[注17]

◉価値を有し、希少で、他に知られていない範囲の経済

ターゲット企業がある1社の入札企業にとってとりわけ高い価値を有し、他の企業(他の入札企業とターゲット企業の総体)がこの高い価値に気づいていないとすると、企業支配をめぐる市場には不完全競争が存在することになる。この場合、ターゲット企業の買収価格は、一般に期待されている価値まで上昇する。しかし買収が成立した後には、ターゲット企業を特別高く評価した入札企業が一般の期待水準を上回るパフォーマンスを発揮し、この高いパフォーマンス水準が入札企業の株主に利益をもたらす。

次のシンプルなケースを考えてみよう。入札企業Aがターゲット企業と結合した時の企業価値は1万2000ドルである。他の入札企業がターゲット企業と結合した時の企業価値は1万ドルである。企業A以外の企業(入札企業もタ

ーゲット企業も含む)は、企業Aがターゲット企業と特別な範囲の経済を持っていることを知らないが、他の入札企業がターゲット企業と結合した時の価値(つまり1万ドル)はどの企業も知っている。また、いずれの入札企業も独立状態での価値は7000ドルである。この場合、企業Aがターゲット企業の取得に支払ってもよいと考える最高額は5000ドル(12000－7000＝5000)であり、他の入札企業が支払ってもよいと考える最高額はそれより少ない3000ドル(10000－7000＝3000)である。

つまり一般に既知の情報によれば、ターゲット企業を買収した場合に獲得できる価値は、ターゲット企業の独立状態での価値を3000ドル上回る。したがって、ターゲット企業の買収価格は急速にその価値と同水準まで上昇し、企業A以外の入札企業がターゲット企業の買収によって得られる利益はゼロになる。企業支配をめぐる市場に1社のターゲット企業しか存在しなかった場合、企業Aはその企業に対して3000ドルをわずかに上回る価格(たとえば、3001ドル)を提示できる。この場合、他の企業が企業Aを上回る価格を提示することはない。なぜなら、企業A以外の入札企業からすれば、この買収はよくても3000ドルの価値しか生み出さないからだ。買収価格が3001ドルなら、企業Aは、独立状態での価値を5000ドル上回る企業に対して3001ドルを支払うことになるので、1999ドルの利益を獲得できる。

一方、複数のターゲット企業が存在する場合、企業Aを含むいくつかの入札企業は、3000ドルの買収価格を支払うことになる。この買収価格での企業A以外の入札企業の利益はゼロだが、企業Aは、2000ドルの利益をあげることができる。つまり、この市場においてターゲット企業を獲得した企業のなかでは、企業Aが唯一競争優位を獲得することになる。

企業Aがこの利益を実際に獲得するためには、企業Aとターゲット企業の間に存在する範囲の経済の価値が、他の入札企業とターゲット企業の間に存在する範囲の経済の価値を上回っていなければならない。この特別な価値は、企業Aが保有する特殊な経営資源や能力に由来する可能性が高い。それらは、ターゲット企業と組み合わせた場合、他の入札企業が保有する経営資源や能力よりも高い価値を生む。言い換えれば、企業Aがターゲット企業との間で保有するつながりが経済的利益や競争優位の源泉となるためには、そのつながりが他の入札企業との比較において、希少な経営資源や能力に基づいている必要がある。

しかし、企業Aが自らの買収戦略を通じて経済的利益や競争優位を確保するためには、ターゲット企業との間に、価値を有し、希少なつながりを持っているだけでなく、そうした特別な範囲の経済に関して他社が情報を持たないことが必要である。もし他の入札企業が、ターゲット企業の買収によってA社が得る追加的価値に関する情報を知っていれば、自らもその価値を複製しようとするだろう。具体的には、ターゲット企業との間で価値ある範囲の経済をもたらした企業Aの経営資源や能力を自らも開発することで、企業Aとターゲット企業の間に存在する関連性を模倣しようとする。他の入札企業は、この種のより高い価値を有する範囲の経済に必要な経営資源や能力をいったん開発してしまえば、この買収競争に参加できるようになる。そうなれば、最終的に買収を成立させた企業の利益は、ゼロになる可能性が高まる。

企業Aが買収を通じて競争優位を獲得するためには、競合する入札企業だけでなく、ターゲット企業も企業Aが保有する特殊な経営資源や能力について知らないことが必要になる。もしターゲット企業が、企業Aが有する追加的価値の獲得機会やその価値の源泉が何なのかを知っていれば、他の入札企業にもその情報を伝えるかもしれない。この情報を得た他の入札企業は、追加的価値を反映したより高い買収価格を提示できるようになる。そして買収競争が激しくなることにより、入札企業が得られる利益は減少する。ターゲット企業がA以外の入札企業に対してこの情報を知らせる可能性が高いのは、自社とより価値の高い範囲の経済を共有する入札企業の数が増えれば、その合併または買収を通じて生み出される経済的価値のすべてを、自社が掌握できる蓋然性が高まるからである。(注18)

◉価値を有し、希少で、模倣コストの高い範囲の経済

一部の企業のみがターゲット企業との間で、価値を有し、希少で、人に知られていない範囲の経済を保有する場合以外にも、企業支配をめぐる市場競争が不完全になる状況は存在する。それは、ある入札企業がターゲット企業との間で、価値を有し、希少な範囲の経済を有し、それを他の入札企業が模倣できない場合である。この場合、入札企業の株主は経済的利益を獲得する。その時、範囲の経済が人に知られていないことは利益を生むための条件ではない。なぜならば、他の入札企業は、その範囲の経済が何かを知っていたと

しても模倣することができないため、その特別な入札企業の株主利益を大きく減じさせる買収競争は、そもそも起こらないからである。

1社の入札企業がターゲット企業との間で保有する、価値があって希少な範囲の経済が、他の入札企業にとって模倣困難になるのは、一般的に、その入札企業とターゲット企業の間に存在する戦略的関連性が、入札企業の保有する希少かつ模倣コストの高い経営資源や能力に基づく場合である。第3章(上巻)で挙げた模倣コストの高い経営資源や能力は、いずれも、ある企業とターゲット企業との間に模倣コストの高い範囲の経済を生み出す可能性がある。もしこの範囲の経済に経済的価値や希少性があれば、その範囲の経済は入札企業の株主にとって利益の源泉になる。仮に企業支配をめぐる市場に属するすべての企業が、その特別な入札企業の持つ価値の高い範囲の経済の存在と源泉について知っていても、それが入札企業の利益の源泉になることに変わりはない。なぜならば、価値の高い範囲の経済の源泉に模倣困難性がある場合は買収競争の力学が働かず、ターゲット企業の株主が買収の利益をすべて掌握することはないからである。もちろん、入札企業とターゲット企業の間に存在する、価値を有し、希少で、かつ模倣コストの高い範囲の経済が、同時に人に知られていないということもあり得る。実際ある企業の模倣コストの高い属性は、一般に他社には特定しづらい傾向にあるため、専有情報にとどまる場合が多い。この場合、価値を有し、希少で、かつ人に知られていない範囲の経済について行った上記の分析がそのまま妥当する。

◉入札企業とターゲット企業の間に存在する予期せぬ価値ある範囲の経済

これまでの分析では議論を簡素にするため、「各入札企業は、自社とターゲット企業の間に存在する戦略的関連性の現在価値を把握している」という大胆な前提を立ててきた。これは理論的にはあり得ることだが、実際にそうである可能性はきわめて低い。現代のM&Aの多くは、企業間に存在する数多くの未知で複雑な関係が関わっており、きわめて複雑である。このような状況においては、買収完了後の予期せぬ出来事により、入札企業やターゲット企業が当初予想していたよりもそのM&Aの価値が高まる可能性がある。またターゲット企業の買収価格は、ターゲット企業と入札企業が統合されて初めて実現するM&Aの期待価値と一致している。入札企業が買収後に予期せず獲得した価値を含むM&Aの合計価値と上記の買収価格との差は、入札企業の株主にとっての利益となる。

もちろん、入札企業が買収から得られる「予期せぬ」価値をあらかじめ期待することは定義として不可能である。ここで言う予期せぬ価値とは、思いもよらず獲得した価値であり、買収先を選ぶスキルではなく、入札企業の幸運のあらわれである。たとえば、英国の広告会社のWPPは、ジェイ・ウォルター・トンプソン(J. Walter Thompson)を5.5億ドルで買収した際、ジェイ・ウォルター・トンプソンが東京に保有していたいくらかの資産を発見した。この資産は、買収時には誰も存在を認識していなかったものである。しかし、結果的に、税引後の価値が1億ドルにも及ぶことが判明し、WPPはこの予期せぬ収入により、かなり高額に及んだ買収額の一部を取り返すことができた。WPPの社長で、ジェイ・ウォルター・トンプソン買収の立役者であったマーティン・ソレル(Martin Sorrel)も、この件について聞かれた際、1億ドルの収入は幸運の賜物であったと認めている。[(注19)]

◉入札企業の経営陣に対する示唆

入札企業とターゲット企業の間に、価値を有し、希少かつ人に知られていない範囲の経済や、価値を有し、希少かつ模倣コストの高い範囲の経済が存在し得るということは、入札企業が一般には買収によって競争優位を獲得できないものの、特殊な条件の下ではそれが可能であることを示している。したがって、M&A戦略を検討している企業の経営陣としては、株主に利益をもたらす可能性が最も高い戦略を選ぶことが課題となる。上記の論考からは、いくつかの重要な経営管理上の指針を導くことができる。入札企業の経営陣が従うべきこれらの「ルール」について、**表12.5**にまとめた。

[価値を有し、希少な範囲の経済を追求する]

入札企業が、戦略的関連性のあるターゲット企業を買収したにもかかわらず競争優位を獲得できない最も一般的理由の1つは、ターゲット企業に同様の価値を見出している入札企業が、他にも複数存在することである。複数の

表12.5｜入札企業の経営陣が従うべきルール

1．価値を有し、希少な範囲の経済を追求する
2．他の入札企業に情報を漏らさないようにする
3．ターゲット企業に情報を漏らさないようにする
4．入札競争を勝ち抜くことは避ける
5．なるべく早く買収を成立させる
6．「商いの薄い市場」で買収を追求する

入札企業があるターゲット企業の価値を同じように評価している場合、買収競争が起きる可能性は高まる。買収競争が起きれば、標準を上回るパフォーマンスを得る機会は消滅する。この問題を回避するには、入札企業は、価値を有し、自社と希少な結びつきを持つターゲット企業を狙うべきである。

実際の行動として、入札企業の経営陣が希少な範囲の経済を探索するためには、自社と結合した場合のターゲット企業の価値だけでなく、他の入札企業と結合した場合のターゲット企業の価値も考慮すべきである。他の入札企業のケースを考慮することが重要なのは、自社がある買収を行うことで期待できる潜在的利益は、自社とターゲット企業の間に存在する関係の価値と、他の入札企業とターゲット企業の間に存在する関係の価値の差分によって決まるからである。

価値を有し、希少な範囲の経済を探す作業は、自社がすでに保有している、価値を有し、希少な経営資源のなかから、ターゲット企業と戦略的関連性を持ち、シナジー効果が期待できるものを探す作業となる場合が多い。たとえば、ある入札企業が製品市場において独自の評判を築いており、ターゲット企業の製品もその評判のメリットを享受できる場合、このターゲット企業の買収は、他の入札企業（このような評判を築いていない企業）よりも、独自の評判を持った入札企業にとって価値が高くなる。また、特定の入札企業が業界最大のシェア、業界内で最も優れた物流システム、または、他の企業にはない重要な原材料へのアクセスを持ち、こうした価値を有し、希少な経営資源がターゲット企業にとってメリットとなる場合、そのターゲット企業の買収は、経済的利益の源泉となる可能性がある。

どのような価値ある希少な範囲の経済に基づいてM&Aを追求するかを模索する作業は、他社との結びつきのなかで、経済的利益の源泉とはならないオプションを捨てる作業を伴うことが多い。たとえばターゲット企業は一般に、買収後には間接コストを伴う活動を行う必要がなくなるので、多くの買収は間接コストの削減につながる。しかし間接コストを削減する能力は、1つの入札企業しか持たない特異な能力ではないので、間接コストの削減によって生み出される価値はターゲット企業の株主のものになる可能性が高い。

[他の入札企業に情報を漏らさないようにする]

買収戦略によって優れたパフォーマンスを獲得するカギは、1つのターゲット企業に複数の入札企業が集まらないようにすることである。これを達成する1つの手段は、入札プロセスに関する情報やターゲット企業との範囲の経済の源泉について、他社に知られないことである。入札競争に参画する前提条件として、企業は自社とターゲット企業の間に存在する範囲の経済の価値を認識している必要がある。この情報を持つ入札企業が1社しか存在せず、ターゲット企業の価値の全容が広く知れわたる前にこの1社が買収を成立させれば、その入札企業はそれにより競争優位を実現できる可能性がある。

もちろん多くの場合、こうした情報をすべて内密に保つことは難しい。そして、しばしばそれは違法である。たとえば、公開会社の買収競争に参加する企業は、一定の情報開示義務を果たさなければならず、内密に保てる情報量は限られる。したがって、公開会社の買収を目指す企業は、その公開会社との間に、価値を有し、希少で模倣コストの高い範囲の経済を保有しない限り、買収によって利益を獲得できる可能性はきわめて低い。そう考えると、米国証券取引委員会(SEC)の開示ルールの下で行われる公開会社のM&Aを検証した研究で、ほとんどの入札企業が買収戦略を通じて利益を獲得できていない点にもうなずける。

しかし、ターゲット企業が公開会社であるとは限らない。非公開会社を買収する際には、入札企業が標準を上回るパフォーマンスを実現できる情報環境が存在する可能性がある。また、公開会社を買収する場合であっても、自社と一体になった時にもたらされるターゲット企業の潜在的価値について、自社が保有する全情報を公開する必要はない。実際にその潜在的価値の一部が、入札企業が保有するごく当たり前の、「目に見えない」資産に基づいて生み出されている場合、その情報を伝えること自体が不可能かもしれない。この場合も、入札企業は、競争優位を獲得できる可能性がある。

[ターゲット企業に情報を漏らさないようにする]

入札企業は、自社とターゲット企業の間に存在する範囲の経済の価値について、他の入札企業だけではなく、ターゲット企業にも知られない必要がある。たとえばある入札企業が、自社にとって8000ドルの価値があるターゲット企業に対し、利益の確保を狙って5000ドルの買収価格を提示したとする。そのターゲット企業は、自社の実際の価値が8000ドルだと知っていれば、より高額な買収オファーがくるのを待つ可能性が高い。実際このターゲット企業は、他の潜在的入札企業にコンタクトをとり、5000ドルを上回る価格を提示すれば買収成立にいたる可能性があることを知らせるかもしれない。こうして入札企業の数が増えるにつれ、標準を上回る経済パフォーマンスをあげられる可能性は低下する。したがって入札企業は、利益獲得の機会を逸しないためにも、ターゲット企業との間に存在する範囲の経済の価値を、完全には明かさない必要がある。しかしこの場合も、ターゲット企業に向けた情報の流れを制限することはきわめて困難か、違法になる可能性もある。このような場面で、入札企業が標準を上回る経済的パフォーマンスをあげる可能性はきわめて低い。

ターゲット企業に対する情報の流れを制限することは、他の面にも影響を及ぼす可能性がある。たとえば買収前に、自社が保有する情報や洞察、見解を全面的に相手と共有することは、買収後に実際に範囲の経済を実現させる可能性を高めることが示されている[注20]。逆に自社とターゲット企業の間の情報の流れを制限することは、ターゲット企業を自社の既存事業に組み込むコストを高める可能性がある。そうなれば、情報の流れを制限するそもそもの理由だった、標準を上回る経済的パフォーマンスの一部が失われてしまう。したがって入札企業は、ターゲット企業と共有する情報を制限するメリットと、情報の流れを制限することのコストを、注意深く比較衡量する必要がある。

[入札競争を勝ち抜くことは避ける]

同じターゲット企業を買収しようとする企業が複数存在する場合、当然ながら、最終的に買収にこぎ着けた企業が競争優位を獲得できる可能性はかなり低い。激しい買収競争を起こすため、ターゲット企業が入札企業を積極的に募ることすらある。この点を考慮すれば、入札企業がとるべき戦略は明らかになる。つまり入札企業は、基本的に激しい入札競争を勝ち抜こうとすべきではない。なぜならば、入札競争に勝つためには、少なくともターゲット企業の価値と同等の価格を支払わなければならなくなるからだ。激しい入札競争のなか、感情が先行し、最終的な買収価格がターゲット企業の価値を上回る水準まで高騰するケースも少なくない。このような買収を行った入札企業は、確実に経済的パフォーマンスが低下する。

入札競争に「勝つ」ことが理にかなう唯一の状況は、勝利した企業とターゲット企業の間に、希少かつ人に知られていない範囲の経済か、希少かつ模倣コストの高い範囲の経済が存在し、その範囲の経済が他のどの入札企業が有する戦略的関連性よりも高い価値を持つ場合である。勝利した企業は、ターゲット企業との間で有する関係の価値を完全に実現すれば利益を獲得できる。

[なるべく早く買収を成立させる]

M&A戦略を通じて優れたパフォーマンスを達成する際のもう1つの基本原則は、なるべく早く取引を成立させることである。戦略的関連性のあるターゲット企業の取得による利益獲得を阻害する経済的プロセスは、必ず一定の時間をかけて発展するものである。たとえば、あるターゲット企業を取得することの経済的価値に他の入札企業が気づくには一定の時間がかかり、ターゲット企業が他の入札企業を呼び込むにも一定の時間がかかり、情報漏洩の悪影響は時間とともに拡大する。迅速に入札プロセスを経た入札企業は、こうしたプロセスが発展するのを待たずに買収を成立させ、優れたパフォーマンスを自分の下にとどめることができる。

ただし、「なるべく早く取引を成立させる」というルールを、「買収にまつわる意思決定を急ぐべきだ」とは解釈しないことが重要である。むしろ、価値を有し、希少な範囲の経済の特定は、細心の注意を払って行うべきである。買収候補を特定し評価する際には、けっして急ぐべきではない。しかし、入札企業は、いったんターゲット企業を選定し、その価値を把握したならば、当初のオファーから取引成立までの期間を可能な限り短縮するべきである。交渉期間が長引けば長引くほど、買収によって経済的利益を獲得できる可能性は低下するからだ。

[「商いの薄い市場」で買収を追求する]

最後に、入札企業が買収によって利益を確保するためには、いわば「商いの薄い市場」で買収戦略を追求すべきである。一般に**商いの薄い市場**(thinly traded market)とは、ごく少数の買い手と売り手しか存在せず、その市場における利益機会が広く知られておらず、企業価値の最大化以外の目的が重視されるような市場である。M&Aの文脈における商いの薄い市場とは、ごく少ない企業(1社のみである場合も多い)しか買収戦略を追求していない市場である。その一部の特殊な企業は、市場に存在する買収機会の価値を完全に把握している唯一の企業であると考えられる。商いの薄い市場では、ターゲット企業の経営陣ですら市場に存在する経済的機会の価値を、完全には把握していない可能性がある。仮に把握できていたとしても、自社が買収対象になった際に、企業価値の最大化以外の目的を持っている可能性がある。

一般に、商いの薄いM&A市場は、かなり地理的分散度の高い市場だと考えられる。この市場における競争はローカルな次元で行われ、小規模な地元企業同士が地理的範囲の画定された一定の顧客群をめぐって争う。こうした小企業のほとんどは非公開である。自営業の場合も多い。印刷業界、ファストフード業界、中古車業界、ドライクリーニング業界、理容室・美容室業界などは、過去のさまざまな時点で商いの薄い市場と言える状態が存在した。

第2章(上巻)でも述べたように、市場分散型業界における主な機会は、事業統合(consolidation)である。M&Aの文脈における事業統合は、1社(あるいは少数の企業)が数多くの独立企業を買収し、その業界で範囲の経済を確保するかたちで実行可能である。多くの場合、この範囲の経済は、分散化した市場では達成しづらい規模の経済に基づいている。このような事業統合戦略を追求する企業の数が少なければ、その市場における企業支配をめぐる市場はおそらく競争が不完全であり、買収戦略を通して利益を得られる可能性がある。

より一般的観点から言えば、M&A競争が、たとえば『ウォール・ストリート・ジャーナル』に一面広告を出すなどの表立ったかたちで行われると、入札企業が買収を通して競争優位を獲得する可能性はかなり低い。こうした表立った買収では、企業支配をめぐる市場の競合度がかなり高くなるからである。企業支配をめぐる市場の競合度が高い場合、買収によって生み出されたほとんどの価値は、ターゲット企業の株主が獲得する。一方、買収競争があまり知られておらず、注目度の低い業界で行われる場合、入札企業が買収を通して利益を獲得できる可能性が高まる。

[サービス・コーポレーション・インターナショナルの事例]

M&Aに関する実証研究によれば、入札企業がM&A戦略によって経済的利益を獲得することは困難である。しかし一部の入札企業が、時と場合によっては利益を獲得することがある。M&A戦略による競争優位の確保に成功した企業の例としては、サービス・コーポレーション・インターナショナル(Service Corporation International、SCI)が挙げられる。SCIは、斎場や墓地の運営を行う会社である。1967年には5つの斎場を経営している会社にすぎなかったが、いまでは、米国国内で最も多くの墓地や斎場を所有するまでに成長した。SCIがこのような成長を果たしたのは、それまで非常に分散度の高かった葬儀業界で、積極的かつ収益性の高い買収プログラムを実行したからである。

SCIが葬儀業界にもたらした、価値を有する、希少な範囲の経済は、それまで分散度が高くプロによる経営が行われていなかった当該業界に対し、効率的なビジネス慣行を持ち込んだことである。SCIが所有する斎場の売上総利益率はおよそ30%であり、個人経営の斎場に比べて3倍近い水準を確保している。さまざまな要因がこの高い利益率をもたらしているが、とりわけ重要なのは、各地域内の斎場が、調達機能や防腐処理などの専門サービスを集約したり、使われていない霊きゅう車等の余剰資源を統合管理することでコストを低減させていることである。SCIがもたらす規模のメリットにより、同じ斎場でもSCIの傘下にあったほうが、小規模の競合他社の傘下にある場合よりも価値が高くなり、独立経営されていた時に比べても価値が高くなっている。

また、SCIは、後継者のいない家族経営の斎場を主なターゲットとして買収を進めていった。こうした斎場のオーナーや運営者の多くは、自分たちの斎場がSCIにとってどのような価値を持っているかを完全には把握しておらず(ビジネスマネジャーというよりは職人気質のオーナーが多いため)、また、斎場の売却価格を最大化することが唯一の目的ではなかった。どちらかといえば、地域の人々にサービスの継続が保たれること、長年斎場を支えてきた従業員が職を失わないこと、そして、自分たちのために豪勢とまではいかなくても安定した老後生活を確保することに関心があった。多くの斎場オーナーには、自分が引退した後にはSCIの買収を受け入れるか、事業をたたむかの選択しかなかった。SCIの提示価格では斎場の完全な価値を回収できなかったとしても、他の選択肢に比べれば買収を受け入れることがましなケースが多かったのである。

SCIによる斎場の買収は、実質的かつ価値のある範囲の経済を活用したものだったので、この戦略は標準を上回るパフォーマンスをもたらすポテンシャルを持っていた。またSCIは、長年葬儀業界においてこの戦略を追求している唯一の企業であり、SCIが買収した斎場の多くは公開会社ではなく、斎場のオーナーや運営者は売却価格の最大化以外にも目的を持っていたため、同社の買収戦略は長年にわたって標準を上回る経済的パフォーマンスをもたらした。

しかし、近年においては、SCIの買収戦略は広く知られるようになっている。それにより、他の斎場も個人経営の斎場の買収に動くようになってきた。また、個人経営の斎場オーナーも、自分の斎場がSCIにとってどれほどの価値を持つかについて、より完全に把握するようになった。したがって、SCIと個人経営の斎場の間に存在する範囲の経済は、依然として経済価値を持つものの、すでに希少性は失われ、いまやSCIにとって利益の源泉とはならなくなっている。言い換えれば、SCIが10年近く活用してきた不完全に競争的な企業支配の市場は、より完全競争に近づいている。今後SCIがこの市場で行う買収は、従来ほど持続的競争優位や利益を生み出す可能性が高くなくなるだろう。そこでSCIは、米国で保有する1800もの斎場の経営そのものを最適化することに重点を移している。(注21)

◉ターゲット企業の経営陣に対する示唆

このように、入札企業の経営陣はいくつかの行動原則に従うことによって、M&A戦略を通じて利益を獲得する可能性を最大化できる。一方、ターゲット企業の経営陣も、M&Aによって生み出される価値をすべて自社が獲得するために、対抗措置をとることができる。**表12.6**には、ターゲット企業の経営陣が実践すべきこれらの「ルール」をまとめた。

表12.6｜ターゲット企業の経営陣が従うべきルール

1. 入札企業から情報を引き出す
2. 他の入札企業に入札競争への参加を促す
3. 買収プロセスを遅らせる、しかし止めない

[入札企業から情報を引き出す]

入札企業がM&A戦略を通じて優れたパフォーマンスを確保する方法の1つとして、自社とターゲット企業の戦略的関連性の源泉とその価値に関する情報を内密に保つことを挙げた。入札企業とターゲット企業の関係が持つ実際の価値が1万2000ドルでありながら、ターゲット企業がその関係に8000ドルの価値しかないと信じていれば、ターゲット企業は8000ドルの買収オファーでも受け入れてよいと思うかもしれず、そうなれば本来なら入札企業から引き出せた残り4000ドルの獲得機会を失うことになる。自社が入札企業にとって実際には1万2000ドルの価値があることを知っていれば、ターゲット企業がこの買収において自社の持つ価値のすべてを確保できる可能性が高まる。したがって、入札企業がターゲット企業の価値を知ることだけでなく、ターゲット企業にとっても、潜在的入札企業と統合された時に自社が有する価値を知ることは重要である。それによりターゲット企業は、自社の資産価値のすべてを確保できる可能性が高まる。

[他の入札企業に入札競争への参加を促す]

ターゲット企業は、現在入札に参加している企業と自社の間に存在する範囲の経済の性質と価値を完全に把握すれば、この情報を利用して、自社と同様の関連性を持つ企業を探し出し、これらの企業に買収機会について知らせることができる。入札競争に参加する企業の数を増やすことで、ターゲット企業は企業支配をめぐる市場の競合度を高められ、それによって買収が生み出す価値を完全に獲得できる可能性が高まる。

[買収プロセスを遅らせる､しかし止めない]

先ほど述べたとおり、入札企業は、他の入札企業が買収競争に参加するのを防ぐため、買収プロセスをなるべく早めようとする強いインセンティブを持つ。当然ターゲット企業は、より多くの入札企業が買収プロセスに参加することを望む。したがってターゲット企業は、複数の買収オファーを受ける可能性を高められるよう、買収成立を遅延させる強いインセンティブを持つ。

しかし買収の成立を遅延させる目的は、あくまで企業支配をめぐる市場の競合度を高めることであって､買収の成立自体の阻害であってはならない｡入札企業とターゲット企業の間に価値ある範囲の経済が存在するならば、この2社の合併は経済的価値を生む。そして競合度の高い企業支配の市場を通して買収が行われれば、ターゲット企業の株主はこの範囲の経済の価値をすべて手にすることができる。したがって、買収の成立を阻害することは、ターゲット企業の株主にとって大きな機会損失となる。

ターゲット企業の経営陣が買収の成立を先延ばしするためにとり得る行動は多岐にわたる。以下のコラム｢関連する学術研究｣では、買収ターゲットとなった時にターゲット企業の幹部が共通してとる行動と、これらの行動がターゲット企業の株主にもたらす経済的影響について述べている。

関連する学術研究

買収行為に対する経営陣の対応は株主の富にどう影響するか

買収の潜在的ターゲットになった企業の経営陣は、他社による買収の試みに対して多様な反応を見せる。**表12.7**で示したように、それらの対応措置のなかには、ターゲット企業の株主の富を減少させるもの、ターゲット企業の株主に影響を与えないもの、ターゲット企業の株主の富を増大させるものがある。

まず、ターゲット企業の価値を減少させる経営陣の対応には、グリーンメール、停戦合意、ポイズンピルがある。これらの策はいずれも買収を阻止する行動であり、ターゲット企業の株主に経済的悪影響を及ぼす。**グリーンメ**

表12.7 買収行為に対するターゲット企業幹部の対応と株主価値への影響

1. ターゲット企業の株主価値を減少させる対応
   - グリーンメール
   - 停戦合意
   - ポイズンピル
2. ターゲット企業の株主価値に影響を与えない対応
   - サメよけ
   - パックマン戦法
   - 王冠の宝石の売却
   - 訴訟
3. ターゲット企業の株主価値を増大させる対応
   - 白馬の騎士の探索
   - 買収オークションの形成
   - 黄金のパラシュート

ール(greenmail)とは、ターゲット企業の経営陣が入札企業の保有する自社株を買い戻す対抗措置であり、買い戻す際の価格は、現在の市場価格よりも高くなる。グリーンメールは、入札企業による買収の試みを事実上打ち切りにし、ターゲット企業の株主に多大な経済的悪影響を及ぼす。ターゲット企業の株主は、買収が成立していれば獲得できるはずだった経済的価値を失うだけでなく、入札企業に対して割高の買い戻し価格を支払うコストを負担しなければならない。

したがって、グリーンメールを行ったターゲット企業が、実際に株主の富を大きく減退させることは驚くにあたらない。ある研究によれば、グリーンメールを行った場合、ターゲット企業は平均して企業価値が1.76%減少する。なかには2.85%減少した研究結果もある。グリーンメールの影響によって買収の試み自体が打ち切りになれば、企業価値の減少はさらに大きくなる。実際後者の研究では、グリーンメールが買収の打ち切りにつながった事例において5.50%の企業価値減少を確認した。一般に市場は、グリーンメール以外の状況では自社株の買い戻しに対して好反応を見せるが、グリーンメールに伴う企業価値の減少はこれとは対照的である。

グリーンメールを行ったターゲット企業は、それと並行して**停戦合意**(standstill agreement)を結ぶのが一般的である。停戦合意とは、一定期間は買収を追求しないと約束する、入札企業・ターゲット企業間の契約である。停戦合意により、ターゲット企業は、現在進行中の買収が成立にいたるのを防ぐことができ、また、将来の買収事案で買収競争に参加する企業の数を減らすことができる。こうなると、ターゲット企業の株主は、現在の買収に関してはその買収が成立していれば獲得できたはずの価値を失い、また将来の買収においても、ターゲット企業が複数の入札者を競争に招き入れることで、自分たちが得られたはずの経済的価値の一部を失ってしまう。

停戦合意は、単体でもグリーンメールとの組み合わせによっても、ターゲット企業の経済的価値を減退させる。ある研究は、自社株の買い戻し契約(グリーンメール)と同時に行われない停戦合意は、ターゲット企業の価値を4.05%低下させることを示した。買い戻し契約と同時に行われる停戦合意は、4.52%の低下をもたらすことが示された。

ポイズンピル(poison pill)とは、自社を買収することが採算に合わなくなるほど他社の買収コストを増大させる行動である。よく見られるポイズンピル策は、仮に自社が非友好的買収によって取得された場合には、配当金を特別給付する旨を株主に約束することである。この配当金支払いは買収コストを増大させ、本来買収を狙っていた企業にそれを断念させる可能性がある。他のポイズンピル策としては、配当金の臨時給付の代わりに、新株を既存株主にきわめて低い価格で分配する。これにより、入札企業がターゲット企業に対して行った株式投資の持ち分は減少し、買収コストが増大する。その他のポイズンピルも、既存株主にさまざまな権利を付与することにより、非友好的買収のコストを高めることを狙ったものが多い。

ポイズンピルは、ターゲット企業の経営陣が買収阻止に活用できるよく工夫された対抗措置だが、一般にはあまり効果が高くない。入札企業とターゲット企業に戦略的関連性がある場合、買収が生み出す価値はかなりの規模になる可能性があり、その価値の大部分は、ターゲット企業の株主のものになる。したがって、ターゲット企業の株主は買収の成立に対して強いインセンティブを持ち、入札企業が株主に対して直接提示するオファーを肯定する傾向にある。このようなオファーを**株式公開買付**(tender offer)と呼ぶ。しかしポイズンピルが実際に買収を阻止してしまえば、ターゲット企業の株主にはたいていの場合悪影響が生じる。

次に、表12.7の2で示したとおり、ターゲット企業の経営陣がとる行動のなかには、株主の経済状態にほとんど影響しないか、まったく影響しないものも多い。この種の対抗措置にはサメよけと呼ばれるものがある。**サメよけ**(shark repellants)とは、理論的には、ガバナンス方針を比較的小さく変更し、ターゲット企業を買収する難度を若干高める方法である。一般的なサメよけの例としては、**スーパーマジョリティ式の決議要件**(supermajority voting rules、ターゲット企業において、買収の取締役会決議には50%を超える特別多数による可決を必要とする)や、会社登記に関する州法(州によっては州内で登記された企業の買収を難しくする会社登記法が存在する)がある。しかし、買収によって生み出される価値が大きい場合、サメよけが買収プロセスの進行を遅らせる効果はあまりなく、買収成立の阻止にもつながらない。

ターゲット企業の株主が影響を受けない対抗措置としては、**パックマン戦法**（Pac-Man defense）がある。これは、自社の買収競争に参加している１社または複数の入札企業を逆に買い取ることで、買収を阻止する方法である。獲物が捕獲者に様変わりするかつてのゲーム「パックマン」のように、ターゲット企業が既存や潜在の入札企業と立場を逆転する戦法である。パックマン戦法が一般にターゲット企業の株主に損失も利益も与えないことは当然とも言える。この防衛策を講じた企業は、ターゲットから入札者へ変身する。そして実証研究から、入札企業にとって買収戦略は、平均的には利益も損失ももたらさないことがわかっている。したがってパックマン戦法をとった企業の株主は、一般に利益も損失もない。

次に**王冠の宝石の売却**（crown jewel sale）も、対抗措置としての効果が薄く、株主への影響も少ない。この対抗措置の背景には、入札企業は時として、ターゲット企業が運営している複数事業のうち一部のみに興味がある、という事情がある。この興味を持たれている一部の事業が、ターゲット企業の「王冠の宝石」である。ターゲット企業が買収を回避するには、この「王冠の宝石」だけを手放してしまえばよい。具体的には、入札企業に対して直接その事業を売却するか、その事業を所有・運営する別会社を立ち上げるという手段がある。「王冠の宝石」を手放せば、入札企業全体への買収意欲は低下する。

さらに、比較的効果が薄いものの、多くのターゲット企業幹部がとる買収防衛策には、入札企業に対する訴訟という手段もある。実際米国においては、買収の発表があった瞬間に訴訟を起こすというのは、ほぼ自動的に起きる現象となっている。しかし訴訟には、一般に買収や合併のプロセスを遅らせる効果もなければ、阻止する効果もない。

最後に、表12.7の３で示したとおり、ターゲット企業の経営陣が買収プロセスを遅らせる（ただし、頓挫はさせない）行動のなかには、ターゲット企業の株主にメリットをもたらすものもある。１つ目は、**白馬の騎士**（white knight）を探すことである。白馬の騎士とは、もともとの入札企業に代わってターゲット企業を買収することに合意した他の入札企業である。ターゲット企業の経営陣は、特定の属性を持った入札企業に買収されることを好む場合がある。たとえば、他の入札企業よりもはるかに価値の高い範囲の経済を自社との間に持つ入札企業である。あるいは買収対象の資産管理に関して、他の企業よりも長期的視野を持っている入札企業である。以上のようなケースでは、ターゲット企業の経営陣が一部の入札企業を他の入札企業よりも好む可能性が高くなる。

ターゲット企業の経営陣の動機が何であれ、白馬の騎士に協力を仰ぐことは、入札競争に参加している企業の数を少なくとも1社増やす効果を持つ。現状において1社しか入札企業がいなければ、白馬の騎士を入札競争に招き入れることで入札企業を倍増できる。入札企業の数が増えれば企業支配をめぐる市場の競合度は増し、それに伴ってターゲット企業の株主が買収によって生み出される価値の全体を獲得できる可能性も高まる。入札競争への白馬の騎士の参入は、平均的に見て、ターゲット企業の株主価値を17%増大させるという。

入札競争に1社追加することでターゲット企業の株主価値をある程度増やせるならば、さらに多くの企業を参加させれば、より大きな株主価値が期待できる。こうした状況をつくり出すためには、ターゲット企業は、入札企業間の**オークション**(auction)を形成すればよい。これが、買収を通じて株主の富を増大させる2つ目の手段である。複数の入札企業間でのオークションを形成すると、平均してターゲット企業の株主価値を20%増大させるという。

さらに、買収を通じて株主の富を増大させる3つ目の手段として、ターゲット企業の経営陣は**黄金のパラシュート**(golden parachutes)を設定できる。黄金のパラシュートとは、潜在的ターゲット企業が自社の経営幹部との間で結ぶ報酬上の取り決めである。企業が買収され、その企業の幹部が解任された際には、多額の現金を給付する旨を幹部に約束する。こうした現金給付は、一見かなり高額に思える場合もあるが、実際は、買収または合併が成立した時に生み出される価値に比べればそれほど大きな額ではない。その意味で黄金のパラシュートは、潜在的買収ターゲット企業のトップ経営陣に買収を阻害しないインセンティブを与える。これは、十分に採算の合う支出である。言い換えれば、黄金のパラシュートは、トップ経営陣と株主の利害を一致させることで、潜在的買収ターゲット企業の株主が直面するエージェンシー問題に対処する手段と考えられる。企業がトップ経営陣に黄金のパラシュートを提供する意向を発表すると、平均してその潜在的買収ターゲット企業の株主価値は7%増大する。

総じて、企業支配をめぐる市場に十分な競争が生じるまで買収の成立を遅らせる行為は、ターゲット企業の株主にかなりのメリットをもたらす。これは多くの経験的証拠によって裏づけられている。ある研究は、ターゲット企業が買収の成立を遅らせなかった場合、ターゲット企業の株主は平均して買収成立後に保有株の価値が36%増大することを示した。一方、ターゲット企業が買収の成立を遅らせた場合の平均的な価値の増大は、65%まで跳ね上がった。

もちろん、ターゲット企業の経営陣が買収の成立を遅らせすぎる可能性もある。ターゲット企業の株主は、買収成立後に初めてその経済的メリットを享受するので、買収プロセスがあまりにも長引けば、機会費用が発生する可能性がある。また、買収プロセスの遅延は、買収の成立自体を脅かす可能性もある。買収が成立しなければ、ターゲット企業の株主が、買収を通じて経済的メリットを受けることはできない。(注22)

●——合併および買収を実践するための組織構築

到達目標 12.4

企業が自社と買収先を統合する時に直面する課題について説明できるようになる。

入札企業とターゲット企業に存在する戦略的関連性の価値を完全に実現するためには、合併後に適切な組織を構築する必要がある。本章の冒頭で述べたどの戦略的関連性の実現を目指すにせよ、入札企業とターゲット企業は、買収後に必ず事業活動を調整(coordinate)・統合(integrate)しなければならない。たとえば、買収による規模の経済を実現するためには、合併後の企業体において規模の経済に敏感な機能分野を調整しなければならない。買収を通じて獲得した技術の価値を実現するためには、合併後の企業体においてその技術を製品開発、製造、販売に活用する必要がある。ターゲット企業における未活用のレバレッジ(負債の活用)能力を利用するためには、入札企業とターゲット企業の損益計算書を統合し、一体の企業となったうえで、負債による追加的資金調達をする必要がある。ターゲット企業の非効率な経営を入札企業のより効率的経営によって改善するためには、実際にこうした経営変革を行わなければならない。

買収をしたそもそもの根拠だった戦略的関連性のポテンシャルを完全に実現したいならば、買収後における入札企業とターゲット企業の調整や統合は不可欠である。入札企業がターゲット企業との間で、事業活動をまったく調整・統合しないことを選べば、そもそもなぜターゲット企業を買収したのかが疑問である。多角化に各部門間の関係調整が不可欠であるのと同様、M&Aにおいても(多角化を果たす1つの手段として)、入札企業とターゲット企業の関係調整は不可欠である。

◉合併後の統合(PMI: post-merger integration)と多角化戦略の実行

多くのM&A戦略が多角化戦略の創出に利用されるため、以前述べた多角化の実行に向けた組織構築のアプローチは、M&A戦略の実行にも妥当する。したがって、そのM&Aが多角化戦略の創出を目的とする場合、M型組織(複数事業部制組織)の下で管理されるべきである。多角化戦略の実行に関連する経営管理システムや報酬制度も同様に、M&A戦略の実行に向けた組織構築に活用すべきである。一方、そのM&Aが垂直統合戦略の創出を目的とする場合は、U型組織(職能別組織)によって管理し、垂直統合戦略に適した管理システムや報酬制度を採用すべきである。

◉合併後の統合(PMI)特有の課題

M&A戦略の実行に向けた組織構築は、多角化戦略や垂直統合戦略の実行に向けた組織構築の特別なケースと見ることもできるが、M&A戦略の実行に特有の課題も存在する。その課題の多くは、M&Aに関与する入札企業とターゲット企業の間に存在する事業運営、機能、戦略、文化上の違いのほうが、買収を経ていない多角化企業や垂直統合企業における各部門間の違いよりも大きい傾向にあることに起因する。買収当事者間の違いがより大きくなる理由は、M&Aに関わる入札企業とターゲット企業はそれまで異なる独立事業体として存在し、異なる歴史を歩み、異なる経営理念を持ち、異なる戦略を追求してきたからである。

入札企業とターゲット企業の違いはさまざまなかたちで表面化する。たとえば、両社は異なるコンピュータシステムや異なる電話システムなど、互換性のない技術を所有・運用しているかもしれない。また、両社は人材管理の方針や手法が大きく異なるかもしれない。片方は退職給付や医療保険制度が充実し、もう一方はあまり充実していないかもしれない。また、片方は固定給の高さを重視した報酬システムを採用し、もう一方は金銭的ボーナスやストック・オプションを重視した報酬システムを採用しているかもしれない。さらに、両社は顧客との関係が大きく異なる可能性がある。片方の企業では、顧客がビジネスパートナーととらえられており、もう一方の企業では、より距離感のある顧客関係が築かれているかもしれない。入札企業とターゲット企業の統合には、こうした数々の違いの落としどころを探すことが求められる。

入札企業とターゲット企業の統合を実現する際の最大の課題は、おそらく企業文化の違いを埋めることであろう。(注23) 第3章(上巻)で述べたとおり、企業文化を変革することは難しい。企業は、買収されたからといって、企業文化が急速に変化し、入札企業と似たような企業文化を持つようにはならない。文化的対立はかなり長い期間持続する可能性がある。

史上最大の失敗と評された買収事例の多くは、文化的対立が原因である。(注24) たとえば、ドイツのダイムラー・ベンツ(メルセデス・ベンツを製造する自動車メーカー)と米国のクライスラーの合併では、高級車を中心に製造してきたドイツ企業の文化と、大衆車やジープを販売する米国中西部の企業文化が衝突した。この2社の合併はある有名なジョークを生んだ。「“Daimler-Chrysler”をどう発音するかって？　『ダイムラー』さ。『クライスラー』の部分は無音なんだ」。2社は2年の苦しい時を経て、早々に合併を解消した。

また、ノベル(Novell)によるワードパーフェクト(Word Perfect)の買収では、両社の経営陣がどうしても協力関係を組むことができなかった。ノベルとワードパーフェクトの経営陣の対立が続くなか、マイクロソフトはMicrosoft Wordをリリースし、ワードプロセッサ業界で支配的地位を築いた。2年後、ノベルは買収価格を10億ドル下回る価格でワードパーフェクトを売却した。

大失敗に終わった他の買収事例としては、アメリカ・オンライン(America Online、AOL)とタイムワーナー(Time Warner)の合併もある。買収前の2000年時点でのAOLの株価は75ドルだった。それが買収後の2008年になると15ドルまで下落した。原因は、AOLの新興メディア文化とタイムワーナーの古いメディア文化の対立である。

スプリント・コーポレーション(Sprint Corporation)によるネクステル・コミュニケーションズ(Nextel Communications)の買収もとてつもない大失敗だった。2005年のネクステル買収時、スプリントは350億ドルを支払った。

だが、スプリントがネクステルに対して行った投資の80％は3年以内に損失計上された。ここでも2社の文化対立が元凶だった。スプリントにはお役所的な堅い文化があり、ネクステルの自由奔放な起業家的文化を受け入れる土壌がなかったのだ。2社の経営陣は、広告戦略から携帯電話技術まで、事業活動のあらゆる面で対立した。したがって2013年、スプリント・ネクステルは、日本第3の携帯電話会社であるソフトバンクによって買収され、それは予測できる成り行きだった。その時の買収価格は216億ドルと、7年前にスプリントがネクステルに対して支払った額を130億ドル下回った。

最後に、ヒューレット・パッカード（HP）によるコンパックの買収は、HPの時価総額を130億ドルほど減少させた。HPの技術主導で合意形成型の文化が、コンパックの迅速な意思決定を重視する、営業主導型の文化と対立したのだ。その後数年かけて、HPはいくつかの文化的な変革やトップ経営陣の変更を行い、いくらか買収の成果を改善してきたが、完全な統合への道のりは依然として長そうだ。

入札企業とターゲット企業の間における事業運営、機能、戦略、文化上の対立には、買収プロセスそのものが拍車をかける場合がある。特に非友好的買収の場合はその傾向が強い。非友好的買収は、ターゲット企業の経営陣の間で、入札企業の経営陣に対する怒りや反感を生むことがある。研究によれば、買収された企業においては、買収をされていない企業に比べトップ経営陣の退任率がかなり高い。このことは、上記の経営陣間の対立を解消する手段として、経営幹部が退任するケースが多いことを示している。[注25]

企業がM＆A戦略の実行に向けた組織構築をするなかで頻繁に直面するさまざまな困難は、買収プロセスのコストを増大させる要因ととらえられる。したがって、入札企業は、自社とターゲット企業の間の戦略的関連性の価値を推定するだけでなく、買収に伴う組織構築のコストも推定しなければならない。そのうえで、ターゲット企業が買収によって自社にもたらす価値から、この戦略実行に向けた組織構築のコストを差し引いて考えるべきである。場合によっては、入札企業とターゲット企業の間に存在する戦略的関連性の価値を実現するのに適切な組織を構築するコストは、戦略的関連性自体の価値を上回る場合もある。その場合、買収は実行されるべきではない。こうした背景から、入札企業とターゲット企業の間に存在する潜在的な範囲の経済は、完全には実現されないケースが多いことを指摘する見解も多い。

M&Aの実行に向けた組織構築には多大なコストがかかることがあるが、価値の創出や機会につながる可能性もある。M&Aによる価値の創出は、買収が成立してからかなりの時間が経過してからも発生すると主張する研究者もいる(注26)。入札企業やターゲット企業は、事業活動の調整や統合を続けるなかで、予期しなかった価値創出機会を発見する可能性がある。そして、こうした価値の源泉をあらかじめ予測して企業を買収することは不可能である(したがって、少なくとも部分的に入札企業の運による)。しかし入札企業は、M&A戦略の実行に向けた組織を構築するプロセスで、ターゲット企業と適切な協力関係を組むことにより、こうした予期せぬ価値の源泉を発見できる可能性を高めることができる。

本章の要約 Summary

企業はM&Aを通じて多角化や垂直統合を実現できる。範囲の経済を持たない入札企業・ターゲット企業間のM&Aは、両社にとって競争均衡しかもたらさないことが予想される。したがって、M&A戦略を追求する企業は、自社との間で範囲の経済を持つターゲット企業を探す必要がある。

諸文献では、いくつかの範囲の経済の源泉が指摘されている。自社と範囲の経済を共有するターゲット企業の買収は、一般に一定の経済的価値は生み出すが、その価値のほとんどはターゲット企業の株主が獲得する。入札企業の株主は、自社と範囲の経済を共有する企業が買収対象であっても、一般に競争均衡しか獲得しない。M&Aに関する実証研究も、こうした予想と一貫した結果を示している。すなわち買収は、一般に言って、一定の価値は生み出すものの、その価値はターゲット企業によって握られる傾向にあり、入札企業は少なくとも損失をこうむることはないことがわかっている。

M&Aの入札企業が、ほとんどの場合プラスマイナスゼロの利益しか獲得しないことを考慮すると、「なぜこれほど多くのM&Aが行われるのか」が重要な問いとなる。M&Aが頻繁に行われる要因としては、(1)生き残りへの欲望、(2)フリー・キャッシュフローの存在、(3)入札企業の経営陣と株主の間のエージェンシー問題、(4)経営陣の傲慢、(5)少なくとも一部の入札企業はM&A戦略の実行によって経済的利益を得る可能性があること、などが挙げられる。

M&Aを通じて競争優位や利益を獲得するためには、自社が追求しているM&A戦略が、価値を有し、希少で、かつ人に知られていない戦略であるか、価値を有し、希少で、かつ模倣コストの高い戦略でなければならない。それら以外には、入札企業がターゲット企業との予期せぬ戦略的関連性を活用するパターンもある。こうした予期せぬ戦略的関連性も、入札企業にとっては利益の源泉となり得る。以上のような観察は、入札企業とターゲット企業の経営陣にとっていくつかの示唆をもたらす。

M&A戦略の実行に向けた組織構築は、多角化戦略や垂直統合戦略の実行に伴う組織構築の特例ととらえることができる。しかし、入札企業とターゲット企業が経てきた歴史の違いにより、M&Aによって形成された企業体内部の統合を果たすことは、買収を経ずに形成された企業体における内部統合よりも難しくなる。特に重大な問題となるのは、入札企業とターゲット企業間の企業文化の違いである。入札企業は、M&A戦略の実行に向けた組織構築に要するコストを推定し、ターゲット企業の推定価値からそのコストを差し引いてターゲット企業を評価する必要がある。しかしながら、入札企業やターゲット企業は、M&Aの実行に向けた組織構築プロセスを通じて、予期せぬ範囲の経済を発見する可能性もある。

チャレンジ問題 Challenge Questions

12.1 「合併」と「買収」は、2つの事業体の一体化を記述する同義語として用いられることが多い。特定のプロセスが合併か買収かを明確に定める定義は存在しない。あえて区別するとすれば2つはどのような点で異なるか。

12.2 企業が垂直型のM&Aではなく、水平型のM&Aを選ぶ理由には何が考えられるか。

12.3 一部の研究者は、フリー・キャッシュフローの存在は、企業の経営陣を不適切な買収に導く誘因になると指摘している。これらの研究者は、その問題に対処すべく、企業は負債比率を増やし、元本や利息の支払いを通じてフリー・キャッシュフローを吸収すべきだと主張する。フリー・キャッシュフローは多くの企業にとって重大な問題なのか。

12.4 範囲の経済が存在しない状況で発生する合併もある。企業の経営陣が、企業規模の観点から合併を追求する動機について説明せよ。

12.5 適切な企業統治(コーポレート・ガバナンス)の重要性が高まっている現代、ターゲット企業は入札企業が提示した一連の買収オファーについて透明性を持つことが求められる。しかし、各入札企業とターゲット企業の間でオープンな対話が行われていても、躊躇なくより高額なオファーを提示する企業が出てくることもある。なぜならば、この一部の企業は範囲の経済の実現によって他社よりも大きな経済的価値を獲得できると認識しているからである。入札企業はターゲット企業の現在の価値ではなく、ポテンシャルに基づいてターゲット企業の価値評価を行う。この場合、他の入札企業は高額なオファーと同等、またはそれを上回るオファーを提示すべきだろうか。

12.6 企業がM&Aを行うのは、明らかに市場における優位を獲得するためである。たしかに、規模の大きな事業体を傘下に収めることは、広い意味でその企業の立場を強くする。一方、垂直統合や水平統合といった王道のほかにも、他社を買い取る動機として有益なものはいくつか存在する。たとえば市場・製品拡張型の合併である。比較的マイナーなものとしては技術の経済性や金銭上の経済性がある(表12.2)。それでは、コングロマリット型合併が起きる理由としては何が考えられるか。分析せよ。

12.7 企業が他社を買収する理由はさまざまである。戦略的目標とは直接関係ないものの、フリー・キャッシュフローもその理由の1つである。フリー・キャッシュフローが他社を買収する動機となる理由について説明せよ。

演習問題 Problem Set

12.8 次のシナリオについて、買収によって生み出される価値、各入札企業がどれぐらいの価値を獲得するか、各ターゲット企業がどれぐらいの価値を獲得するかをそれぞれ推定せよ。なお、いずれのシナリオの企業も、資金面に重大な制約はない。

(a) 入札企業Aは独立状態で2万7000ドルの価値を持つ。ターゲット企業Bの独立状態での価値は1万2000ドルである。ただし、企業Aによって買収され、企業Aの事業に統合された時の企業Bの価値は1万8000ドルである。企業Bの買収に意欲的な企業は他にも数社存在し、これらの企業にとっても企業Bを買収した際の価値は1万8000ドルとなる。企業Aが企業Bを買収した場合、この買収は価値を生むか。価値を生むと言うなら、どれぐらいの価値か。そのうち企業Aの株主が獲得する価値はいくらか。企業Bの株主が獲得する価値はいくらか。

(b) 他の入札企業が企業Bを買収した後の企業Bの価値が1万2000ドルの場合、(a)のシナリオはどうなるか。

(c) 他の入札企業が企業Bを買収した後の企業Bの価値が1万6000ドルの場合、(a)のシナリオはどうなるか。

(d) (b)と同じシナリオが存在し、ただし、企業Bが他のいくつかの入札企業にコンタクトをとり、企業Aが自社(企業B)との間で生み出すのと同じ価値を実現する方法を伝えた場合はどうなるか。

(e) (b)と同じシナリオが存在し、ただし企業Bが企業Aを訴えたとする。企業Aを訴えた後、企業Bは取締役会の決議要件としてスーパーマジョリティ・ルールを導入した。さらに、企業Bは企業Aに対し、現在の株価を20%上回る価格で企業A保有の企業B株を買い戻す旨のオファーを提示した場合はどうなるか。

12.9 M&A戦略が、平均的に見れば入札企業に少なくとも競争均衡をもたらす仕組みを説明せよ。

注

1　fowardthinking.pcmag.com/ssoftware/286148-the-rise-ofdos-how-micorsoft-got-the-IBM-pc-contract; www.forbes.com/sites/greatspeculations/2010/12/10-at-110-billion-microsfot-windows-is-most-valuable-software-franchise/#2C9654c76dad; www.businessinsider.com/bad-acquisitions-2011-8; www.computerworlduk.com/galleries/it-vendors/acqusitions-micro-soft-wished-it-nevermade-3620320; www.techradar.com/new/internet/voip/skype-turns-10-did-microsoft-s-sbet-payoff-1176537; www.wsyu.com/articles/microsoft-has-mixed-record-of-success-on-big-acquisitions-1465851304; www.trustedreviews.com/opinions/7-major-tech-acquisition-failures. All accessed March 6, 2017を参照。

2　www.cnbc.com/id/100917279/why-insder-trading-should-belegal; www.forbes.com/sites/jeffreydorfman/2015/03/22/a-modern-insider-trading-law-would-recognize-the-victims-of-thecurrent-law/#a9Od4be34b3e; www.investmentbank.com/fees; www.eurofound.europa.eu/observatories/eurowork/articles/impact-ofmergers-and-acquisitions-on-employment-and-labor-relationsを参照。

3　Welch, D., and G. Edmondson (2004). "A shaky automotive *ménage à trois.*" *BusinessWeek,* May 10, pp. 40–41を参照。

4　https://imaa-institute.org/merger-and-acquisitions-statistics. Accessed March 6, 2017.

5　ここでの記述、また本章の他のあらゆる記述はセミストロング型の資本市場効率を想定している。つまり、企業の資産価値に関する一般公開された情報はすべてその資産の市場価格に反映されていると想定している。セミストロング型効率性の1つの帰結として、企業はプラスの現在価値を持つ戦略であれば、必ずその戦略の追求に必要な資本にアクセスできる。Fama, E. F. (1970). "Efficient capital markets: A review of theory and empirical work." *Journal of Finance,* 25, pp. 383–417を参照。

6　Trautwein, I. (1990). "Merger motives and merger prescriptions." *Strategic Management Journal,* 11, pp. 283–295; およびWalter, G., and J. B. Barney (1990). "Management objectives in mergers and acquisitions." *Strategic Management Journal,* 11, pp. 79–86を参照。入札企業とターゲット企業が持ち得るリンクのリストは連邦取引委員会(FTC)によって作成された。Lubatkin, M. (1983). "Mergers and the performance of the acquiring firm." *Academy of Management Review,* 8, pp. 218–225; およびJensen, M. C., and R. S. Ruback (1983). "The market for corporate control: The scientific evidence." *Journal of Financial Economics,* 11, pp. 5–50.

7　Huey, J. (1995). "Eisner explains everything." *Fortune,* April 17, pp. 44–68; and Lefton, T. (1996). "Fitting ABC and ESPN into Disney: Hands in glove." *Brandweek,* 37(18), April 29, pp. 30–40を参照。

8　なぜなら、もし合併後の企業の価値が3万2000ドルならば、入札企業単体では1万5000ドルの価値を持つからである。この入札企業が、たとえばターゲット企業に対して2万ドルを支払ったとしたら、1万7000ドルの価値しかもたらさない企業の取得に2万ドル支払ったことになる。したがって、2万ドルでの買収は3000ドルの経済損失を生む。

9　ここで挙げた研究レポートとは、Jensen, M. C., and R. S. Ruback (1983). "The market for corporate control: The scientific evidence." *Journal of Financial Economics,* 11, pp. 5–50である。

10 Arikan, A. (2004). "Long-term returns to acquisitions: The case of purchasing tangible and intangible assets." Unpublished, Fisher College of Business, Ohio State University; Brown, S. J., and J. B. Warner (1985). "Using daily stock returns: The case of event studies." *Journal of Financial Economics,* 14, pp. 3–31; Henry, D., M. Der Hovanseian, and D. Foust (2003). "M&A deals: Show me." *BusinessWeek,* November 10, pp. 38+.

11 Lubatkin, M. (1987). "Merger strategies and stockholder value." *Strategic Management Journal,* 8, pp. 39–53; and Singh, H., and C. A. Montgomery (1987). "Corporate acquisition strategies and economic performance." *Strategic Management Journal,* 8, pp. 377–386. を参照。

12 Grant, L. (1995). "Here comes Hugh." *Fortune,* August 21, pp. 43–52; Serwer, A. E. (1995). "Why bank mergers are good for your savings account." *Fortune,* October 2, p. 32; and Deogun, N. (2000). "Europe catches merger fever as global volume sets record." *The Wall Street Journal,* January 3, p. R8を参照。

13 以下の文献ではフリー・キャッシュフローに重点を置いて論じている。Jensen, M. C. (1986). "Agency costs of free cash flow, corporate finance, and takeovers." *American Economic Review,* 76, pp. 323–329; およびJensen, M. (1988). "Takeovers: Their causes and consequences." *Journal of Economic Perspectives,* 2, pp. 21–48.

14 Miles, R. H., and K. S. Cameron (1982). *Coffin nails and corporate strategies.* Upper Saddle River, NJ: Prentice Hallを参照。

15 Roll, R. (1986). "The hubris hypothesis of corporate takeovers." *Journal of Business,* 59, pp. 205–216.

16 Dodd, P. (1980). "Merger proposals, managerial discretion and stockholder wealth." *Journal of Financial Economics,* 8, pp. 105–138; Eger, C. E. (1983). "An empirical test of the redistribution effect in pure exchange mergers." *Journal of Financial and Quantitative Analysis,* 18, pp. 547–572; Firth, M. (1980). "Takeovers, shareholder returns, and the theory of the firm." *Quarterly Journal of Economics,* 94, pp. 235–260; Varaiya, N. (1985). "A test of Roll's hubris hypothesis of corporate takeovers." Working paper, Southern Methodist University, School of Business; Ruback, R. S., and W. H. Mikkelson (1984). "Corporate investments in common stock." Working paper, Massachusetts Institute of Technology, Sloan School of Business; およびRuback, R. S. (1982). "The Conoco takeover and stockholder returns." *Sloan Management Review,* 14, pp. 13–33を参照。

17 本章のこの部分の記述は以下を参考にしている。Barney, J. B. (1988). "Returns to bidding firms in mergers and acquisitions: Reconsidering the relatedness hypothesis." *Strategic Management Journal,* 9, pp. 71–78.

18 Turk, T. A. (1987). "The determinants of management responses to interfirm tender offers and their effect on shareholder wealth." 未刊行の博士論文, Graduate School of Management, University of California at Irvineを参照。実際、このような行動はターゲット企業の価値を高める買収防衛策の1つである。買収防衛策については本章の後半で述べる。

19 Bower, J. (1996). "WPP-integrating icons." Harvard Business School Case No. 9-396-249を参照。

20 Jemison, D. B., and S. B. Sitkin (1986). "Corporate acquisitions: A process perspective." *Academy of Management Review,* 11, pp. 145–163を参照。

21 Blackwell, R. D. (1998). "Service Corporation International." The Cullman Symposium（オハイオ州コロンバス）で10月に行われた発表。

22 Walkling, R., and M. Long (1984). "Agency theory, managerial welfare, and takeover bid resistance." *Rand Journal of Economics,* 15(1), pp. 54–68; Kosnik, R. D. (1987). "Greenmail: A study of board performance in corporate governance." *Administrative Science Quarterly,* 32, pp. 163–185; Walsh, J. (1989). "Doing a deal: Merger and acquisition negotiations and their impact upon target company top management turnover." *Strategic Management Journal,* 10, pp. 307–322; Dann, L. Y., and H. DeAngelo (1983). "Standstill agreements, privately negotiated stock repurchases, and the market for corporate control." *Journal of Financial Economics,* 11, pp. 275–300; Bradey, M., and L. Wakeman (1983). "The wealth effects of targeted share repurchases." *Journal of Financial Economics,* 11, pp. 301–328; Singh, H., and F. Haricento (1989). "Top management tenure, corporate ownership and the magnitude of golden parachutes." *Strategic Management Journal,* 10, pp. 143–156; Turk, T. A. (1987). "The determinants of management responses to interfirm tender offers and their effect on shareholder wealth." 未刊行の博士論文, Graduate School of Management, University of California at Irvine.

23 Cartwright, S., and C. Cooper (1993). "The role of culture compatibility in successful organizational marriage." *The Academy of Management Executive,* 7(2), pp. 57–70; Chatterjee, S., M. Lubatkin, D. Schweiger, and Y. Weber (1992). "Cultural differences and shareholder value in related mergers: Linking equity and human capital." *Strategic Management Journal,* 13, pp. 319–334.

24 Jacobsen, D. (2012). "Six big mergers killed by culture." *Globoforce,* September 22.

25 Walsh, J., and J. Ellwood (1991). "Mergers, acquisitions, and the pruning of managerial deadwood." *Strategic Management Journal,* 12, pp. 201–217; and Walsh, J. (1988). "Top management turnover following mergers and acquisitions." *Strategic Management Journal,* 9, pp. 173–183を参照。

26 Haspeslagh, P., and D. Jemison (1991). *Managing acquisitions: Creating value through corporate renewal.* New York: Free Pressを参照。

人名索引

A

B

C

D

E

F

G

H

I

J

K

L

M

N

O

P

Q

R

S

T

U

V

W

Y

Z

企業・組織名索引

A

B

C

D

I

J

K

L

M

N

O

P

Q

R

S

T

U

V

W

X

Y

Z

事項索引

A～Z

あ

い

う

え

く

け

こ

さ

し

す

せ

そ

た

ち

つ

て

と

な

に

ね

の

は

ひ

ふ

へ

ほ

ま

み

む

め

も

よ

ら

り

る

れ

ろ

わ

著者

ジェイ B. バーニー

Jay B.Barney

ユタ大学経営大学院教授。エール大学で博士号を取得後、オハイオ州立大学経営学部フィッシャー・ビジネススクール企業戦略バンク・ワン・チェアーシップ教授などを経て、現職。経営戦略領域におけるリソース・ベースト・ビュー発展の原動力となった戦略理論家。1996年にはアメリカ経営学会の経営政策・戦略部会会長を務めた。経営学のトップジャーナルAMR、AMJ、AME、SMJ等に50を超える掲載論文。

ウィリアム S. ヘスタリー

William S. Hesterly

ユタ大学経営大学院教授。セオリー Zで知られるUCLAオオウチ教授の下で博士号を取得。専門は組織・戦略論。

訳者

岡田正大

Masahiro Okada

慶應義塾大学大学院経営管理研究科(慶應ビジネススクール)教授。早稲田大学政治経済学部政治学科卒。1985年本田技研工業㈱に入社。その後、慶應義塾大学にて経営学修士取得。Arthur D. Little(Japan)を経て、米Muse Associates社フェロー。1999年オハイオ州立大学バーニー教授の下で経営学博士号を取得し、慶應義塾大学大学院経営管理研究科准教授などを経て現職。

［新版］企業戦略論【下】全社戦略編
——戦略経営と競争優位—

2021年12月7日　第1刷発行
2024年8月7日　第2刷発行

著　者——ジェイ B. バーニー、ウィリアム S. ヘスタリー
訳　者——岡田正大
発行所——ダイヤモンド社
〒150-8409　東京都渋谷区神宮前6-12-17
https://www.diamond.co.jp/
電話／03·5778·7228（編集）　03·5778·7240（販売）

装丁————竹内雄二
翻訳協力——森本伶
校正————朝日明美
製作進行——ダイヤモンド・グラフィック社
印刷————勇進印刷（本文）・新藤慶昌堂（カバー）
製本————ブックアート
編集担当——大坪亮

ISBN 978-4-478-11212-0